Das szenische Liederspiel zwischen 1800 und 1830
Ein Beitrag zur Berliner Theatergeschichte

QUELLEN UND STUDIEN ZUR MUSIKGESCHICHTE VON DER ANTIKE BIS IN DIE GEGENWART

herausgegeben von Michael von Albrecht

Band 20

Verlag Peter Lang
Frankfurt am Main · Bern · New York · Paris

Susanne Johns

Das szenische Liederspiel zwischen 1800 und 1830

Ein Beitrag zur Berliner Theatergeschichte

Band 1

Verlag Peter Lang
Frankfurt am Main · Bern · New York · Paris

CIP-Titelaufnahme der Deutschen Bibliothek

Johns, Susanne:

Das szenische Liederspiel zwischen 1800 und 1830 : e. Beitr. zur Berliner Theatergeschichte / Susanne Johns. - Frankfurt am Main ; Bern ; New York ; Paris : Lang.
(Quellen und Studien zur Musikgeschichte von der Antike bis in die Gegenwart ; Bd. 20)
Zugl.: Tübingen, Univ., Diss., 1988
ISBN 3-631-40435-2

NE: GT

Band 1 (1988)

D 21
ISSN 0175-6257
ISBN 3-631-40435-2

Printed in Germany

DAS SZENISCHE LIEDERSPIEL ZWISCHEN 1800 UND 1830

Ein Beitrag zur Berliner Theatergeschichte

Dissertation

zur

Erlangung des akademischen Grades

Doktor der Philosophie

der Fakultät für Kulturwissenschaften

der Eberhard-Karls-Universität Tübingen

vorgelegt von

Susanne Johns

aus

Köln

1988

Gedruckt mit Genehmigung der Fakultät für
Kulturwissenschaften der Universität Tübingen

Hauptberichterstatter: Prof. Dr. Arnol Feil
Mitberichterstatter: Prof. Dr. Walther Dürr
Dekan: Prof. Dr. I. Gamer-Wallert

Tag der mündlichen Prüfung: 8. Januar 1988

Verlag Peter Lang
Frankfurt am Main · Bern · New York · Paris

In memoriam Rudolf Johns

Darf man zum Strauß die kleinen Blumen winden,
Warum die Lieder nicht zum Liederspiel?

Karl von Holtei

Vorwort

"Lied und nichts als Lied" sollte nach dem Willen von Johann Friedrich Reichardt (1752-1814) den musikalischen Charakter eines kleinen Bühnenwerkes bestimmen, das heutzutage fast ganz in Vergessenheit geraten ist. Die vorliegende Untersuchung behandelt die Geschichte einer Gattung, die zu Beginn des 19. Jahrhunderts zur Vielfalt des Berliner Theaterlebens beigetragen hat. An Hand von bisher kaum ausgewertetem Quellenmaterial werden die Liederspiele Reichardts und seiner überwiegend in Berlin tätigen Nachfolger auf dem Gebiet des Liederspiels wie Friedrich Heinrich Himmel (1765-1814), Bernhard Anselm Weber (1764-1821) und Johann Philipp Samuel Schmidt u. a. vorgestellt. Ein Kapitel befaßt sich mit Felix Mendelssohn-Bartholdys selten aufgeführtem Liederspiel "Heimkehr aus der Fremde" (1829). Die vorliegende Arbeit beschreibt den Weg des einstigen "kleinen Geschlechts" - so nannte Reichardt sein Liederspiel - bis zu den Vaudevilles und Liederpossen am Königstädtischen Theater in Berlin, denn der Versuch, Lied und Spiel in einen dramatisch wirksamen Zusammenhang zu bringen, konnte letztlich nur noch im "Amüsier-Theater" des frühen 19. Jahrhunderts überleben.

Fast alle hier besprochenen Liederspiel-Partituren befinden sich im Besitz der Musikabteilung der Staatsbibliothek preußischer Kulturbesitz in Berlin. Ich danke daher ganz besonders Herrn Dr. Rudolf Elvers für die Bereitstellung der Manuskripte und die mir überlassenen Mikrofilme. Mein Dank gilt auch Herrn Dr. Wolfgang Goldhan von der Musikabteilung der Deutschen Staatsbibliothek in Berlin (Ost) und Frau Dr. Waltraud Lindner von der Musikabteilung der Württembergischen Landesbibliothek in Stuttgart, der Musikabteilung und Theatersammlung der Österreichischen Nationalbibliothek in Wien und der Universitätsbibliothek und Fotoabteilung der Eberhard-Karls-Universität Tübingen. Für die Betreuung der Schreibarbeiten danke ich dem Schreibbüro Margrit Hipp in Tübingen.

Mein besonderer Dank gilt meinem verehrten Doktorvater Herrn Professor Dr. Arnold Feil, der mir durch viele anregende Gespräche geholfen und das Entstehen dieser Arbeit mit kritischem Beistand begleitet hat. Herrn Professor Dr. Walther Dürr habe ich eine Reihe wertvoller Hinweise zum Thema Lied zu verdanken.

Herrn Professor Dr. Michael von Albrecht, dem Herausgeber der "Quellen und Studien zur Musikgeschichte von der Antike bis in die Gegenwart" danke ich für die Aufnahme der Arbeit in dieser Reihe, wodurch auch die Veröffentlichung des umfangreichen Notenteils ermöglicht worden ist.

Die vorliegende Arbeit wurde im Wintersemester 1987/88 von der Fakultät für Kulturwissenschaften von der Eberhard-Karls-Universität in Tübingen als Dissertation angenommen.

Das szenische Liederspiel zwischen 1800 und 1830.
Untersuchung einer vergessenen Gattung

Inhaltsverzeichnis

Hinweis zur Benutzung:

Die vorliegende Arbeit stützt sich bis auf die Goethe-Vertonungen in Reichardts Liederspielen und Mendelssohns "Heimkehr aus der Fremde" auf bisher unveröffentlichtes Notenmaterial. Wegen der Fülle des Materials wurde eine Trennung in Textteil und Notenteil notwendig. Die Nummern in Klammer hinter den im Textteil zitierten Titeln beziehen sich auf die Notenbeispiele im Notenteil. Aus Platzgründen werden einige Notenbeispiele nur im Klavierauszug wiedergegeben.

Einleitung

Der heutige Musikhörer verbindet mit dem Terminus "Liederspiel" allenfalls eine vage Vorstellung von einem Spiel mit Liedern, oder "durch" Lieder, das er historisch nicht so recht einzuordnen vermag. Vielleicht hat er gelegentlich den Titel "Spanisches Liederspiel" von Robert Schumann[1], oder die Ouvertüre zu Mendelssohns Liederspiel "Heimkehr aus der Fremde"[2] in Rundfunksendungen gehört. Der Musikkenner mag vielleicht sogar in Zweifel ziehen, ob es sich beim Liederspiel um eine "Gattung" handelt, weil ihm außer den zwei Genannten, keine weiteren Titel einfallen wollen. Daß das Liederspiel durch den Komponisten Johann Friedrich Reichardt (1752-1814) - dem Goethe zeitweilig nahestehenden Berater in musikalischen Fragen - als selbständige Gattung[3] ausgewiesen ist, wird nur dem Musikwissenschaftler bekannt sein, aber nähere Kenntnisse darüber sind auf Grund fehlender Publikationen von Partituren kaum zu erlangen.

Die vorliegende Arbeit befaßt sich ausschließlich mit den Liederspielen zwischen 1800 und 1830. Die Beschränkung auf diesen Zeitraum wurde von der einzigen bisher zum Thema Liederspiel verfaßten Gesamtdarstellung von Ludwig Kraus[4] übernommen und ergibt sich aus dem Faktum, daß nach 1830 kaum noch nennenswerte Kompositionen von szenischen Liederspielen vorliegen. Die Bezeichnung "szenisches Liederspiel"

---

1 R. Schumann: Spanisches Liederspiel (Emanuel Geibel), für eine und mehrere Singstimmen und Klavier, Op. 74 (1849)

2 F. Mendelssohn-Bartholdy: Die Heimkehr aus der Fremde (1829) Op. 89 (Nr. 18 der nachgel. Werke), in: GA (Rietz) Serie 15/122

3 J. Fr. Reichardt: Etwas über das Liederspiel, in: AMZ, III, 1801, Sp. 709-717

4 L. Kraus, Das Liederspiel in den Jahren 1800 bis 1830. Ein Beitrag zur Geschichte des deutschen Singspiels, Diss. Halle 1921

ist - obwohl sie zunächst tautologisch erscheinen mag - notwendig, weil es auch Liederspiele gibt, die nicht für die Bühne bestimmt sind[5]. Der ganze Themenkreis: Liederfolge, Liederreigen, Liederkette[6], Liederkreis, Liederkranz und Liederzyklus ist komplex und kann hier nicht behandelt werden[7]. Die Abgrenzung des Liederspiels vom Singspiel oder Vaudeville bereitet bei den Spielen nach Reichardt mitunter Schwierigkeiten, weil in den Partituren, Klavierauszügen und Theaterzetteln gelegentlich voneinander abweichende Bezeichnungen angegeben sind. Um die mit dem Thema "Liederspiel" verbundene Problematik aufzuzeigen, seien nachfolgend zehn Punkte aufgeführt:

1. Reichardts erstes Liederspiel "Lieb' und Treue" wurde am 31. März 1800 mit einigem Erfolg[8] am Nationaltheater in Berlin aufgeführt. Ein Jahr später veröffentlichte er in der Leipziger Allgemeinen musikalischen Zeitung - dem maßgeblichen Organ der musikalischen Fachwelt - seine Konzeption[9]:

   > "Ich nannte das Stück L i e d e r s p i e l , weil Lied und nichts als Lied den musikalischen Inhalt des Stücks ausmachte, und ich mich sichern wollte, daß das Publikum nichts Größeres erwarten sollte".

   Das "Größere" sind für Reichardt die Bravourarien der zeitgenössischen Opern u.a. von Cherubini und Méhul, das "Glänzende in der Kunst", denen er seine "kleinen, liedermäßigen Stücke" entgegensetzen möchte.

---

5 s. Riemann, Art. Liederspiel

6 W. Wiora, Das deutsche Lied, Wolfenbüttel/Zürich 1971, S. 60

7 vgl. dazu: W. Dürr, Das deutsche Sololied im 19. Jahrhundert, Wilhelmshaven 1984, S. 245f. und: A. Feil, Franz Schubert. Die schöne Müllerin. Winterreise, Stuttgart 1975, S. 23f. und: L. E. Peake, The Antecedents of Beethoven's Liederkreis, in: Music & Letters LXIII, 1982, S. 242-260

8 vgl. Rez. über "Lieb' und Treue" in: Allg. Theaterzeitung, Berlin 1800, XIII, S. 203ff., zit. in Kap. I,4 u. III,1

9 Reichardt, AMZ, III, 1801, Sp. 712, 710 u. 711

Diese "kleinen, liedermäßigen Stücke" in Reichardts Liederspielen gehören, mit Ausnahme der "echten" Volkslieder und einiger anspruchsvollerer Goethe-Vertonungen, zu den Liedern im "Volkston", die nach einer Definition von Triest zur "Mittelgattung" gerechnet werden müssen. Er meint damit, daß diese eine Mittelstellung zwischen dem "gemeinen Volksliede" und dem "höheren Liede" einnehmen. Triest bezweifelt, ob diese Lieder der "Mittelgattung" um die Jahrhundertwende noch zeitgemäß seien[10]:

> "Aber wäre es j e z t wohl gut, d i e s e G a t t u n g von Liedern nachzuahmen? Ich denke, nein; und zwar nicht blos darum nicht, weil der Geist eines S c h u l z nicht auf jedem Liedersänger ruhen dürfte, sondern weil die n ä c h s t e Tendenz dieser Lieder nicht mehr in unser Zeitalter paßt, und weil die Kunst überhaupt durch Mittelgattungen ihrer Produkte wenig gewinnt. Die politische und bürgerliche Gärung in der dritten Periode scheint auch uns Deutsche für arkadische Genüsse und Empfindungen abgestumpft oder überreif gemacht zu haben. Wir bedürfen jezt einer stärkeren Dosis von Kunstmitteln zum Anstoß unserer Gefühle, als uns der Hinblick auf unverdorbene, aber auch u n k u l t i v i e r t e Menschen gewähren kann, in deren Lage uns solche Lieder versetzen sollen..."

Triest denkt "antirousseauisch"[11], aber Reichardt setzt mit seinen Liederspielen noch um 1800 ein Lebensgefühl fort, das in die Zeit der Empfindsamkeit gehört, wenn auch die Stoffe seiner Libretti teilweise aktuelle, nachrevolutionäre Themen beinhalten. Reichardt bedient sich in ihnen dennoch der von Triest kritisierten

---

10 Triest: Bemerkungen über die Ausbildung der Tonkunst in Deutschland im achtzehnten Jahrhundert, in: AMZ, III, Jan.-März 1801, Sp. 429

11 Triest, AMZ, III, 1801, Sp. 431

"Idyllenwelt im deutschen Kostume"[12] und verbindet mit seiner Liedästhetik ein volkspädagogisches Programm, dem er seit seinen ersten Publikationen treu geblieben ist[13]. Triest richtet seine Kritik an die Vertreter einer Wirkungsästhetik - unter denen Reichardt eine zentrale Stellung einnimmt[14] - nicht deshalb, weil er deren Verdienste schmälern möchte, sondern weil er glaubt, daß Komponisten, die sich einer "Mittelgattung" bedienen, für die Kunst eine Gefahr bedeuten. Er warnt vor der "Sucht nach Popularität", vor einem "Gemisch des Hohen und des Niedrigen", weil die Kunst "dem Volke ... nie ohne magische Hülle erscheinen sollte"[15], also des "Auratischen" in höchstem Maße bedürftig sei[16].

Es wäre nicht angemessen, Reichardts Versuch mit den Liederspielen - und als solcher ist er wohl zu werten - ausschließlich in den Kontext einer "Kritik am Ideal der Popularität" zu stellen, die um 1800, jedenfalls was die Musikkritik betrifft, mit Triest einen Einzelfall darstellt[17]. Es wäre ebenfalls nur teilweise richtig, ihn als Anachronismus einzustufen, denn "Lieb' und Treue", dieser Einakter, den Reichardt von vornherein nur als "Nachspiel"[18] und nicht als abendfüllendes Werk vorgesehen hatte, mußte gerade wegen seiner Intimität (auf der

12 Triest, AMZ, III, 1801, Sp. 429

13 Salmen, Reichardt, S. 296f.

14 M. Lafite, Musikästhetik des frühen 19. Jh., Diss. Wien 1974, S. 137f.

15 Triest, AMZ, III, 1801, Sp. 328

16 Walter Benjamin, Das Kunstwerk im Zeitalter seiner technischen Reproduzierbarkeit, in: Zeitschrift für Sozialforschung, I, 1936 und Ed. Suhrkamp 28, Frankfurt a.M. 1968

17 Schwab, Sangbarkeit..., S. 124f.

18 Reichardt, Vorrede zu: "Liederspiele", Tübingen 1804, VII

Bühne des Nationaltheaters!) von reizvoller Wirkung gewesen sein - sonst hätte Iffland nicht zwei weitere Liederspiele von Reichardt erworben[19].

2. Die Problematik der Gattung offenbart sich dennoch auf den ersten Blick: eine Aneinanderreihung von Strophenliedern, deren Kompositionen alle auf "Einen angenehmen Eindruck"[20] angelegt sind, kann für die Bühne nicht geeignet sein. Die Entstehungsgeschichte von "Lieb' und Treue" gibt Aufschluß darüber, warum sich so eine Mischung zwischen einer Liederfolge und einem Singspiel bilden mußte[21]:

> "Ich sah mich nach einem Gegenstande um und glaubte ihn in einem kleinen Stücke zu finden, das ich vor einigen Jahren schon zu einem ganz anderen Zwecke - zu einem häuslichen Fest für meine eigne Familie - bereitet hatte. Absichtlich hatt' ich damals Lieder von G ö t h e , H e r d e r und S a l i s und einige Volkslieder darinnen angebracht, die allen im Hause Lieblingslieder waren..."

Reichardt wollte nun die Wirkung dieser, auch seinem Publikum "schon längst" bekannten Lieder auf dem Theater mit Berufssängern erproben, denn mit einem Lied innerhalb seiner dreiaktigen Oper "Die Geisterinsel"[22] hatte er bereits gute Erfahrungen gemacht[23]:

---

19 Pröpper, Reichardt, S. 136f.:
"Lieb' und Treue": Ankauf der Part. im Febr. 1800 für 50 Th.
"Der Jubel": Ankauf der Part. im Mai 1800 für 100 Th.
"Kunst u. Liebe": Ankauf der Part. im Apr. 1804 für 100 Th.,
Auff. v. "Kunst u. Liebe" erst am 30.11.1807

20 Reichardt, AMZ, III, 1801, Sp. 714

21 ebenda, Sp. 711

22 "Die Geisterinsel", Libretto nach Shakespeare's Sturm von Friedrich Wilhelm Gotter, Berlin 1798

23 Reichardt, AMZ, III, 1801, Sp. 712

"Es gab einen Moment in der Oper, der am schnellsten und allgemeinsten sentirt wurde".

Vielleicht verdankt das Liederspiel seine Entstehung lediglich einer dramaturgischen Fehleinschätzung: auch ein noch so guter "Moment" verliert auf der Bühne seine Wirkung, wenn er auf die Dauer eines Einakters ausgedehnt wird.

Diese Feststellung mag den Schluß nahelegen, daß es sich nicht weiter lohne, sich mit dieser - quasi als "gescheitert" anzusehenden - Gattung zu befassen. Vielleicht liegt auch darin der Grund, warum bisher nur so wenig Veröffentlichungen zum Thema Liederspiel vorliegen. Ein weiterer mag allerdings darin liegen, daß es nicht viele "echte" Liederspiele gibt. Manches, was sich im 19. Jahrhundert so nannte, sind eigentlich Vaudevilles, Liederpossen oder Schauspiele mit Gesangseinlagen. So muß z.B. Lortzings "Der Pole und sein Kind" (Osnabrück 1832) wegen einer Reihe von Opernparodien eher zu den Vaudevilles gerechnet werden[24].

3. Eine Vermischung mit dem Singspiel ist, worauf bereits Kraus hingewiesen hat[25], vor allem bei den Liederspielen der Berliner Komponisten Friedrich Heinrich Himmel (1765-1814), Bernhard Anselm Weber (1764-1821) und Joh. Philipp Samuel Schmidt (1779-1853) vorhanden, da diesen Theaterpraktikern Reichardts Konzeption offenbar zu große Einschränkungen auferlegt hatte.

---

24 Im Riemann-Lexikon, Art. Liederspiel wird Lortzings "Der Pole und sein Kind" als Liederspiel bezeichnet

25 Kraus, S. 51f.

Bei den Liederspielen aus den zwanziger Jahren des 19. Jahrhunderts in der Ära des Königstädtischen Theaters - einem Berliner Volkstheater nach Wiener Vorbild[26] am Alexanderplatz - zeigt sich, wie schwierig eine genaue Gattungszuweisung geworden ist: Die für das Berliner Publikum aufbereitete Version des Pariser Vaudevilles verwendet zwar eine Art von Parodieverfahren, stützt sich aber wiederum auf Techniken des Liederspiels. Das läßt sich sowohl an den noch für das Hoftheater eingerichteten Vaudevilles des Komponisten Carl Blum (1786-1844), als auch an den Liederspielen und Liederpossen des Dichters Karl von Holtei (1798-1880) aufzeigen. Die Verwandschaft der beiden Gattungen liegt nahe, da sich schon Reichardt 1801 auf sein französisches Vorbild berufen hatte[27]:

> "Ohne aber damit (mit dem Liederspiel) eine eigentliche Verdeutschung des Wortes Vaudeville zu beabsichtigen - über dessen Ursprung die Franzosen selbst sehr verschiedene und zum Theil sehr erzwungene Erklärungen haben - ist der eigentliche Charakter des Vaudeville-Stücks damit dennoch ausgedrückt. Campe[28] hat es auch gerne in seine neuen Verdeutschungen fremder Wörter aufgenommen".

Das Vaudeville, wie es um 1800 in den Pariser Theatern (u.a. in dem 1792 eröffneten Théâtre du Vaudeville) aufgeführt worden ist, war ein Lustspiel mit von Schauspielern vorgetragenen Gesangseinlagen, in denen auf populäre Melodien immer wieder neue Textierungen vorgenommen wurden. Man unterschied zwischen "Vaudevilles d'actualité" und "Vaudevilles ancien"[29], also immer wieder gern gehörte Melodien wie z.B. am Ende von Beau-

26 Alexis, Erinnerungen, S. 359

27 Reichardt, AMZ, III, 1801, Sp. 713

28 Johann Heinrich Campe (1746-1818)

29 H. Chr. Mahling, Singspiel u. Opéra comique, in: Neues Handbuch der Musikwiss., hrsg. v. C. Dahlhaus, Bd. 5, S. 315

marchais "Figaro"[30], dazwischen wurden aber auch neu komponierte Stücke, "ariettes nouveau" eingeschoben[31]. Diese eher zum Sprechtheater der "satirisch literarischen Gattung" gehörenden Vaudevilles hatten sich von der "comédie en vaudevilles melée d'ariettes", die zur opéra comique" geführt hatte, abgespalten[32], und wurde zu Beginn des 19. Jahrhunderts vor allem von Eugène Scribe gepflegt.

Reichardt hatte sich zwar von den Vaudevilles in Paris anregen lassen, ersetzte aber die "witzigen und satyrischen Vaudevillestücke" durch "empfindsame Liebeslieder" und Trinklieder, weil sie dem "großen Publikum" - mit dem "großen" meinte er das breite Publikum - eher zusagen würden[33]. Reichardt wollte dennoch den "Charakter des Vaudeville-Stücks" beibehalten. Das bedeutet, daß er sich nicht an der musikalisch viel anspruchsvolleren Gattung des Singspiels orientiert hatte, sondern an dem vom Sprechtheater herkommenden Vaudeville mit seinen einfachen Couplets, d.h. also Strophenliedern. Eine Verwandtschaft zum Singspiel besteht nur insofern, wenn man Reichardts Typus des "vermischten Singeschauspiels" heranzieht, das er unter dem Einfluß von Hillers "Operetten" geschaffen hatte[34]. Aber auch in einem Singspiel wie "Erwin und Elmire" (Berlin 1790 nach einem Libretto von Goethe) dominieren die musikalisch aufwendigeren Partien, und Strophenlieder wie "Das Veilchen" sind in der Minderzahl[35].

---

30 s. Abdruck des Vaudevilles aus Beaumarchais "Figaro" in MGG, Art. Vaudeville

31 Mahling, S. 315

32 MGG, Art. Vaudeville

33 Reichardt, AMZ, III, 1801, Sp. 712f.

34 Reichardt: "Ueber das deutsche Singeschauspiel" in: Musikalisches Kunstmagazin, IV. Stück, Berlin 1782-1784, -1792, S. 162

35 zu Reichardts Singspielen s. Pröpper, S. 59-106

4. Als Vorläufer von Reichardts Liederspielen können die in den siebziger und achtziger Jahren des 18. Jahrhunderts in Weimar aufgeführten einfachen Singspiele, wie z.B. Corona Schröters Komposition von Goethes Libretto "Die Fischerin" (Weimar 1882) gelten. Aber auch in der "Fischerin" stehen neben Strophenliedern (Der Erlkönig, Lied des Niklas) Arietten, wie z.B. Dortchens "Für Männer uns zu plagen"[36]. Von diesen, dem Liederspiel verwandten Singspielen hatte sich Goethe in Italien, nachdem er dort die opera buffa erlebte, abgewandt[37]. Daher ist es wenig wahrscheinlich, daß Goethe noch an der Entstehung von Reichardts "Lieb' und Treue" (1800) beteiligt gewesen war[38]. In einem oft zitierten "Bericht" aus Rom äußert sich Goethe zu einer Komposition seines Singspieles "Scherz, List und Rache" (1785) von Philipp Christoph Kayser (1755-1823)[39]:

> "Unglücklicherweise litt es nach frühern Mäßigkeitsprinzipien an einer Stimmenmagerkeit; es stieg nicht weiter bis zum Terzett, und man hätte zuletzt die Theriaksbüchsen des Doktors gern beleben mögen, um ein Chor zu gewinnen. Alles unser Bemühen daher, uns im Einfachen und Beschränkten abzuschließen, ging verloren als Mozart auftrat. Die 'Entführung aus dem Serail' schlug alles nieder...."

Die von Goethe 1787 abgelehnten "Mäßigkeitsprinzipien" werden in Reichardts Liederspielen zum Prinzip erhoben: Verzicht auf Ensembles und Chöre und eine möglichst

---

36 vgl. Max Friedländer, Gedichte von Goethe in Kompositionen seiner Zeitgenossen, in: Schriften der Goethe-Gesellschaft, Bd. 11 u. 31, Weimar 1896 und 1916, hier Bd. 11, S. 26f.

37 E. Bötcher, Goethes Singspiel Erwin und Elmire und Claudine von Villa Bella und die Opera buffa, Diss. Marburg 1911

38 s. Kap. I,3

39 Goethe, Italienische Reise, Bericht vom November 1787, zit. nach: Goethes italienische Reise, hrsg. v. Chr. Michel, Frankfurt 1976, II, S. 574

einfache kammermusikalische Instrumentierung sollen einen Vergleich mit den zeitgenössischen Singspielen gar nicht erst aufkommen lassen. Der Definition, das Liederspiel sei eine "dem Singspiel nahestehende Gattung des musikalischen Theaters"[40] kann man deshalb nur bedingt zustimmen, denn bei Reichardt ist die Verwandtschaft zum Vaudeville deutlicher zu erkennen. Das läßt sich auch daran zeigen, daß Reichardt auf den Theaterzettel von "Liebe und Treue" setzen ließ[41]:

> "Es ist dieses der erste Versuch, das kleine angenehme Geschlecht der französischen Vaudeville-Stücke auch der deutschen Bühne anzueignen..."

Diese nahe Verwandschaft des Liederspiels zum Vaudeville - die sich vor allem bei den Liederspielen nach 1820 verstärkt zeigen sollte - ist bislang von der Forschung wenig herausgearbeitet worden. Deshalb erhalten die wechselseitigen Beziehungen zwischen den Gattungen, die sich auch durch zeitgenössische Definitionen dokumentieren lassen, besonderes Gewicht.

5. Die aus dem Jahr 1921 stammende Dissertation von Kraus liefert einen reichhaltigen Überblick über die Liederspiele von Reichardt und seinen überwiegend in Berlin tätigen Nachfolgern. Mendelssohns Liederspiel "Heimkehr aus der Fremde" (Berlin 1829) und Peter von Lindpaintners Spiel "Der blinde Gärtner" (München 1813) werden dagegen nicht behandelt. Da Kraus auf eine detaillierte Besprechung der einzelnen Lieder verzichtet, und die von

---

40 Riemann, Art. Liederspiel

41 zit. nach Rez. zu "Lieb und Treue" (s. Anm. 8)

ihm ausgewählten Musikbeispiele nicht repräsentativ sind, entsteht der Eindruck, es handle sich fast durchweg nur um musikalisch farblose Kompositionen. Er stellt zwar bedauernd den "Verfall" des Liederspieles fest, liefert aber nur eine einseitige Erklärung dafür, denn er verstrickt sich in Ressentiments, wenn er "den schmählichen Geist des Weltbürgertums" dafür verantwortlich macht, daß in den zwanziger Jahren des 19. Jahrhunderts das Vaudeville vom Publikum bevorzugt worden ist[42]. Er kommt zu dem Ergebnis, daß das Liederspiel einem ständigen "Verfall" ausgesetzt gewesen ist: entweder durch Komponisten, die sich wieder zu stark dem Singspiel angenähert hatten, oder durch den "verderblichen" Einfluß des Vaudevilles, indem er sich - ohne Angabe der Quellen - der Meinung von Autoren des 19. Jahrhunderts, z.B. Biedenfeld[43] und Schletterer[44] anschließt.

Walter Salmen[45] und Rolf Pröpper[46] behandeln ausschließlich die drei Liederspiele von Reichardt. Beide Autoren nehmen gegenüber Reichardts "neuer Gattung"[47] eine kritische Position ein. Salmen betont die Aussichtslosigkeit der Konzeption, indem er Reichardts in "Lieb' und Treue" angewandte "Theorie der Empfindungseinheit" als einen grundlegenden Mangel betrachtet, und das Stück als

---

42 Kraus, S. 52

43 Frh. v. Biedenfeld, Die komischen Opern der Italiener, der Franzosen und der Deutschen, Leipzig 1848

44 H. M. Schletterer, Das deutsche Singspiel, Augsburg 1863

45 Walter Salmen, Joh. Fr. Reichardt. Komponist, Schriftsteller, Kapellmeister und Verwaltungsbeamter der Goethezeit. Freiburg und Zürich 1963

46 Rolf Pröpper, Die Bühnenwerke Joh. Fr. Reichardts, 2 Bde., Bonn 1965, Bd. 1, S. 128-142 u. Bd. 2, Werkverzeichnis: S. 115-129

47 Reichardt, AMZ, III, 1801, Sp. 709

einen "vereinfachten Absenker" von Hillers Singspiel und dem Vaudeville bezeichnet. Reichardts nach "französischen Mustern nachgeschaffene Libretti" seien "dürftige Machwerke". Die Liederfolge in Reichardts zweitem Spiel "Der Jubel" (Berlin 1801) betrachtet er als "planloses Durcheinander" und er nimmt an, daß "die damaligen Schauspieler[48] diese einfachen Strophenlieder so lustlos vorgetragen haben, wie das heutige Mimen tun würden". Salmens Bewertung schließt mit der Behauptung, daß sich die Gattung "zu Lebzeiten des Autors überlebt" habe[49].

Pröppers ausführliche Darstellung von Reichardts drei Liederspielen bietet reichliches Quellenmaterial, eine historisch zuverlässige Einordnung der Gattung und detaillierte Angaben über die Libretti. Da es sich musikalisch um "schlichte Volkslieder im Stil der Zeit" handele, glaubt er auf eine nähere Besprechung der Melodien verzichten zu können, bringt aber im Anhang ein Verzeichnis aller Incipits mit Angaben der Instrumentalbesetzung und der jeweiligen Textdichter. Die Problematik der Gattung sieht Pröpper vor allem in der Gefahr, "die Handlung nur um die Einflechtung einiger bedeutender Lieder herum zu entwickeln"[50]. Pröpper übersieht, daß die drei Liederspiele von Reichardt durchaus einen unterschiedlichen Charakter aufweisen, und da er auf eine Untersuchung der Melodien verzichtet, entgeht

---

48 Reichardt verwendete Berufssänger: vgl. AMZ, III, 1801, Sp. 713: "Es ward nicht schwer, das kleine Stück recht gut zu besetzen. Die Sänger und Sängerinnen gingen sehr willig auf meinen Wunsch ein, die höchste Simplicität im Gesange zu erhalten". Reichardt nennt u.a. die Sänger und Sängerinnen Hr. u. Madam Eunecke und die Sänger-Schauspielerin Friederike Unzelmann (Sängerin der "Fanchon", s. dazu Kap. II,1), s. Ludwig Devrient, Geschichte der dt. Schauspielkunst, II, S. 13

49 Salmen, Reichardt, S. 274

50 Pröpper, Reichardt, S. 135 u. 139

ihm auch, daß die Gewichtung der drei Liedtypen - "echte" Volkslieder, Lieder im "Volkston" und sog. "höhere Lieder"[51] in den drei Spielen verschieden ausfällt. Pröpper bedenkt auch nicht, daß die ausschließliche Verwendung von Strophenliedern um 1800 - liedhistorisch gesehen - keinen Mangel bedeutet, denn "Lied" bedeutet in der "mittleren Goethezeit" in der Regel Strophenlied, deshalb ist die Strophenliedform in einem Liederspiel von 1800 eine Selbstverständlichkeit[52].

Renate Moering kommt in ihrer Untersuchung zu Reichardts Liederspielen zu einem wesentlich positiveren Urteil als Salmen und Pröpper[53]. Sie beleuchtet den historischen und biografischen Hintergrund der Libretti im Zusammenhang mit Reichardts Anteilnahme an den Zielen der französischen Revolution und betont die besondere Originalität von "Lieb' und Treue". An Hand von Musikbeispielen gibt sie Einblick in die dort vertretenen Liedtypen. Sie weist aber darauf hin, daß die bewußt in Kauf genommene Reduktion der Mittel, und Reichardts Ablehnung alles Unnatürlichen nicht zu einem künstlerisch voll befriedigenden Ergebnis geführt habe. Dennoch verdiene der Versuch, "Volkslieder auf diese Weise wieder populär zu machen" Achtung[54].

---

51 Triest, AMZ, III, 1801, Sp. 429 (s. oben)

52 vgl. H. Chr. Koch, Musikalisches Lexicon, Offenbach 1802, Art. Lied: "Mit diesem Namen bezeichnet man überhaupt jedes lyrische Gedicht von mehrern Strophen, welches zu Gesange bestimmt, und mit einer solchen Melodie verbunden ist, die bey jeder Strophe wiederholt wird, und zugleich die Eigenschaft hat, daß sie von jedem Menschen, der gesunde und nicht ganz unbiegsame Gesangsorgane besitzt, ohne Rücksicht auf künstliche Ausbildung derselben, vorgetragen werden kann", zit. nach Dürr, Das dt. Sololied im 19. Jh., S. 8, vgl. zu Strophenlied Dürr, S. 37f. und Schwab, Sangbarkeit..., S. 51f.

53 Renate Moering, Johann Friedrich Reichardts Liederspiele in: Das deutsche Singspiel im 18. Jh. Colloquium der Arbeitsstelle 18. Jh. Gesamthochschule Wuppertal. Universität Münster Amorbach vom 2. bis 4. Okt. 1979. Heidelberg 1981, S. 191-211

54 Moering, S. 211

6. Die von Salmen und Pröpper geäußerten Einwände gegen Reichardts Konzeption scheinen nach dem gegenwärtigen Stand des Wissens und aus der Kenntnis der Entwicklung des Musiktheaters im 19. Jahrhundert kaum zu widerlegen zu sein. Beließe man es dabei, so wäre nur festzustellen, das Thema "Liederspiel" lohne eine wissenschaftliche Untersuchung kaum. Bedenkenswert erscheint jedoch, daß sich Autoren wie Gustav Schilling[55], Freiherr von Biedenfeld[56] - "Intendant mehrerer großer deutscher Bühnen"[57] - und Schletterer[58] bis in die sechziger Jahre des 19. Jahrhunderts mit dem Liederspiel befassen. Denn diese Autoren bedauern ausdrücklich, daß sich das Liederspiel als selbständige Gattung nicht durchsetzen konnte. Vor allem bei Biedenfeld soll es dazu dienen - vergleichbar mit der Singspielbewegung im 18. Jahrhundert - nationale Bestrebungen im Musiktheater zu unterstützen, wenn er 1848 dazu aufruft, das Liederspiel neu zu beleben[59]:

> "... diese Form entspricht vollkommen dem deutschen Geiste und Sinne, der deutschen Liederseligkeit, dem deutschen Liederreichthume, dem Aufschwunge und der tiefen Bedeutung, welche das deutsche Lied über alle anderen gewonnen hat... Wohlan denn, wir haben hunderte von trefflichen Liedern ... um welche uns alle Nationen beneiden, und welche wir selbst nicht zu hören bekommen: belebt diese Lieder für die Nation, schafft das edle deutsche Liederspiel von Neuem, benutzt es zur Wiederbelebung und Veredelung der deutschen Bühne..."

---

55 Gustav Schilling, Versuch einer Philosophie des Schönen in der Musik oder Aesthetik der Tonkunst, Mainz 1838, § 263 "Liederspiel und Vaudeville", S. 582-584

56 s. Anm. 43

57 H. Chr. Wolff, Geschichte der komischen Oper, Wilhelmshaven 1981, S. 179

58 s. Anm. 44

59 Biedenfeld, S. 94-97

Der Apell Biedenfelds fand keine Resonanz, denn in der Mitte des 19. Jahrhunderts wurden an den deutschen Bühnen im leichteren Genre - bis auf Spielopern von Lortzing, Nicolai und Flotow,[60] in denen das Lied verstärkt Eingang gefunden hatte[61] - weiterhin ausländische "Produkte" bevorzugt, denn sonst hätte Schletterer 1863 nicht schreiben können[62]:

> "... Vergebens aber erwarten wir nach so verschiedenen Anläufen und nachdem so oft und so vieles darüber geschrieben und geredet wurde noch immer die Entwicklung und Blüthe des ächten deutschen Liederspiels... wir dürfen die Hoffnung auf endliche Besserung[63] trotzdem nicht aufgeben und gerade das Liederspiel dürfte es sein, das den meisten und vortheilhaftensten, ja einen wirklich veredelnden Einfluß auszuüben im Stande wäre;..."

7. Die Diskussion um das Liederspiel hatte bereits 1801, kurz nach Reichardts Veröffentlichung seiner "Abhandlung" begonnen: Ein in Dialogform abgefaßter Aufsatz "Über Musik und Deklamation" spiegelt das lebhafte Interesse an dieser von Reichardt als "Alternative zur Oper"[64] angebotenen neuen Gattung[65]:

> ..."Sie fürchteten aber auch noch für die Oper, daß sie zu L i e d e r s p i e l e n werden möchten. Haben Sie etwas gegen Liederspiele?

---

60 u.a. "Die lustigen Weiber" (Berlin 1849) von Otto Nicolai (1810-1849) und "Martha" (Wien 1847) von Friedrich von Flotow (1812-1883)

61 dazu Siegfried Goslich, Die deutsche romantische Oper, Tutzing 1975, S. 233f.

62 Schletterer, S. 133f.

63 Schletterer führt die Berliner Posse, das Vaudeville u. das Wiener Vorstadt-Theater als abschreckendes Beispiel an

64 Lafite, Musikästhetik des frühen 19. Jh., S. 141

65 August Apel, Ueber Musik und Deklamation, in: AMZ, IV, 1801, Sp. 187f.

"" Im geringsten nichts. Sie sind das, was die ehemaligen Operetten seyn wollten, aber nicht waren, weil sie immer auf die Seite der Oper schwankten, und sich so zu Zwitterspielen erniedrigten. Aber neben ihnen wollte ich mir doch auch die Oper ausgebeten haben, wie das Heldengedicht neben dem Roman"".

Der Vergleich mit einem Roman ist in Bezug auf Reichardts Einakter nicht zutreffend, hier wäre wohl eher die Novelle zu nennen. Lieder, die einen Roman erzählen gibt es in dem nicht für die Bühne bestimmten Zyklus "Alexis und Ida"[66] von Friedrich Heinrich Himmel (1765-1814) in dem die Geschichte einer Liebesbeziehung dargestellt wird.

Das in jeder "Nummernoper" stets problematische Verhältnis von Sprache und Musik könnte nach Apel beim Liederspiel besser gelöst werden[67]:

"Sie haben gewiss öfters das Geschmackswidrige in unserer deutschen Art, Opern aufzuführen, bemerkt, dass unmittelbar nach dem Gesange alle Spur von Musik auf einmal verschwindet: ..... In Liederspielen ist es ein ganz anderes Verhältnis. Hier singt man aus keinem anderen Grunde, als warum man wohl auch im gemeinen Leben ein Liedchen singt und so bleibt das Ganze, des Singens ungeachtet in seiner Sphäre..."

Beim Liederspiel bleibt demnach "das Ganze in seiner Sphäre", weil zwischen Sprache und Musik kein abrupter und daher unnatürlicher Wechsel erfolgt. Das bedingt zweierlei: Die Lieder dürfen eben nur "Liedchen" sein,

---

66 Christoph August Tiedge, Das Echo oder Alexis und Ida: ein Zyklus von Liedern, Halle 1812; Friedrich Heinrich Himmel, Alexis und Ida: ein Schäferroman in 46 Liedern, Leipzig, ca. 1814. Vgl. dazu L. E. Peake, S. 247f. (s. Anm. 7)

67 Apel, AMZ, IV, 1801, Sp. 212

die auch im "gemeinen Leben" gesungen werden könnten, und der Dialog muß nahtlos an diese herangeführt werden.

Natürlichkeit gegenüber der Unnatur der zeitgenössischen Oper - die "den Sänger zum angestrengten Schreyen zwingt"[68] - war Reichardts wichtigstes Anliegen. Diese Natürlichkeit, die er als Anhänger Rousseaus[69] auch noch ein halbes Jahrhundert nach dem "Devin du village" (1752) für erstrebenswert hielt, war mit den "Operetten", "Singeschauspielen" und Singspielen nicht zu erzielen, da diese eben, wie Apel es nennt, "Zwitterspiele" waren. Reichardts Definition des Liederspiels enthält einen wichtigen Zusatz, der leicht übersehen werden kann: Er spricht von einer[70]:

> ..."neuen Gattung von Schauspiel mit Gesang, die ich Liederspiel genannt..."

Hier ist vom Sprechtheater die Rede, denn nur hier kann die von Reichardt angestrebte Natürlichkeit auf der Bühne erzielt werden. Er orientiert sich am "Schauspiel mit Gesang" - in Frankreich gibt es dafür die "comédie en vaudevilles" - und deshalb sind seine Lieder - zumindest in "Lieb' und Treue" - von einer radikalen "Simpicität"[71], weil sie eben "Liedchen" sein sollen.

---

68 Reichardt, AMZ, III, 1801, S. 710

69 vgl. dazu Salmen, Reichardt und Reichardt, Mus. Kunstmagazin, I. Stück, Berlin 1782, S. 7: "Roußeau! edler lieber Wahrheitsforscher und Seher! auch mir unaussprechlich liebenswürdig wo du sie nicht sahst: denn nur übergroßer hochentflammter Eifer für Wohl der Menschheit ließ dich oft die innere Stimme deines himmlischen Genius nicht vernehmen..."

70 Reichardt, AMZ, III, 1801, Sp. 709

71 vgl. dazu Salmen, Reichardt

Der Dialog, der an diese "Liedchen" herangeführt wird, hat bei Reichardts drei Liederspielen den in der zeitgenössischen Trivialliteratur[72] üblichen Lustspiel-Charakter. Deshalb ist es fragwürdig, bei einem Liederspiel überhaupt von einem "Libretto" zu sprechen, wie es Salmen[73] und Pröpper[74] tun. Ein "echtes" Libretto sollte das ganze Bühnenwerk umfassen, und der Dialog, die Texte der Arien und Ensembles sollten vorher, oder zumindest zusammen mit der Komposition geschrieben worden sein. Diese Voraussetzung fehlt beim Liederspiel, denn hier besteht gerade das umgekehrte Verhältnis: Die Lieder auf Texte verschiedener Dichter sind bereits vorhanden und der Dialog muß nachträglich um diese Lieder herumgeführt werden, was Pröpper richtig erkannt hat, ohne allerdings auf die Libretto-Problematik näher einzugehen.

Ganz anders verhält es sich bei den Liederspiel-"Libretti" von August von Kotzebue (1761-1819), denn diese Einakter - zumindest bei "Der blinde Gärtner oder die blühende Aloe" (Leipzig 1810) läßt sich das auf Grund von Kotzebues Vorrede dazu genau feststellen[75] - sind zuerst entstanden. Dennoch läßt sich auch hier wieder nicht, oder nur sehr bedingt, von einem "echten" Libretto sprechen, denn man merkt ihnen an, daß sie vom Schauspiel her konzipiert sind: die Liedeinlagen haben ebenso wie bei Reichardt fast durchweg nur "statischen" Charakter. Ein echtes Libretto - wie z.B. Da Pontes "Le nozze di Figaro"[76] -

---

72 vgl. u.a.: Markus Kruse, Trivialdramatik, in: Deutsche Literatur, Eine Sozialgeschichte, hrsg. v. Albert Glaser, Bd. 5, S. 313-326

73 Salmen, Reichardt, S. 273

74 Pröpper, Reichardt, S. 118

75 s. teilw. Abdruck der Vorrede in Kap. II,2

76 vgl. dazu Harald Goertz, Mozarts Dichter Da Ponte, Wien 1985, S. 135-155

verlangt Dynamik, sowohl in den Dialog- bez. Rezitativpartien als in den Musiknummern.

8. Reichardt verwendet - wie erwähnt - in seinen Liederspielen drei Liedtypen: Volkslieder, Lieder im "Volkston" und wenige "höhere"[77] Lieder. Dadurch ergibt sich notgedrungen ein Nebeneinander von Dichtung und - teilweise dialektgefärbter - Volkspoesie, dessen Problematik Ludwig Tieck bereits erkannt hat. Über "Kunst und Liebe"[78] schreibt er 1801 an Reichardt[79]:

> "Warum willst du nicht überhaupt bei kleinen Liedern stehen bleiben?"

Tieck kritisiert auch, daß die in "Kunst und Liebe" neben den Volksliedern stehende Goethe-Vertonung (Einsamkeit: "Die ihr Felsen und Bäume bewohnt", "innerster Göthe" und "Andenken seiner glänzensten Lebensmomente" sei, die auf dem Theater "entheiligt" werde.

Reichardt schien die Problematik nicht zu sehen: Die Bühnenfassung von "Kunst und Liebe" - Reichardt hatte Tieck nur einen Entwurf zugeschickt - wies kaum Änderungen auf[80]. Es ist daher denkbar, daß Reichardt - neben seinem Bemühen um "Einfluß auf die Gesangbildung"[81] - die literarische Bildung des breiten Publikums fördern wollte. Da er sich in seinen Gedichtvertonungen eng an

---

77 Triest, AMZ, III, 1801, Sp. 429

78 Auff. in Berlin, Nationaltheater am 30.11.1807

79 Briefe an L. Tieck, hrsg. von Holtey, III/IV, S. 104f. zit. nach Pröpper (s. auch Kap. I,4)

80 Pröpper, S. 135

81 Reichardt, AMZ, III, 1801, Sp. 709

Goethes Liedästhetik - die ein "sogenanntes Durchcomponieren"[82] nicht billigte - anlehnte, ergab sich auch für die "höheren" Lieder ausschließlich die Strophenform, wodurch - zumindest musikalisch - kein Bruch zwischen den Volksliedern und "Kunstliedern" entstehen konnte. Die Musik sollte für den Text nicht mehr als Medium des Erklingens sein, so wie das Goethe 1820 über die Lieder seines Freundes Zelter schreibt[83]:

> "Deine Compositionen fühle ich sogleich mit meinen Liedern identisch, die Musik nimmt nur, wie ein einströmendes Gas, den Luftballon mit in die Höhe. Bey andern Componisten muß ich erst aufmerken wie sie das Lied genommen, was sie daraus gemacht haben".

Diese eingeschränkte Funktion der Musik, dieses Goethe'sche "nur" - aber immerhin mit dem Bild des einströmenden Gases verbunden - bedeutet für den Komponisten, wenn er nicht "durchkomponiert", eine besonders anspruchsvolle Aufgabe[84]:

> "Das Schwereste: In einer Melodie für alle Strophen die ganze Ode wahr zu deklamieren. E i n e Melodie muß es seyn bey Oden, die Einheit der Empfindung haben, wenn der Eindruck der Eine treffende tiefeindringende seyn soll..."

Die Eindringlichkeit, mit der Reichardt diese Forderung ausspricht - die Silbe "ein" erscheint innerhalb eines

---

82 J.W.v. Goethe, Eintragung in den "Tag- und Jahresheften" von 1801, Weimarer Ausgabe I, 35, S. 90f.; zit. nach Schwab, S. 69. Zu Reichardts Liedästhetik vgl. Salmen, S. 296f.

83 Goethe an Zelter am 11. Mai 1820, in: Briefwechsel mit Karl Friedrich Zelter, hrsg. von Wilhelm Riemer, Berlin 1833/34; zit. nach Friedrich Blume, Goethe und die Musik, Kassel 1948, S. 34

84 Reichardt, Ueber Klopstocks komponierte Oden, in: Musikalisches Kunstmagazin, 1. Band, II.Stück, Berlin 1782, S. 62

Satzes fünfmal - macht deutlich, wie sehr ihm an einer "Einheit der Empfindung" zwischen Dichter und Komponist gelegen war. Dies war in Anbetracht der zeitgenössischen liedästhetischen Prämissen[85] nur mit einem Strophenlied zu erzielen. In seinem ersten Liederspiel "Lieb' und Treue" stellt Reichardt die Forderung nach "Einheit der Empfindung" nicht nur an ein einzelnes Lied, sondern an das gesamte Stück, wenn er dessen "Charakter nur auf Einen angenehmen Eindruck" anlegt[86]. Salmen empfindet das als Mangel[87], aber er zieht in diesem Zusammenhang nicht in Betracht, daß Reichardt nicht allein "seine Theorie der Empfindungseinheit"[88], sondern diejenige seiner ganzen Generation - der um die Mitte des 18. Jahrhunderts Geborenen - anwenden wollte. Im Zusammenhang mit Herders Shakesspeare-Aufsatz stellt Korff[89] ein wesentliches Merkmal der Dramentheorie des Sturm und Drang heraus: die Forderung nach "Stimmungseinheit", "poetischer Einheit" und "Natureinheit". Die Forderung, daß Kunst ein "organisches Ganzes"[90] sein solle, hat Reichardt auch bei der Konzeption von "Lieb' und Treue" bestimmt. Insofern stellt das Liederspiel noch um 1800 den Versuch dar, die "Einheit der Empfindung" - wenn auch auf kleinstem Raum - zu realisieren, und gerade diese "Stimmungseinheit" mag es gewesen sein, die den Erfolg dieses kleinen Stückes mitbestimmt hatte[91].

---

85 vgl. Schwab, S. 51f., Feil, Schubert, S. 11f. und Dürr, S. 7f. u. 37f.

86 Reichardt, AMZ, III, 1801, Sp. 711

87 s. oben

88 Salmen, S. 273

89 H. A. Korff, Geist der Goethezeit, Berlin 1923, Reprint Darmstadt 1974, Band 1, S. 153

90 J.W.v. Goethe, Von deutscher Baukunst (1771), zit. nach Korff, S. 155

91 vgl. Rez. über "Lieb' und Treue" (s. Anm. 8, zit. in Kap. I,4 und III,1)

9. Obwohl "Lieb' und Treue" ein positives Echo gefunden hatte, stellt sich die Frage, ob Liederspiele überhaupt zum musikalischen Theater gerechnet werden können. Reichardt hat sein Stück als "neue Gattung von Schauspiel mit Musik"[92] bezeichnet. Die Bezeichnung "Singspiel", mit dem das Liederspiel meistens in Verbindung gebracht wird[93], taucht in der umfangreichen Abhandlung nicht ein einziges Mal - im Gegensatz zum viermal erwähnten Vaudeville - auf. Reichardts Liederspiele enthalten auch keine typischen Singspiellieder[94], sondern "Lieder beym Clavier", die er vom Haus auf die Bühne transferiert.

Ganz anders verhält es sich bei den Liederspielen von Reichardts Nachfolgern Friedrich Heinrich Himmel, Bernhard Anselm Weber, Johann Phillipp Samuel Schmidt und dem in München und ab 1819 in Stuttgart wirkenden Peter Joseph von Lindpaintner. Diese Liederspiele können durchaus wieder "echtes" musikalisches Theater genannt werden, weil die Musikeinlagen nicht nur in ein Schauspiel eingeflochtene kleine "Liedchen" sind, sondern stilistisch ein viel breiteres Spektrum bieten, was die Einordnung in die Gattung Lied erschwert. In diesen Liederspielen finden sich Volkslieder, Lieder im "Volkston", Singspiellieder und "höhere" Lieder, die dem damaligen Verständnis entsprechend keine Lieder, sondern "Oden" oder "Gesänge"[95] sind. Neben dieser Vielfalt von Liedern stehen Arietten, Kavatinen und größere arienartige Gebilde (bei Himmel),

---

92 Reichardt, AMZ, III, 1801, Sp. 709

93 s. Riemann, Art. Liederspiel

94 vgl. Max Friedländer, Das deutsche Lied im 18. Jh., Stuttgart und Berlin 1902, I, 1, S. 151f.

95 vgl. Schwab, S. 56f. und Dürr, S. 11f.

die dennoch eine liedhafte Melodik aufweisen. Was ist noch ein Lied, und was ist schon eine Ariette oder eine Kavatine? Das Problem, daß in einem Liederspiel die Lieder stellvertretend für größere Formen des Musiktheaters stehen müssen, schien diesen Komponisten nur lösbar, indem sie eine Abkehr von der schlichten Faktur der Reichardt'schen Lieder vornahmen.

Wieder anders gestaltet sich die Frage nach dem musikalischen Theater bei den vom Schauspiel her konzipierten Liederspielen Karl von Holteis. Holtei greift zwar die in den zwanziger Jahren des 19. Jahrhunderts fast schon vergessene Liederspieltradition in Berlin wieder auf, verwendet aber überwiegend eine Art von Parodieverfahren. Die "Komischen Liederspiele" von Louis Angely sind ebenso wie Holteis Liederpossen vom Wiener Volkstheater Wenzel Müllers beeinflußt und können als Beispiel einer wechselseitigen Verbindung zwischen Wien und Berlin gelten, während das Liederspiel bis 1824 ("Die Wiener in Berlin") - mit Ausnahme von Lindpaintner - auf den norddeutschen Raum beschränkt geblieben ist[96].

Die Liederspiele am Königstädtischen Theater wurden nur von Schauspielern aufgeführt, oder vom Vaudeville-Personal, denn "das Opernpersonal war von den übrigen scharf gesondert"[97]. Schon daraus wird deutlich, daß diese Liederspiele und Liederpossen im engeren Sinne nicht mehr zum musikalischen Theater gerechnet werden können.

96 Kraus, S. 19f.

97 Holtei, Flüchtige Betrachtungen über Vaudeville und Liederspiel, in: Monatl. Beiträge zur Geschichte dramatischer Kunst, hrsg. v. K. v. Holtei, Berlin 1827, S. 51

Musikalisches Theater - obwohl bis auf einen Darsteller nur Laien mitwirkten - ist hingegen wieder Mendelssohns Liederspiel "Heimkehr aus der Fremde" (Berlin 1829), das nicht auf einer Bühne, sondern als private Aufführung zur Silbernen Hochzeit seiner Eltern stattgefunden hat. Dieses Werk nimmt in der Geschichte der Gattung eine Sonderstellung ein, denn es läßt sich wegen seines hohen kompositorischen Ranges nicht zusammen mit den übrigen Liederspielen behandeln. Mendelssohn selbst hat es sehr hoch eingeschätzt. In einem Brief an Karl Klingemann, der das Libretto - hier liegt ein echtes Libretto vor! - schrieb, hält er sein Werk "für das Beste, was ich bis jetzt komponiert habe"[98]. Weil Mendelssohn seine Privatsphäre schützen wollte[99], ist das Liederspiel von ihm nicht an die Öffentlichkeit gekommen, sondern wurde erst posthum Julius von Rietz in die Gesamtausgabe aufgenommen[100]. Eric Werners Urteil, das "Werkchen" habe "musikalischen Gartenlaubestil"[101] kann ich aus vielerlei - später noch darzulegenden Gründen - nicht akzeptieren.

Liederspiele sind, wenn sie sich nicht mit dem Singspiel vermischen, nur in einem sehr eingeschränkten Sinn musikalisches Theater. Deshalb ist die Definition[102]:

> "A kind of dramatic entertainment developped in Germany in the early 19th century in which songs are introduced into a play..."

---

98 Felix Mendelssohn-Bartholdy's Briefwechsel mit Karl Klingemann, hrsg. v. Karl Klingemann, Essen 1909, Brief vom 10.2.1830, S. 74

99 E. Devrient, Erinnerungen, S. 94f.

100 s. Anm. 2

101 E. Werner, Mendelssohn, S. 187f.

102 Grove, Art. Liederspiel

sehr viel genauer, da sie auch die Liederspiele aus der Ära des Königstädtischen Theaters in Berlin, die bisher kaum erforscht worden sind, miteinschließen kann.

10. Wenn man davon ausgeht, daß Liederspiele "dramatic entertainment" sind, so stellt sich unwillkürlich die Frage nach der Einordnung und Wertung dieses so ganz auf den Zweck ausgerichteten "Unterhaltungs"-Theaters. Die 1801 erschienene "Abhandlung von Triest"[103] gibt auch hier Hilfen, dem Problem der Wertung dieser Art von "Gebrauchsmusik"[104] näherzukommen.

Triest nimmt bei der Erörterung der "Theatermusik" eine Einteilung in drei Klassen[105] vor: zur "ersten" rechnet er "die italienische ernsthafte Oper", also die Opera seria. Als Beispiel für "die Theatermusik der zweyten und dritten Klasse" führt er u.a. Georg Bendas Oper "Walder" (Gotha 1776) und Hillers "Operetten" an. Diese Dreiklassen-Einteilung bedeutet bei Triest nicht - wie es zunächst scheinen mag - eine Wertung, sondern lediglich eine Hilfe zur Einordnung. Gerade Hillers Singspiele erfahren bei ihm eine besondere Würdigung, denn es sei vor allem dessen Verdienst gewesen, geschmacksbildend auf breitere Schichten einzuwirken[106]:

> "Allein die merkwürdigste Veränderung in dieser Zwischenzeit, welche so ganz in die zunehmende Kultur des Mittelstandes und dessen nunmehrige Empfänglichkeit für bessere Musik eingriff, welche mithin auch am meisten dazu beytrug, daß die Ton-

---

103 s. Anm. 10

104 dazu: Heinrich Besseler, Grundfragen des musikalischen Hörens, in: Jb. Peters 1926, XXXIII, Leipzig 1927, S. 63-80

105 Triest, AMZ, III, 1801, Sp. 330

106 ebenda, Sp. 325

> kunst aus der Region der tiefer eingeweihten und der Vornehmen in die des Volks hinabgeführt und gleichsam zu einem Gemeingut wurde, diese Veränderung ward durch I. A. Hiller vorzüglich bewürkt".

Wenn Triest auch vor der "Sucht nach Popularität"[107] - von der er Hiller aber ausnimmt - warnt, so ist er doch davon überzeugt, daß Musik "Gemeingut" werden müsse. Vor allem dem Gesang auf dem Theater legt er viel Bedeutung bei, denn er glaubt, daß "nur durch das Theater" dem "Volke Neigung" zu einem "natürlichen und dabey schönen Gesange" eingeflößt werden könne[108]. Reichardt, der mit seinen Liederspielen vor allem "Einfluß auf die Gesangbildung des großen Publikums"[109] nehmen wollte, stimmt in diesem Punkt mit Triests Ansichten überein.

Im Zusammenhang mit einer kritischen Beurteilung der vielen "Operetten" am Ende des 18. Jahrhunderts geht Triest der Frage nach, warum auch ein anspruchsvoller Musikkenner an der "niedrig-komischen Musik"[110] Gefallen findet[111]:

> "Untersucht der Grammatiker, der Kontrapunktist die Partitur, so findet er gemeine Melodien, plumpen Rhythmus, triviale (oder auch bizarre) Modulationen, und zu dem allen gewöhnlich einen Text, der auf Poesie nicht den mindesten Anspruch machen darf... Mit dem Vorsatz, darauf zu schmälen, tritt er in's Schauspielhaus. Doch, siehe da, der nüchterne Kritiker lacht mit. Umsonst schämt er sich darüber beym Nachhausegehen;..."

---

107 Triest, AMZ, III, 1801, Sp. 328f.

108 ebenda, Sp. 325f.

109 Reichardt, AMZ, III, 1801, Sp. 709

110 Triest, AMZ, III, 1801, Sp. 373

111 ebenda, Sp. 374

Triest sieht in dieser Art Musik - heute würden wir Unterhaltungsmusik sagen - eine "ächte Hülfskunst", weil sie der "Abspannung des Geistes" diene, und der "Sinnlichkeit mehr Nahrung" gebe[112].

Gerber[113] nimmt - anknüpfend an die alte Einteilung, konkret aber in Anlehnung an Scheibe[114] - eine Dreiteilung der Schreibarten in eine[115]

> "h o h e oder p a t h e t i s c h e , m i t t l e r e oder g e m ä ß i g t e und in die n i e d e r e oder k o m i s c h e S c h r e i b a r t "

vor. Im Unterschied zu Scheibe, der betont, die "niedere Schreibart solle nicht ins "Niederträchtige" ausarten, wenn auch der Dichter "seine Schäfer einmal grob und bäurisch reden läßt"[116], erlaubt Gerber bei der dritten Schreibart eine derbere Tonsprache, denn dazu rechnet er[117]:

> "den p o p u l ä r e n S t y l , die k o m i s c h e L a u n e und die K a r r i k a t u r im Ausdrucke, eine Schreibart, welche einzig und allein beym Operettentheater und beym Liede anwendbar ist...."

Reichardt verwendet die "niedrig-komische Schreibart" teilweise in seinem zweiten Liederspiel "Der Jubel"[118],

---

112 Triest, AMZ, III, 1801, Sp. 373

113 Ernst Ludwig Gerber, Etwas über den sogenannten Musikalischen Styl, in:AMZ, I, 1799, Sp. 305-308 und Sp. 295-296

114 Johann Adolph Scheibe, Critischer Musikus, Leipzig 1745, 13. Stück, S. 125f.

115 Gerber, AMZ, I, 1799, Sp. 295

116 Scheibe, 29. Stück, S. 280

117 Gerber, AMZ, I, 1799, Sp. 306

118 der erste von Reichardt vorgeschlagene, aber von Iffland abgelehnte Titel lautet: "Juchhey". Vgl. AMZ, III, 1801, Sp. 715 (s. Kap. I,4)

weil er nach dem "Sentimentalen" in "Liebe und Treue" auch das "Komische" versuchen wollte[119]. Dieses "Komische" kommt in handfesten Trink- und Soldatenliedern und in Volksliedern zum Ausdruck, bei denen er verschiedene Dialekte (u.a.Tirolerisch und Märkisch) in wirkungsvollen Kontrast zueinander setzt. Vermutlich sollte dies ein Versuch sein, der durch die "Empfindungseinheit"[120] bedingten Einförmigkeit mit den Mitteln des "populären Styls" zu begegnen.

Dieser "populäre Styl" sollte in den kommenden Jahren die Gattung Liederspiel mehr und mehr bestimmen. Bernhard Anselm Webers und August von Kotzebues Liederspiel "Der Kosak und der Freiwillige" (Berlin 1813) - ein Gelegenheitswerk zur Feier der Wiedereroberung der Festung Stettin[121] - enthält neben Volksliedern, Liedern im "Volkston" und "höheren" Liedern einige zeitgenössische populäre Vaterlandslieder. Karl von Holteis Liederspiele "Der alte Feldherr" (Berlin 1825) und "Lenore" (nach Bürgers Ballade mit der Liederzusammenstellung von Karl Eberwein, Berlin 1828) nehmen diese Tradition wieder auf.

Die Wandlung vom Liederspiel zur Liederposse ist in keiner der vorliegenden Untersuchungen zum Thema Liederspiel bisher untersucht worden, denn Kraus sieht dieses Phänomen ausschließlich als Verfallserscheinung. Gerade das komplexe Problem einer Gattungsvermischung von Liederspiel, Liederposse, Vaudeville, und teilweise auch dem Singspiel, verlangt nach einer detaillierten Untersuchung

---

119 Reichardt, AMZ, III, 1801, Sp. 715

120 Salmen, Reichardt, S. 273

121 vgl. Rez. in der Vossischen Zeitung, Nr. 143, vom 30.11.1813, zit. in Kap. II,2

der einzelnen Stationen dieses "Verfalls". Die bisherigen Untersuchungen zum Thema Liederspiel beschränken sich darauf, festzustellen, daß die Gattung nach einer kurzen Blütezeit[122] nicht überleben konnte. Dieser Feststellung ist, legt man Reichardts Konzeption zugrunde, nichts hinzuzufügen. Die Ursachen dieses "Scheiterns" sind dennoch eine Untersuchung wert: Warum hat sich eine - im Hinblick auf die Romantik - so vielversprechende Gattung nicht durchsetzen können, vielversprechend deshalb, weil das Lied im 19. Jahrhundert eine zentrale Bedeutung erlangen sollte? Wieso konnte das nicht für das Liederspiel nutzbar gemacht werden? Warum hat das Vaudeville das Liederspiel verdrängt, und warum hat eine Vermischung dieser Gattungen ein "Abgleiten" zur Liederposse ermöglicht?

Diese Fragen können nur befriedigend beantwortet werden, wenn neben detaillierten Einzeluntersuchungen - fußend auf bisher unveröffentlichtem Notenmaterial - eine Art Rezeptionsforschung betrieben wird. Deshalb werden Theaterzettel, Rezensionen, zeitgenössische Lexikonartikel und ästhetische Abhandlungen zum Thema Liederspiel und Vaudeville - da es sich meistens um bisher nicht ausgewertetes Material handelt - in großer Menge herangezogen.

Die Fülle des Materials macht es notwendig, daß die vorliegende Arbeit sich nur mit dem Zeitabschnitt von 1800 - ca. 1830 befaßt. Liederspiele sind im Verlauf des 19. Jahrhunderts - und darüber hinaus in den für die Schule bestimmten Liederspielen[123] - vereinzelt noch komponiert,

---

122 Kraus vergleicht das Liederspiel mit einem langsam verwelkenden Blümchen, s. S. 78

123 H. Braun, Untersuchungen zur Typologie der zeitgenössischen Schul- und Jugendopern, Regensburg 1963, S. 63f.

oder besser "arrangiert" worden. Ein Verzeichnis dieser - vermutlich in größerer Anzahl vorliegenden und vielleicht auch verschollenen - Liederspiele konnte für diese Arbeit nicht erstellt werden.

Die Unterscheidung in "szenische Liederspiele" und solche, die nur "konzertmäßig" dargeboten wurden[124], erfordert eine gesonderte Untersuchung dieser überwiegend im "Salon" aufgeführten Werke. Hierzu gehören Ludwig Bergers "Die schöne Müllerin. Gesänge aus einem gesellschaftlichen Liederspiel", Berlin ca. 1816, und Schumanns "Spanisches Liederspiel" (1849, Geibel), das "Minnespiel" (1849, Rückert) und der Zyklus "Spanische Liebeslieder" (1849, Geibel)[125]. Diese drei, zusammen zu betrachtenden Werke, sind für vier Solostimmen (SATB) und Klavier (in Op. 138 vierhändig). Bei diesen Werken stellt sich die Frage, ob man sie überhaupt Liederspiele nennen sollte. Schumann schreibt zwar über das "Spanische Liederspiel"[126]:

> "das Liederspiel ist in der Form etwas Originelles (glaub ich), das Ganze vom heitersten Effekt..."

aber die Lieder stehen - abgesehen vom spanischen Kolorit der Textvorlage - in keinem Handlungszusammenhang[127] und sind daher eher Zyklen zu nennen. Die Untersuchung der

---

124 Riemann, Art. Liederspiel

125 Robert Schumann: Op. 74, Op. 101 und Op. 138. Vgl. Arnfried Edler, Robert Schumann und seine Zeit, Laaber 1982, S. 224f.

126 Robert Schumanns Briefe, Neue Folge, hrsg. von G. Jansen, Leipzig 1886, Brief an C. Reinecke vom 1.5.1849, zit. nach A. Edler, S. 225

127 Liederzyklen haben z.T. auch eine Handlung, z.B. u.a. "Frauenliebe und Leben", sind aber in der Regel nur für eine Singstimme und nicht wie in Schumanns "Span. Liederspiel" für ein Vokalquartett bestimmt

Frage, ob das Liederspiel ev. an der Entstehung von Liederzyklen beteiligt gewesen sein könnte[128], muß gesondert behandelt werden. Interessant ist in diesem Zusammenhang die Tatsache, daß Friedrich Heinrich Himmel 1801 das Liederspiel "Frohsinn und Schwärmerey" komponiert hat, fortan aber nur noch Liederzyklen veröffentlichte[129].

Die Frage nach der Berechtigung, eine vergessene - und vielleicht auch "gescheiterte" - Gattung zu untersuchen, stellt sich nur dann, wenn der Betrachter einen aus der "Opusmusik"[130] gewonnenen Kunstanspruch stellt. Viele der z.T. naiven und stilistisch unselbständigen Lieder lassen sich nur aus dem Blickwinkel einer "angewandten Tonkunst"[131] betrachten. Dabei soll weniger eine "Ausgrabung" im Vordergrund stehen, als vielmehr die Untersuchung des Phänomens einer Gattungsumwandlung vom einstigen "kleinen Geschlecht"[132] - das dennoch die Entwicklung des Musiktheaters beeinflussen sollte - bis zum "Amüsier-Theater" des frühen 19. Jahrhunderts.

---

128 vgl. Peake, S. 243

129 s. Kap. II,1

130 dazu: Carl Dahlhaus, Über den Zerfall des musikalischen Werkbegriffs, hrsg. v. d. Österr. Gesellsch. f. Musik, Kassel 1971

131 Triest, AMZ, III, 1801, Sp. 297

132 Reichardt, AMZ, III, 1801, Sp. 715

I Das Liederspiel bei Johann Friedrich Reichardt

1. Zu Reichardts Liedern

Der 1752 in Königsberg geborene und 1814 in Giebichenstein bei Halle gestorbene Johann Friedrich Reichardt ist in seiner Bedeutung als Komponist und Musikschriftsteller in vollem Umfang erst spät erkannt worden. 1963 erschien eine umfassende Monographie von Walter Salmen[1], die zwar auf Arbeiten Schletterers[2], Friedländers[3], Pauli's[4] und Siebers[5] basiert, aber zum ersten Mal eine Übersicht über das Gesamtwerk Reichardts gibt und auf seine Stellung als preußischer Hofkapellmeister, seine Beziehung zu Goethe und auf sein Musikschrifttum detailliert eingeht. 1965 erfolgte die von Salmen besorgte Ausgabe von Reichardts Goethe-Vertonungen[6]. Mit Reichardts Bühnenwerken befaßt sich eine 1965 erschienene Arbeit von Rolf Pröpper, in der auch auf Reichardts Liederspiele eingegangen wird[7]. Das Thema "Liederspiel" wurde eingehender nur in der 1923 erschienenen Dissertation von Ludwig Kraus[8] behandelt.

Die Liederspiele Reichardts müssen im Zusammenhang mit seinen Lied- und Singspielkompositionen gesehen werden.

---

1 Walter Salmen, Joh. Fr. Reichardt. Komponist, Schriftsteller, Kapellmeister und Verwaltungsbeamter der Goethezeit. Freiburg i.Br. u. Zürich 1963

2 H. M. Schletterer, Joh. Fr. Reichardt, Augsburg 1865

3 M. Friedländer, Das deutsche Lied im 18. Jahrhundert, Berlin 1902

4 W. Pauli, Joh. Fr. Reichardt, sein Leben und seine Stellung in der Geschichte des deutschen Liedes, Berlin 1903

5 P. Sieber, Joh. Fr. Reichardt als Musikästhetiker, Diss. Basel 1930

6 Das Erbe deutscher Musik, Bd. 58 u. 59, Joh. Fr. Reichardt, Goethes Lieder, Oden, Balladen und Romanzen mit Musik, München-Duisburg 1964 u. 1970

7 R. Pröpper, Die Bühnenwerke Joh. Fr. Reichardts, Bonn 1965, (s. Einleitung)

8 L. Kraus, Das Liederspiel in den Jahren 1800-1830, Diss. Halle 1923, (s. Einleitung)

Von Reichardt sind nahezu 1500 Lieder überliefert[9]. Sie reichen vom Kinderlied, Tanzlied und Gesellschaftslied bis zu Balladen, Oden und "Deklamationsstücken"[10], die den jungen Schubert beeinflußt haben[11]. Reichardt vertonte besonders Klopstock, Herder, Lavater, Schiller und Goethe, mit dem er zeitweise in enger Beziehung stand[12]. Seine Goethe-Vertonungen werden auch heute gelegentlich gesungen.

Reichardts Lieder sind, mit Ausnahme seiner späten Oden und Deklamationsstücke, entscheidend von der Berliner Liederschule geprägt[13]. Von der älteren Berliner Liederschule übernimmt er die schon von Ramler und Krause erhobene Forderung nach einer auf sich selbst gestellten Melodie[14]:

> "Liedermelodien, in die jeder, der nur Ohren und Kehle hat, gleich einstimmen soll, müssen für sich ohn' alle Begleitung bestehen können, müssen in der einfachsten Folge der Töne, in der bestimmtesten Bewegung, in der genauesten Uebereinstimmung der Einschnitte und Abschnitte u.s.w. gerade die Weise - wie's Herder treffender nennt, als man sonst nur die Melodie des Liedes benannte, - die Weise des Liedes so treffen, daß man die Melodie, weiß man sie einmal, nicht ohne die Worte, die Worte nicht ohne die Melodie mehr denken kann; daß die Melodie für die Worte alles, nichts für sich allein seyn will".

Wie J.A.P. Schulz, mit dem Reichardt freundschaftlich verbunden war[15], sucht auch er den "Schein des Bekannten", den "Volkston"[16], in dem der überwiegende Teil der Lieder

---

9 Salmen, S. 296

10 Salmen, S. 307

11 Friedländer, I, 1, XLIX

12 Salmen, Goethe und Reichardt, in Jb. der Sammlung Kippenberg 1963

13 dazu Friedländer I, 1, 188ff.

14 Reichardt, Vorrede zu "Frohe Lieder für Deutsche Männer", 1781, zit. nach Friedländer, I, 1, S. 196

15 Salmen, S. 52

16 J.A.P. Schulz, Vorrede zu "Lieder im Volkston", 1784, zit. nach Friedländer, I, 1, S. 256

seiner drei Liederspiele gehalten sind. Diesen, leicht zu Mißverständnissen führenden "Volkston" interpretiert Schwab, indem er darauf hinweist, daß Schulz betont habe, man solle den "Schein des Bekannten" nicht mit dem "Bekannten selbst" verwechseln[17]:

> "Schulz meint mit Volkston weder das Bekannte, wie es hinsichtlich des Textes oder der Melodie bei jeder Parodie gegenwärtig ist, auch nicht die direkte Reminiszenz, sondern nur das Gemahnen an Bekanntes, ein Als-ob-bereits-gehört, das im Grunde Vertraute, Anheimelnde, Nicht-Überraschende und daher Allgemeinverständliche und Allgemeinmenschliche. Parodie und Reminiszenz sind zwei Grundmöglichkeiten, deren sich populares Streben immer bedienen kann. Wir beobachten sie auch in der mittleren Goethezeit".

Hiermit ist auch - wie noch zu zeigen sein wird - der grundlegende Wandel von den Liedern in Reichardts Liederspielen bis zu den Parodien in den Liederspielen Karl von Holteis zu erkennen: alle Beide wollen "populares Streben", gelangen aber auf unterschiedlichen Wegen dahin.

Reichardts Lieder wenden sich an den Musikliebhaber, für den "stillen, reinen Genuß kleiner Cirkel"[18]: "Das Lied der mittleren Goethezeit ist als Gattung vornehmlich dem Dilettanten vorbehalten, sei es dem Dilettanten als Komponist, als ausführender Sänger, als Klavierspieler oder dem nur stumm-teilnehmenden Liebhaber"[19]. Reichardts Liedersammlungen wollen einen genau bezeichneten Kreis von Musikliebhabern ansprechen[20]: "Frohe Lieder für deutsche Männer", Berlin 1781, "Lieder für Kinder aus Campes

---

17 H. W. Schwab, Sangbarkeit, Popularität und Kunstlied, Studien zu Lied und Liedästhetik der mittleren Goethezeit. Regensburg 1965, S. 106

18 Reichardt, zit. nach Salmen, S. 297

19 Schwab, S. 151

20 Titel vollständig abgedruckt bei Salmen, S. 298f.

Kinderbibliothek", I-II Hamburg 1781, "Lieder für die Jugend", I-II, Leipzig 1799, "Wiegenlieder für gute deutsche Mütter", Leipzig 1799. Titel wie "Lieder geselliger Freude", I-II, Leipzig 1796-97, "Gesänge der Klage und des Trostes", Berlin 1797 und "Lieder der Liebe und der Einsamkeit", I-II, Leipzig 1798 und 1804, wollen verschiedene Gemütsverfassungen des Singenden ansprechen und belegen Reichardts Herkunft aus dem sogenannten Zeitalter der Empfindsamkeit.

Beeinflußt von Herder und später von den Romantikern Achim von Arnim und Ludwig Tieck, hat sich Reichardt immer wieder mit Volksliedern befaßt[21]. Im "Musikalischen Kunstmagazin" von 1791 berichtet er, daß er in der Schweiz "sehr oft unter Landleuten auf dem Felde und in Schenken nach ächten Volkliedern" gesucht habe[22]. In der Vorrede zu den "Frohen Liedern für Deutsche Männer" von 1781 ist Reichardts Bekenntnis zum Volkslied enthalten[23]:

> "Noch ein Wort von Volksliedern. Sie sind wahrlich das, worauf der wahre Künstler, der die Irrwege der Kunst zu ahnden anfängt, wie der Seemann auf den Polarstern, achtet, und woher er am meisten für seinen Gewinn beobachtet".

An A. v. Arnim gab Reichardt 1805 einige gesammelte Volkslieder, die jener in "Des Knaben Wunderhorn" verwendete[24]. Arnim schreibt 1805[25]:

> "daß ich zu Ihnen spreche, findet in unserer Befreundung sein Recht und in der Sache seinen Grund. Haben sie doch selbst mehr gethan für alten deutschen Volksgesang, als einer der lebenden Musiker, haben Sie ihn doch auf die Bühne gebracht...".

---

21 Salmen, S. 234ff.

22 zit. nach Salmen, S. 235

23 zit. nach Friedländer, I, 1, S. 196

24 Salmen, S. 236

25 A. v. Arnim, Von Volksliedern, An Herrn Kapellmeister Reichardt, Berlin 1805, zit. nach Salmen, S. 240

Mit dieser letzten Bemerkung muß Arnim die Liederspiele Reichardts gemeint haben, die in der Zeit von 1800 bis 1816 auf dem Berliner Nationaltheater gespielt wurden.

In den drei Liederspielen und in dem vermutlich 1791 entstandenen Singspiel "Jery und Bätely", nach Goethes Libretto, verwendet Reichardt neben eigenen Liedern im "Volkston" echte Volkslieder verschiedener Provenienz: u.a. die Schweizer Lieder "Wenn ich ein Vöglein wär" und "Es ist nicht lang dass's g'regnet hat", das Tiroler Lied "Ull man wull rieden". Reichardt schreibt über "Jery und Bätely"[26]:

> ..."es gelang mir zu den naiven Götheschen Versen einige Schweitzer- und französische Volksmelodien ungezwungen zu benutzen..."

Salmen sieht jedoch Reichardts Verhältnis zum Volkslied durch seine Bindung an die Ästhetik der Berliner Liederschule beeinträchtigt[27]:

> "Er hatte sich ein zu enges, klassizistisches Bild vom Wesen echten Volksgesangs geformt, so daß er es nicht vermochte, die großartig bunte Fülle der Volksmusik europäischer Völker gänzlich offen in sich aufzunehmen. Reichardt hörte leider das ihm klingend oder schriftlich Zukommende auf Modellvorstellungen hin zurecht, die in den Rahmen seiner Liedästhetik Berliner Prägung paßten".

---

26 Reichardt, AMZ III, 1801, Sp. 716

27 Salmen, S. 236

2. Zu Reichardts Singspielen

Als Reichardts erstes Liederspiel "Liebe und Treue" am 31. März 1800 am Berliner Nationaltheater aufgeführt wurde, war die Singspielbewegung, die 1752 mit der Bearbeitung der englischen Ballad opera "The devil to pay or the wives metamorphosed" durch Chr. F. Weiße und J. G. Standfuß in Leipzig begonnen, und durch J. A. Hiller und Weiße fortgeführt wurde[1], längst abgeklungen. Das Publikum verlangte wieder nach virtuosem Gesang italienischen Stils wie die Besprechung einer Aufführung von Hillers "Jagd" von J. Fr. Schink[2] zeigt:

> ..."Die leichte Simplizität des Hillerschen Gesanges macht uns Langeweile, wir wollen Gambaden und Seiltänzersprünge ... Diese natürlichen leichten Melodien, die auch die gemeinste Menschenkehle mitsingen kann, sind nicht mehr Mode. Gerade, als wenn die Natur jemals aus der Mode kommen könnte...".

Reichardt versucht mit seinen Liederspielen, die er 1801 als neue Gattung proklamiert[3] eine bereits in den achtziger Jahren des 18. Jahrhunderts zu Ende gegangene Strömung wiederzubeleben: Er beruft sich in seiner Vorrede zur Textausgabe seiner Liederspiele 1804 auf die Leipziger Singspiele von Standfuß und Hiller, in dem er seine Absicht, einfache Lieder über die Bühne dem Publikum bekannt zu machen, folgendermaßen begründet[4]:

---

1 G. Calmus, Die ersten deutschen Singspiele von Standfuß und Hiller, in: Publ. der IMG, Beihefte 2. Folge, Heft 6, Lpz. 1908; K. Kawada, Studien zu den Singspielen von J. A. Hiller, Diss. Marburg 1969

2 Joh. Fr. Schink, Besprechung einer Auff. von Hillers Jagd, In: Dramaturgische Monate, Hrsg. v. Joh. Fr. Schink, Bd. III, Schwerin 1790, zit. nach R. Schusky, das dt. Singspiel im 18. Jh., Bonn 1980, S. 85

3 Reichardt, Etwas über das Liederspiel, in: AMZ III, 1801, Sp. 709

4 Joh. Fr. Reichardt, Liederspiele, Tübingen 1804, VII

> "Für uns möchte dieses doppelte Bedürfnis seyn, da wir so schnell von der kleinsten Gattung mit welcher Standfuß und Hiller anfingen, zu den größten Operetten und Opern der Franzosen und Italiener, in denen der eigentliche Liedergesang selbst fast gar nicht statt hat, übergegangen sind, ohne jene kleinere Gattung beybehalten zu haben".

Reichardt hatte 1771 in Leipzig Johann Adam Hiller (1728 - 1804) kennengelernt und dessen Singspielaufführungen im Kochischen Theater erlebt, die bei dem 19-Jährigen einen so nachhaltigen Eindruck hinterließen, daß er sich von da an - er schrieb bisher fast nur Instrumentalmusik[5] - zur Vokalkomposition entschlossen hatte. Hiller bestimmte Reichardt, der in Königsberg ein Jurastudium abgebrochen hatte und danach als Violinvirtuose umherreiste[6], "sich ganz der Tonkunst und mehr der Composition als der praktischen Tonkunst, und ganz besonders der Singecomposition zu widmen"[7].

In den Jahren 1766 - 1773 erschienen auf der Bühne des Schauspieldirektors Gottfried Heinrich Koch in Leipzig und Weimar neun Singspiele, "Operetten" im damaligen Sprachgebrauch, von Hiller und seinem Librettisten Christian Felix Weiße (1726 - 1804), der 1759/60 in Paris die opêra comique Charles Simon Favarts (1710 - 1792) kennengelernt hatte[8]. Die bekanntesten dieser nach französischen Vorlagen bearbeitete Singspiele waren: "Lottchen am Hofe" nach Favarts "Ninette à la cour" (1767), "Die Liebe auf dem Lande" nach Favarts "Annette et Lubin" (1768) und "Die Jagd" nach Collés "La partie de chasse

---

5 Salmen, Reichardt

6 ebenda, S. 26

7 zit. nach Salmen, S. 27

8 H. A. Koch, Das deutsche Singspiel, Stuttgart 1974, S. 45

de Henri IV" (1770). In "Der Aerndtekranz" (1772) und "Die Jubelhochzeit" (1773) verzichtet Weiße auf französische Vorlagen[9]. Weißes Singspiele sind zum Teil "possenhafte Stücke aus dem Handwerkermilieu"[10] wie das nach der englischen Vorlage "The devil to pay" bearbeitete "Der Teufel ist los", "Der lustige Schuster" und "Der Dorfbarbier".
In den Singspielen nach französischen Vorlagen sind Ideen der Aufklärung verarbeitet[11] wie z.B. in "Lottchen am Hofe". Dieses Singspiel sei das erste in Deutschland, bei dem die aus der opera comique "schon längst" bekannte Gegenüberstellung der höfischen und ländlichen Sitten dargestellt werde[12].

Die Zusammenarbeit von Hiller und Weiße war der "entscheidende Schritt zur Etablierung des Singspiels im mittel- und norddeutschen Raum"[13]. Das erfolgreichste Singspiel von Weiße und Hiller war "Die Jagd", bearbeitet nach einer französischen Vorlage von Collés "La partie de chasse de Henry IV"[14]. Reichardt veröffentlichte 1774 unter dem Eindruck, den eine Aufführung der "Jagd" auf ihn gemacht hatte seine Schrift "Über die Deutsche comische Oper nebst einem Anhange eines freundschaftlichen Briefes über die musikalische Poesie, Hamburg 1774". Darin unternimmt Reichardt eine "Zergliederung" der "Jagd", die "insgesamt zu einer Huldigung für den Leipziger Meister unter Einschluß kritischer Bemerkungen ausgeführt wurde"[15].

---

9 H. A. Koch, Das deutsche Singspiel, Stuttgart 1974, S. 48

10 K. Kawada, Studien zu den Singspielen von J. A. Hiller, Diss. Marburg 1969

11 Koch, S. 46

12 ebenda, S. 46

13 ebenda, S. 45

14 ebenda, S. 47

15 W. Salmen, Nachwort zu J. Fr. Reichardt: Über die Deutsche comische Oper, in: Schriften zur Musik, Facsimilia, Bd. 2, 1974,

Reichardt hatte mit dieser Schrift vor allem ein nationales Anliegen[16]: er wollte darin beweisen, daß die Deutschen dazu fähig seien, eine eigene deutschsprachige Oper zu komponieren, wenn er ihnen auch französische und italienische Einflüsse zugesteht[17]:

> "Es ist wohl keine Meynung allgemeiner, als diese, daß die Deutschen in den Künsten nur Nachahmer sind. So sehr dieses auch von vielen unsrer Künstler gelten mag, so thut man doch gewiß sehr unrecht, daß man nach diesen die Nation beurtheilt; und ich bin versichert, daß man sich sehr von Gegentheil überzeugen könnte, wenn man sich nur die Mühe geben wollte, genaue und sorgfältige Untersuchungen anzustellen. Die ganze artige Welt bewundert anjetzo die italienische und französische comische Musik, und sieht die deutsche nur, als eine neu angehende Sache, mit Verachtung über die Achseln an. ..."

Reichardt bedauert den Zustand in dem sich die deutsche Gesangskunst und die "Singetheater" befinden[18]:

> Und in dem Gesange sind wir leider noch so weit zurück, daß ein jeder Patriot, unwillig darüber, mit wahrem Eifer wünschen muß: es wolle bald der Zeitpunkt kommen, da wir uns auch hierinnen so mächtig empor schwingen möchten, als es die deutsche Poesie seit weniger Zeit gethan. ... Eben so müssen wir uns auch noch unsrer comischen Singetheater schämen: denn wenn durch die comischen Opern nicht wenigsten der gute Gesang unter uns allgemeiner gemacht wird; so schaffen sie schlechterdings keinen Nutzen: können aber wohl den Geschmack der Nation verderben".

---

16 W. Salmen, Nachwort zu J. Fr. Reichardt: Über die Deutsche comische Oper in Schriften zur Musik, Facsimilia, Bd. 2, 1974

17 Reichardt, Über die Deutsche comische Oper nebst einem Anhange eines freundschaftlichen Briefes über die musikalische Poesie. Faksim. Nachdruck d. Ausgabe Hamburg 1774. Mit einem Nachwort und Register von W. Salmen, München 1974. Schriften zur Musik, Facsimilia, Bd. 2

18 ebenda, S. 5

Hiermit spricht Reichardt einen Mißstand aus, unter dem die Aufführungen sämtlicher Hillerschen Singspiele zu leiden hatten. Das Kochische Theater war eigentlich eine Schauspielbühne und Hiller mußte die Lieder und Arien seiner Singspiele für Schauspieler schreiben, die kaum singen konnten. Hiller berichtet darüber in seiner Selbstbiographie[19]:

> "Das Theater hatte keine eigentlichen Sänger und Sängerinnen, sondern wer von Natur eine leidliche Stimme und ein bißchen Taktgefühl hatte, unternahm es in den Operetten zu singen, und das immer mit so vielem Glücke, daß ich mir es leicht in den Kopf konnte kommen lassen, diesen Sängern nach und nach ein Mehreres zuzumuten, um sie stufenweise wirklichen Sängern etwas näher zu bringen"

Charles Burney berichtet 1773 im "Tagebuch einer musikalischen Reise" von einer Probe eines Hillerschen Singspiels[20]:

> "Die Musik kam mir sehr natürlich vor und gefiel mir, und verdiente nach meiner Meinung viel bessre Sänger, als die gegenwärtige Gesellschaft hat; denn, die Wahrheit zu sagen, singen sie so gemein und alltäglich, als bei uns die Leute zu singen pflegen, welche weder den Vorteil eines musikalischen Unterrichts gehabt, noch jemals gute Sänger gehört haben. Sie haben gerade den kreischenden Hauch, wenn sie hohe Noten angeben, und stoßen ihn mit der vollen Stärke heraus, gleich dem starken Anschlage einer Strohfiedel, anstatt ihn mit Messa di voce oder Schweller aufzunehmen".

Was Burney über die Natürlichkeit der Hillerschen Musik schreibt, entspricht dem was Reichardt über Hillers "Jagd" äußert[21]:

---

19 zit. nach K. Kawada, S. 27

20 Charles Burney, Tagebuch einer musikalischen Reise (1772/73) Faksimile-Neudruck, hrsg. v. Richard Schaal, Kassel und Basel 1959, Bd. 3, S. 46, Documenta Musicologica, Bd. XIV

21 Joh. Fr. Reichardt, Über die Deutsche comische Oper, Hamburg 1774, S. 23

"ihr Inhalt hat auch Herrn H. die meiste Gelegenheit gegeben, seinen wahren musikalischen Charakter zu zeigen, besonders in Ansehung des gefälligen, natürlichen und rührenden Gesanges".

Der "natürliche und rührende Gesang" war seit der Aufforderung "die Stimme der Natur nachzuahmen" eines der Hauptanliegen der von Rousseau beeinflußten Komponistengeneration. In Reichardts Schrift "Freundschaftlicher Brief über die musikalische Poesie" sind seine Äußerungen stark von Rousseaus Gedanken beeinflußt[22]:

"Was die Schreibart des musikalischen Dichters betrifft, so muß diese so ungezwungen, deutlich und rührend als möglich sein ... Die Sprache des musikalischen Dichters sey überhaupt die natürliche Sprache der Empfindungen und Leidenschaften. Daher er denn auch diese vor allen auf das sorgfältigste studieren muß; denn sie allein ist die Sprache, die der wahren Musik fähig ist".

Das Hiller/Weiße'sche Singspiel, "in dem Hiller den Ansatz einer selbständigen Nationaloper erblickte, stand weitgehend unter Einfluß ausländischer Musik"[23]. Aus der Ballad opera und dem Vaudeville stammt die Verwendung eingänglicher kurzer Strophenlieder[24]. Gleichfalls von französischem Einfluß zeugen die als Schlußnummern verwendeten Divertissements, deren Herkunft sich vom ballet de cour ableitet[25], und die Schluß-Vaudevilles, deren Refrain das

---

22 Reichardt, Ueber die Deutsche comische Oper, nebst einem Anhange eines freundschaftlichen Briefes über die musikalische Poesie", Hamburg, S. 23; vgl. dazu J. J. Rousseau, Musik und Sprache, ausgewählte Schriften, in: Wörterbuch der Musik, insbes. Art. "Expression", S. 259f.; übersetzt von D. und P. Gülke, Wilhelmshaven 1984

23 K. Kawada, Studien zu den Singspielen Joh. A. Hillers, Diss. Marburg 1969, S. 188

24 ebenda, S. 141

25 ebenda, S. 180

Publikum mitsang, wie es im Théatre de la Foire üblich gewesen war[26]. Hiller verwendet jedoch auch Da-capo Arien im Seria-Stil J. A. Hasses, den er sehr verehrte[27]. Hiller differenziert jedoch in der Zuordnung von Arie, Ariette und Strophenlied[28]:

> "Ich gestehe gern, daß Koch nicht ganz Unrecht hatte, wenn die Operette bloß Scenen aus der niedrigen Classe der Menschen enthält. Freilich darf ein Bauernmädchen nicht die Arie di bravura einer italiänischen Opernheldin singen; aber ein Astolph in "Lottchen am Hofe", ein König in der "Jagd", kann auch nicht mit Gesängen eines Bauernmädchen auftreten. Dieser Unterschied der Charaktere habe ich, nach der Zeit, in allen ländlichen Scenen, die unser Weiße mit so viel Glücke bearbeitet hat, vor Augen gehabt, doch aber auch immer darauf gesehen, daß die Form der Arien sich nicht zu sehr voneinander entfernte".

Die Lieder aus Hillers Singspielen wurden in ganz Deutschland populär[29]. Vor allem das Lied "Ohne Lieb' und ohne Wein" aus der "Jagd", das Reichardt 1801 in seinem Liederspiel "Der Jubel" zitiert, und das gleichfalls aus der "Jagd" (1770) stammende Lied Lenens "Als ich auf meiner Bleiche" wurde überall gesungen. Reichardt schreibt darüber[30]:

> Die ganze Nation hat schon darüber entschieden, daß es (das Lied) völlig so ist, wie Lieder von der Art seyn müssen. Denn jeder Mann, vom hohen bis zum niedrigsten, singt und spielt es und pfeift es, und fast sollte ich sagen und trommelt es, so sehr wird es in ganz Deutschland auf nur alle mögliche Art gebraucht".

---

26 Kawada, S. 182

27 ebenda, S. 187

28 Joh. A. Hiller, Selbstbiographie, zit. nach K. Kawada, S. 125

29 H. W. Schwab, Sangbarkeit, Popularität und Kunstlied, Regensburg, 1965, S. 100

30 Joh. Fr. Reichardt, Über die Deutsche comische Oper, S. 60

Das 1770 entstandene Lied findet sich noch in dem Vaudeville "Der Schiffs-Capitain" von Carl Blum mit neuem Text wieder, das 1817 im Königlichen Schauspielhaus in Berlin aufgeführt wurde.

Als Reichardt 1773 damit begann Singspiele zu komponieren, stand er weitgehend unter dem Einfluß von Hiller und den Komponisten der Berliner Liederschule. Süddeutschen, besonders aber Wiener Einflüssen war Reichardt bis dahin kaum ausgesetzt gewesen. Salmen vermutet bei dem jungen Reichardt, der erst 1883 nach Wien kam, eine "innere Abwendung vom süddeutsch-österreichischen Geschmack, der sich in seinem ganzen musikalischen Schaffen manifestiert hat"[31].

Beeinflußt von Hiller[32] entstanden Reichardts erste Singspiele "Hänschen und Gretchen" und "Amors Guckgasten" im Jahre 1773. Zwei Jahre später folgt das Märchenstück "Der Holzhauer oder: die drei Wünsche", 1779 "Der Hufschmied", das ohne Erfolg in Hamburg aufgeführt wurde[33]. In dem Singspiel "Liebe nur beglückt" (1781), beginnt sich Reichardt "eigenständiger von den Hiller-Epigonen abzuheben"[34]. Reichardt schickt diesem Singspiel eine längere Vorrede voraus in der er fordert, daß[35]

> "gesungen werden müßte, wo die Leidenschaft so hochgestiegen, daß Worte sie nicht mehr ausdrücken: wo der Zuschauer schon ganz in die Leidenschaft versetzt ist, da alles Raisonnement in ihm schweigt, ... In jenen hohen Grad der Leidenschaft kommen aber nur die Hauptpersonen des Stücks, meistens nur die Liebenden...".

---

31 W. Salmen, Joh. Fr. Reichardt, S. 31

32 ebenda, S. 266

33 ebenda, S. 266

34 ebenda, S. 266

35 zit. nach R. Pröpper, Die Bühnenwerke Joh. Fr. Reichardts, Bonn 1965, S. 66

In dieser Vorrede von 1781 spricht Reichardt auch schon das aus, was ihm 1801 in seiner Abhandlung "Etwas über das Liederspiel"[36] zu einem Hauptanliegen wird: "dadurch fröhlichen einfachen Gesang beym Volke allgemeiner zu machen"[37].

Als Ergebnis der Zusammenarbeit mit Goethe entstanden 1789 "Claudine von Villa Bella" und 1790 "Erwin und Elmire"[38]. "Claudine" wurde 1789 im Charlottenburger Schloßtheater zusammen mit C. Dittersdorfs "Doctor und Apotheker" aufgeführt. Daß ein deutsches Singspiel auf der königlichen Bühne mit dem Hofkapellmeister Reichardt, der eigentlich nur für die italienische Oper zuständig war, aufgeführt werden konnte, war eine große Neuheit. Die Aufführung fand jedoch keine günstige Aufnahme[39]. Das Singspiel "Erwin und Elmire" wurde nur konzertant aufgeführt. Wackenroder gibt im Februar 1793 seinen Eindruck an L. Tieck - den Schwager Reichardts - wieder[40]:

> "Wie ich von Reichardts Erwin und Elmire im Konzert neulich bezaubert bin, wo jede Arie den innigsten Ausdruck, jeder Ton Liebe oder erhabene Empfindung, oder romantische Schwärmerey athmet..."

Reichardt verwendete als Libretti die jeweils zweiten Fassungen von "Claudine" und "Erwin und Elmire", die Goethe unter dem Eindruck der opera buffa in Italien - er hörte dort u.a. Werke von Anfossi, Paisiello und Cimarosa - umgearbeitet hatte[41]. Als Komponisten hatte Goethe zunächst

---

36 Joh. Fr. Reichardt, Etwas über das Liederspiel, in AMZ, 1801, Sp. 709f.

37 zit. nach Pröpper, S. 67

38 Pröpper, S. 74

39 ebenda, S. 84

40 zit. nach Pröpper, S. 93

41 E. Bötcher, Goethes Singspiel "Erwin u. Elmire" und "Claudine von Villa Bella" und die opera buffa, Diss. Marburg 1911

den Frankfurter Christian Kayser vorgesehen, Goethe war jedoch von Kaysers Kompositionen enttäuscht und gab daher seine Libretti an Reichardt weiter, als dieser Goethe darum gebeten hatte[42]. Goethe hatte die Prosa der Erstfassung in Blankverse umgewandelt[43], weil sie seiner Vorstellung vom "melodischen Gesang" mehr entsprachen[44]:

> "Der prosaische Dialog dagegen erinnerte zu sehr an jene französische Operetten, denen wir zwar ein freundliches Andenken zu gönnen haben, indem sie zuerst ein heiteres singbares Wesen auf unser Theater herüberbrachten, die mir aber jetzt nicht mehr genügen wollten, als einem eingebürgerten Italiener, der den melodischen Gesang durch einen rezitierenden und deklamatorischen wenigstens wollte verknüpft sehen".

Durch den Wegfall der Prosa war Reichardt genötigt, anstelle von gesprochenem Dialog Secco-Rezitative und Accompagnati zu komponieren, was bei "Erwin und Elmire" auch vollständig durchgeführt worden ist. Damit mußte er von der noch im "Musikalischen Kunstmagazin" von 1782 geforderten Form des "vermischten Singeschauspiels" abweichen[45]. Dort hatte er noch geschrieben[46]:

> "Das ist unter uns allgemein erkannt, daß es der Natur unsrer Sprache höchst zuwider ist, das ganze Stück in Rezitativen abzusingen. Bey dem Italiäner, dessen Sprache so voll leidenschaftlichen Akzents ist, daß seine Rede in Leidenschaft oft zu notieren wäre, bey dem war es von der gewöhnlichen Theaterdeklamazion, die schon erhöhter Naturakzent war, ein sehr kleiner Übergang zum Rezitativ: und einer Nazion, die so ganz in Musik lebt, der konnte auch die harmonische Begleitung beym Rezitativ sehr wenig anstößig seyn. Unsre Sprache aber, als Sprache der Leidenschaft, die geht in dem erborgten musikalischen Gewande gar beleidigend unwahr und armselig einher".

---

42 Pröpper, S. 81

43 Joh. W. v. Goethe, Singspiele, hrsg. v. H. A. Koch, Stuttgart 1974, S. 291ff.

44 J.W. v. Goethe, Italienische Reise, II, Bericht vom Nobember 1787 aus Rom, hrsg. v. Chr. Michel, Frankfurt 1976, S. 572

45 Pröpper, S. 94

46 Reichardt, Musikalisches Kunstmagazin, IV, S. 161

Rezitative enthält nur das Singspiel "Erwin und Elmire", in "Claudine" hat Reichardt bis auf zwei Szenen den gereimten Dialog nicht vertont[47]. Aus "Claudine" stammt das 1801 im Liederspiel "Der Jubel" wiederverwandte Lied Rugantinos "Mit Mädeln sich vertragen", aus "Erwin und Elmire" das bekannte "Veilchen", als Terzett vorgetragen. Strophenlieder wie diese sind jedoch in den beiden Singspielen in der Minderzahl, den Hauptanteil machen Arien, darunter sogar zwei Bravourarien, Ensemblesätze und sogar zwei ausgesprochene Finales aus[48].

Eine Vorstufe zum Liederspiel ist das um 1791 entstandene Singspiel "Jery und Bätely". Es wurde am 30. März 1801, ein Jahr nach der Aufführung des Liederspiels "Lieb' und Treue" unter der Leitung Reichardts am Berliner Nationaltheater aufgeführt. Goethe schrieb das im Kanton Uri spielende kleine Werk 1779. Anregung dazu bot ihm ein Ringkampf, dem er bei seiner Schweizerreise 1779 beiwohnte. Auch dieses Libretto war ursprünglich für Christian Kayser bestimmt[49]. Goethe gibt Kayser am 29. Dezember 1779 in einem Brief genaue Anweisungen, die hier vollständig wiedergegeben seien, da sie auch für Reichardts Liederspiele von Belang sind[50]:

> ..."ich bitte Sie darauf Acht zu geben, daß eigentlich dreierlei Arten von Gesängen drinne vorkommen.
>
> Erstlich Lieder, von denen man supponiret, daß der Singende sie irgendwo auswendig gelernt und sie nun in ein und der anderen Situation anbringt. Diese können und müssen eigne, bestimmte und runde Melodien haben, die auffallen und jedermann leicht behält.

---

47 Pröpper, S. 78

48 ebenda, S. 97

49 Koch, S. 308ff.

50 zit. nach H. A. Koch, Hrsg., Joh. W. v. Goethe, Singspiele, Stuttgart 1974, S. 309

Zweitens Arien, wo die Person die Empfindungen des Augenblicks ausdrückt und, ganz in ihr verloren, aus dem Grunde des Herzens sing. Diese müssen einfach, wahr, rein vorgetragen werden, von der sanftesten bis zur heftigsten Empfindung. Melodie und Accompagnement müssen sehr gewissenhaft behandelt werden.

Drittens kommt der rhythmische Dialog, dieser gibt der ganzen Sache die Bewegung, durch diesen kann der Komponist die Sache bald beschleunigen, bald wieder anhalten, ihn bald als Deklamation in zerissnen Takten traktieren, bald in einer rollenden Melodie sich geschwind fortbewegen lassen. Dieser muß eigentlich der Stellung, Handlung und Bewegung des Akteurs angemessen sein. (...) Der Dialog muß wie ein glatter goldner Ring sein, auf dem Arien und Lieder wie Edelsteine aufsitzen. Es versteht sich, daß ich hier nicht von dem vordern prosaischen Dialog rede, denn dieser muß nach meiner Intention gesprochen werden (...)".

Es ist anzunehmen, daß Reichardt während der Zusammenarbeit mit Goethe diese an Kayser gerichteten Anweisungen kennengelernt hat, denn er übernimmt bei der Vertonung von "Jery und Bätely" die ersten beiden Punkte, verzichtet jedoch auf den Dritten, weil dieser seiner Vorstellung von einem Liederspiel - und "Jery und Bätely" sollte nach Reichardts Wunsch auch ein Liederspiel werden - nicht entsprochen hat[51]. Reichardt erwähnt in seiner Abhandlung "Etwas über das Liederspiel" auch "Jery und Bätely"[52]:

"Ganz kürzlich hab' ich das kleine Göthesche Singspiel: Jery und Bätely, mit Glück auf's berlinische Theater gebracht. Der erste Theil dieses allerliebsten kleinen Stücks ließ sich auch liedermäßig behandeln, und es gelang mir zu den naiven Götheschen Versen einige Schweitzer- und französische Volksmelodien ungezwungen zu benutzen. Hätte sich der Dichter, der oft nur zu stiefväterlich auf die früheren Produkte seiner genialen Muse herabsieht - bewegen lassen, den zweyten Theil, der eine, für den lieblichen ländlichen Gegen-

---

51 R. Pröpper, S. 101

52 Reichardt, AMZ III, 1801, Sp. 716

stand, zu reiche Operettenform hat, auch in dem Sinne des ersten Theils umzuarbeiten: so hätte das Ganze im Sinne des Liederspiels behandelt werden können, es würde dadurch, nach meiner Überzeugung, als Kunstwerk gewonnen haben; wenn gleich die letzten ausgeführten Gesänge überall die beklatschtesten seyn möchten".

Goethe hatte sich jedoch für sein Singspiel "Jery und Bätely" keinesfalls eine Behandlung als Liederspiel gewünscht. Das geht aus einem weiteren Brief vom 20. Januar 1780 an Kayser hervor[53]:

"Noch muß ich eins anführen: Von dem Moment an, da Thomas das Quodlibet zu singen anfäng, geht die Musik ununterbrochen bis zu Ende fort und wird, wenn man es mit einem Kunstterm stempeln wollte, zu einem ungeheuren langen Final...".

Pröpper sieht in "Jery und Bätely", das bis 1825 mit insgesamt 30 Aufführungen auf dem Spielplan blieb und damit das "erfolgreichste Goethe-Reichardtsche Werk in Berlin" war, einen "inneren Bruch"[54] und zitiert in diesem Zusammenhang eine Rezension in der "Allgemeinen Musikalischen Zeitung", die darauf hinweist, daß der erste Akt als Liederspiel und der zweite als Singspiel behandelt worden sei[55]:

"Herr R. fand nämlich, daß sich der erste Theil von Jery und Bätely besser Lieder- als Operettenmäßig behandeln liesse, daß es gut seyn würde, das Ganze so zu behandeln, daß der zweite Theil, besonders die Ensembles darin, diesem entgegenstünden. Der Dichter konnte zur Abänderung der Letzteren nicht

---

53 H. A. Koch, Hrsg., Joh. W. v. Goethe, Singspiele, S. 309

54 Pröpper, S. 99

55 Rez. v. "Jery und Bätely" im AMZ, IV, 1802, Sp. 257f.

> bewogen werden; der Komponist behandelte also alles als Lied, was sich so behandeln lassen wollte, und als Operettenstücke, (doch immer so einfach und kurz als möglich) was im zweyten Theile diese Behandlung nothwenig machte. Es wäre aber die Frage, ob es nicht besser gethan gewesen wäre, das Ganze als ländliche Operette, wie wir so artige französische haben, zu nehmen und nur, was eigentlich Lied bleiben m u ß t e , als solches wiederzugeben".

Weiter unten bemängelt der Rezensent die Auswahl der Volkslieder:

> "Herr R. sagt in jener Abhandlung (Etwas über das Liederspiel), es sei ihm gelungen für die Gesänge dieses Singspiels einige Volksmelodien der Schweizer und Franzosen ungezwungen zu benutzen - Vortrefflich, wenn nämlich diese Volksmelodien an s i c h etwas werth sind ... Es ist wohl wahr, dass solche Melodien, auch wenn sie a n s i c h nicht eben von Bedeutung sind, ihr besonderes Interesse haben, als V o l k s m e l o d i e n . Aber doch wohl nur für das Volk, das sie singt - wenigstens kennet ... eben weil der Deutsche nicht gesangslustig ist, muss man ihm Etwas geben, das mehr i n s i c h hat (sogar mehr Materie); Etwas, das, was es will, nachdrücklich und bestimmt aussagt, und im Nothfall (der aber bey uns fast immer da ist) einen Anstoß giebt und den Schläfer wider seinen Willen weckt und rege macht ... Herr R. klagt oft, und mit vollem Recht, über das unzeitige Füllen und Ueberfüllen, über das unzweckmäßige Braussen und Stürmen - kurz, über das "zu viel thun" der meisten heutgen Komponisten für den Gesang, und meynt, (in dem oft angeführten Aufsatz) es fehle Manchem nichts, als dass er der Prima donna mit Kanonen akkompagnieren lasse - ... aber der Musiker kann denn doch auch zu wenig thun".

In dieser Rezension wird deutlich, daß Reichardt mit seinem Bemühen "fröhlichen einfachen Gesang beym Volke allgemeiner zu machen"[56] auf eine Beurteilung stößt, die

---

56 Joh. Fr. Reichardt, Vorrede zu dem Singspiel "Liebe nur beglückt", 1781, zit. nach Pröpper, S. 67

sich nicht mehr am "Idol der Simplizität"[57] orientiert. Diesem Verlangen nach Melodien die mehr "in sich haben" und die Kritik am "zu wenig thun" kündigen an, daß Reichardt mit seinem Singspiel "Jery und Bätely" und seinen drei Liederspielen ein Ziel verfolgt, das sich nach 1800 nicht mehr, oder doch nur mit einem Erfolg von kurzer Dauer durchsetzen ließ.

---

57 Salmen, S. 238

3. Die Gattung Liederspiel

In Riemanns Musiklexikon von 1919 ist unter dem Artikel "Liederspiel" zu lesen:

> "Liederspiel, ein wahrscheinlich auf direkte Anregung Goethes durch Joh. Fr. Reichardt (Liebe und Treue 1800) aufgebrachte Abart des Singspiels, welche die Gesangsnummern ausschließlich auf Lieder volksmäßiger Faktur beschränkte...".

In der Auflage von 1967 wird diese Vermutung nicht mehr geäußert. Kraus[1] findet jedoch "keine Belege für die Annahme, daß gerade das Liederspiel auf eine direkte Anregung Goethes zurückzuführen sei; weder der Briefwechsel, noch die Tagebücher sowie Annalen und Jahreshefte sprechen davon". Goethes Einfluß auf die Entstehung von Reichardts Singspielen ist nachweisbar[2], aber eine Anregung Goethes bezüglich der Liederspiele ist nach Kraus wenig wahrscheinlich, da sich Goethe mit seiner Hinwendung zur Form der opera buffa[3] vom Liederspiel noch weiter entfernt hatte und auch für eine Umarbeitung des Singspiels "Jery und Bätely" in ein Liederspiel nicht zu gewinnen war[4].

Reichardt hat zeitlebens sein musikalisches Werk mit umfangreichen theoretischen Erörterungen begleitet. "Im Leben von nur wenigen Komponisten nimmt das Kunstdenken neben dem Kunstschaffen einen ähnlich gewichtigen Platz ein wie bei Reichardt"[5]. So schickt er fast sämtliche

---

1 L. Kraus, Das Liederspiel in den Jahren 1800 - 1830, Diss. Halle 1921, S. 18

2 Salmen, S. 266

3 E. Bötcher, Goethes Singspiel Erwin und Elmire und Claudine von Villa Bella und die opera buffa, Diss. Marburg 1911

4 Joh. Fr. Reichardt, Etwas über das Liederspiel, in: AMZ III, 1801, Sp. 716f.

5 Salmen, S. 189

Liedersammlungen Vorreden[6] voraus, und über das Singspiel sind von ihm ausführliche Darlegungen in der Veröffentlichung "Über die Deutsche comische Oper", 1774 und im "Musikalischen Kunstmagazin", 1782 enthalten. Reichardt unterrichtet 1801, ein Jahr nach der ersten Aufführung seines Liederspiels "Lieb' und Treue" die Leser der Leipziger "Allgemeinen musikalischen Zeitung" in einer Abhandlung "Etwas über das Liederspiel"[4] von seiner Neuschöpfung[7]:

> "Schon vorigen Winter wünschten Sie etwas Bestimmtes über das Wesen der neuen Gattung von Schauspiel mit Gesang, die ich Liederspiel genannt, und von der ich den ersten Versuch mit dem damals in Berlin günstig aufgenommenen nachher bekannter gewordenen kleinen Stück "Liebe und Treue" gemacht habe - so wie, über meine Absichten mit dieser Gattung, von mir zu erfahren..."

Reichardt definiert seine neue Gattung[8]:

> "Ich nannte das Stück Liederspiel, weil Lied und nichts als Lied den musikalischen Inhalt des Stückes ausmacht, und ich mich versichern wollte, daß das Publikum nichts Größeres erwarten sollte..."

Über die Entstehung berichtet er[9]:

> "Ich sah mich nach einem Gegenstande um und glaubte ihn in einem kleinen Stücke zu finden, das ich vor einigen Jahren schon zu einem ganz anderen Zwecke - zu einem häuslichen Fest für meine eigne Familie - bereitet hatte. Absichtlich hatt ich damals Lieder von Göthe, Herder und Salis und einige Volkslieder darinnen angebracht, die allen im Hause Lieblingslieder waren, die alle singen konnten und die durch eine kleine Instrumentalbegleitung hinlänglich unterstützt wurden. Diese Lieder waren auch dem

---

6 P. Sieber, Joh. Fr. Reichardt als Musikästhetiker, Diss. Basel 1930, S. 39

7 AMZ, III, 1801, Sp. 709

8 ebenda, Sp. 712f.

9 ebenda, Sp. 711f.

> Publikum schon längst bekannt; und daß solche bekannte Liedermelodien auch auf ein großes Publikum angenehm würkten, wenn sie vom Theater, in einer interessanten Situation, von guten Sängern, und von einer angenehmen Instrumentalbegleitung unterstützt, vorgetragen werden, hatt' ich öfters und eben erst an einem eignen Liede in der Geisterinsel erfahren. Das Lied: "Ach was ist die Liebe", das ich vor vielen Jahren, als mir Gotter seinen ersten Entwurf zur Geisterinsel und die ersten Proben daraus in Gotha vorlas, ... war bekannt und beliebt geworden, und ich hatte nach zwölf Jahren bey der Aufführung der ganzen Oper nicht zu bereuen, daß ich jene Melodie bey Bearbeitung des Ganzen beybehalten hatte. Es gab einen Moment in der Oper, der am schnellsten und allgemeinsten sentiert wurde".

Das Singspiel "Die Geisterinsel", dessen Libretto Friedrich Wilhelm Gotter (1746 - 1797) nach Shakespeare's "Sturm" bearbeitet hatte, wurde am 6. Juli 1798 im Berliner Nationaltheater zur Huldigung Friedrich Wilhelms III. uraufgeführt[10].

Die von Reichardt geschilderte Entstehung des Liederspiels zeigt, daß hier eine ursprünglich aus dem häuslichen Musizieren stammende Praxis auf das professionelle Theater übertragen wird. Reichardt tritt hierbei mit dem Anspruch auf, eine neue Gattung geschaffen zu haben, die jedoch nicht in erster Linie als "Abart des Singspiels"[11] oder als eine "dem Singspiel nahestehende Gattung des musikalischen Theaters"[12] zu verstehen ist, denn beim Singspiel liegt im allgemeinen das Libretto bei der Entstehung der Komposition bereits vor, oder wird dann nur noch mehr oder weniger geringfügig verändert. Bei Reichardts Liederspiel

---

10 Salmen, S. 268

11 Riemann Lexikon, 1919, Art. Liederspiel

12 Riemann Lexikon, 1967, Art. Liederspiel

ist das nicht der Fall: hier werden zunächst einige zum Teil schon länger existierende und von den verschiedensten Dichtern verfaßte Lieder ausgesucht - "Lieblingslieder" des Hauses - und erst danach wird um diese Lieder herum eine kleine einfache Handlung erdacht, die vor allem den Zweck hat, diese Lieder gebührend zur Geltung zu bringen. Das ist eine vollkommen andere Ausgangssituation als beim Singspiel - und der dramatischen Glaubwürdigkeit des Liederspiels eher abträglich. Dieses Spiel mit Liedern oder eher "Spiel um Lieder" ist nicht wie das Singspiel den dramaturgischen Erfordernissen der Bühne verpflichtet, sondern hat seinen Ursprung in den im 18. Jahrhundert üblichen "social circles graces by Lied-singing ladies"[13] und im Falle Reichardts im häuslichen Liedersingen im Familienkreis.

Ein besonders wichtiges Anliegen ist es Reichardt, mit seinem Liederspiel den Geschmack des Publikums zu beeinflussen[14]:

> "Mit Bedauern sah ich, wie das deutsche Opernpublikum immer mehr und mehr blos an halsbrechenden Schwierigkeiten und betäubendem Geräusch Gefallen fand: die angenehmsten Lieder, - die allein Einfluß auf die Gesangbildung des großen Publikums und selbst auf dessen frohen Lebensgenuß haben können - sah' ich oft unbeachtet vorübertönen. Der einfache, rührende, bedeutende Vortrag verständiger, gefühlvoller Sänger und Sängerinnen blieb oft ohne Theilnahme, wenigstens ohne laute Theilnahmebezeugung, welche die Sänger allein von jener unterrichtet. Sobald aber einer nur aus Leibeskräften hohe und tiefe Töne schnell hintereinander herausgurgelte, war des Klatschens und Beyfallrufens kein Ende ... Es ist nur zu natürlich,

---

13 L. E. Peake, The antecedents of Beethoven's Liederkreis, in: M & L 63, 1982, S. 242

14 AMZ, III, 1801, Sp. 709f.

daß junge angehende Talente, die aus mehr als einer Ursache den Beyfall des Publikums zu suchen haben, hierdurch vom Anfang an eine falsche Richtung erhalten. Es ist auch nur zu natürlich, daß sie sich gern aller gründlichen Schule überheben, wenn sie gewahr werden, daß das Glänzende in der Kunst, wenigstens in so weit als es nöthig ist, ein unwissendes Sonntagspublikum in Bewegung zu setzen, bey einiger Naturanlage, weit leichter zu erlangen ist, als das Bedeutende und Rührende ... Das brachte mich auf den Gedanken, es mit einem kleinen liedermäßigen Stücke, dessen ganzer Charakter nur auf Einen angenehmen Eindruck abzweckte, zu versuchen, ob das Theaterpublikum wohl wieder für das Einfache und blos Angenehme zu interessieren seyn möchte".

Mit diesen Angriffen auf das Gesangsvirtuosentum und seinem Bemühen um Einfachheit im Musiktheater steht Reichardt in der Tradition Glucks, dessen Werk er vor allem während seines Aufenthaltes in Paris kennengelernt hatte und den er zu seinen verehrtesten "Musikheiligen" zählte[15]. Reichardt hatte sich bereits 1775 als Hofkapellmeister zu Gluck bekannt, sehr gegen den Willen Friedrichs des Großen, der an seiner Oper vor allem das Erbe Hasses und Grauns gepflegt haben wollte[16].

Sieber, der Reichardts Musikschrifttum auf die von ihm am häufigsten verwandten Begriffe hin untersucht hat, vermerkt unter dem Wort "Rührung"[17]: "Reichardt gebraucht dies Lieblingswort der Empfindsamkeit in den Schriften der siebziger Jahre viel häufiger als später. Er fasst "rührend" nicht nur im engern Sinn von "touchant" ... sondern auch im weiteren Sinn von Gemütsbewegung ... Reichardt konnte bereits bei Krause lesen: Wahre Musik muss rühren und ergötzen zugleich; ebenso bei Quantz, dass "das Nothwendigste in der Musik das Rührende und Gefällige sei".

---

15 Salmen, S. 72

16 ebenda, S. 256 u. 37

17 P. Sieber, Reichardt als Musikästhetiker, Diss. Basel 1930, S. 99

Im Gegensatz zu Quantz, möchte Reichardt jedoch das "Rührende" nicht mit dem "Gefälligen", sondern mit dem "Bedeutenden" verbinden. Als Anhänger Rousseaus folgt er - ebenso wie die anderen Komponisten der Berliner Liederschule - dem Ruf nach Einfachheit und glaubt dies in seinen Liederspielen mit einer Reduktion der musikalischen Mittel bis fast an die Grenze des noch Möglichen (vor allem in "Lieb' und Treue") zu erreichen.

In Reichardts Abhandlung über das Liederspiel ist aufschlußreich, daß er das Vaudeville erwähnt, denn die weitere Untersuchung der Gattung wird zeigen, in wie fern die Bezüge zum Vaudeville Bedeutung erlangen[18]:

> "Schon in frühern Jahren, wenn ich mich in Paris an manchem witzigen und satyrischen Vaudevillestück ergözte und mir der Gedanke kam, das angenehme, unterhaltende Geschlecht auch auf deutschen Boden zu verpflanzen, ward ich nur zu bald gewahr, daß wir das eigentliche französische Vaudeville-Stück, dessen Seele Witz und Satyre ist, gar nicht haben können, weil wir keine witzigen und satyrischen Lieder haben, die allgemein gesungen und sentiert würden; und weil, wenn es uns auch nicht an Dichtern fehlen sollte, die Witz und Welt genug hätten, nur das leichte lose Geschlecht mit Glück zu bearbeiten, unser großes Publikum doch wohl nur schwerlich Sinn und Geschmack dafür haben möchte. Unsre Lieder bestehen großenteils aus empfindsamen Liebesliedern und aus Trinkliedern. Da es mir diesmal aber nur um einen angenehmen Eindruck zu thun war, hielt ich mich an jene". ...
> "Ich nannte das Stück Liederspiel, weil Lied und nichts als Lied den musikalischen Inhalt des Stücks ausmachte, und ich mich sichern wollte, daß das Publikum nichts Größeres erwarten sollte. Ohne damit aber eine eigentliche Verdeutschung des Wortes Vaudeville zu beabsichtigen - über dessen Ursprung die Franzosen selbst sehr verschiedene und zum Theil sehr erzwungene Erklärungen haben - ist der eigentliche Charakter des Vaudeville-Stücks damit dennoch ausgedrückt. Campe hat es auch in seine neuen Verdeutschungen fremder Wörter aufgenommen".

---

18 AMZ, III, 1801, Sp. 712f.

Das "leichte lose Geschlecht" mit dem Reichardt das Vaudeville apostrophiert, war sowohl für das Wiener Singspiel, z.B. für Glucks zahlreiche frühe Singspiele nach französischen Vorlagen[19], sowie für das Hiller/Weiße'sche Singspiel von großer Bedeutung gewesen, hatte aber später im deutschen Singspiel, bedingt durch den Einfluß der opera buffa[20], eine Erweiterung der musikalischen Einlagen erfahren, wie sie im Vaudeville am "Théatre de la Foire"[21], das lediglich auf altbekannte Melodien immer neue Texte brachte, nicht üblich war.

Reichardt will nun gerade nicht diese musikalisch anspruchslosere, aber durch ihren Esprit desto bühnenwirksamere Gattung "auf deutschen Boden verpflanzen", weil er der Ansicht ist, der Deutsche habe keinen Sinn für Witz und Satire im Lied. Dennoch übernimmt er vom Vaudeville die dort geübte Beschränkung auf einfache, leicht nachzusingende Lieder und wendet auch vereinzelt das dort übliche Parodieverfahren an, indem er seinen früher veröffentlichten Liedern neue oder leicht veränderte Texte unterlegt, um sie besser in die Handlung einzubeziehen. Die Beschränkung auf Liebes- und Trinklieder, die beim Liederspiel aus der Zeit der Befreiungskriege 1813 noch um Soldaten- und Vaterlandsliebe erweitert wurde, hat dazu beigetragen, der Gattung das Prädikat "ächt deutsch" zu verleihen[22].

---

19 Vl. Helfert, Zur Geschichte des Wiener Singspiels, in: ZfMw, V, 1922/23

20 H. Chr. Wolff, Geschichte der komischen Oper, Wilhelmshaven 1981

21 MGG, Artikel "Vaudeville"

22 H. M. Schletterer, Das deutsche Singspiel von seinen Anfängen bis in die neueste Zeit, Augsburg 1863, S. 133

Diese Festlegung auf einen bestimmten Typus von Liedern könnte mit eine der Ursachen dafür gewesen sein, daß das französische Vaudeville, das bereits seit den Tagen der napoleonischen Besatzungszeit dem Berliner Publikum Vergnügen bereitet hatte[23], das Liederspiel abzulösen begann.

Die Bemerkung Reichardts, daß "der eigentliche Charakter des Vaudeville-Stücks" mit dem Liederspiel getroffen sei, und die von Campe vorgenommene Verdeutschung des Wortes Vaudeville in Liederspiel, hat zu einem Mißverständnis geführt: In einer "Abhandlung über Vaudeville und Vaudevillestücke" in der Wiener allgemeinen musikalischen Zeitung von 1817 nimmt Friedrich Treitschke, der für sich in Anspruch nimmt 1801 das erste wirkliche deutsche Vaudeville mit dem Titel "Der Zinngiesser" nach einer textlichen Vorlage von Holberg geschaffen zu haben, Bezug auf Reichardts vorgeschlagene Verdeutschung, die dieser eigentlich nicht beabsichtigte, aber doch in Campes Wörterbuch aufnehmen ließ[24]:

> "Um 1800 hat der verstorbene Kapellmeister Reichardt den ersten Versuch gemacht, Vaudevillespiele nach Deutschland zu verpflanzen: Lieb' und Treue, ein kleines Schauspiel mit eingeflochtenen Liedern deutscher Dichter, meistens von ihm selbst komponiert, wenn Reichardt nicht selbst geschrieben hätte, daß er ein Vaudevillestück geschrieben hätte, hätte das niemand erraten; denn er hatte keine Ahnung vom Wesen desselben, hat Melodien zu vorhandenen Worten gemacht, statt Worte zu vorhandenen Melodien! Ohne es zu wollen, hat er aber so das Liederspiel erfunden, das eine Zeit lang in Berlin und Norddeutschland viel Beifall fand".

---

23 L. Geiger, Geschichte des geistigen Lebens der preuß. Hauptstadt, Bd. 2, 1786 - 1840, Berlin 1897, S. 237

24 Friedrich Treitschke, Ueber Vaudeville und Vaudevillespiele, in: Wiener Allgemeine Musikalische Zeitung, Nr. 46/47 vom 13. u. 20. Nov. 1817, Sp. 399; s. auch Kap. III,1

L. Kraus geht auch auf die sich aus der Verdeutschung des Wortes Vaudeville in Liederspiel ergebende Problematik ein und schließt sich der schon 1848 von Freiherr von Biedenfeld[25] und 1863 von Schletterer[26] geäußerten Ansicht an, daß das Liederspiel eine der deutschen Wesensart entsprechende Gattung sei[27]:

> "Wie er (Reichardt) mit dem Worte "Liederspiel" eine Verdeutschung, nicht eine wörtliche Übertragung des Wortes "Vaudeville" hat geben wollen, so ist das ganze Liederspiel als ein Versuch zu betrachten, dem deutschen Volke ein Volksstück zu schaffen in der Art wie es das Vaudeville für die Franzosen war. War der Witz, die Satyre und die Parodie des Vaudeville ein Spiegelbild der französischen Volksseele, so sollte letzten Endes das Liederspiel die deutsche Volksseele in ihrer Gemütstiefe, Naturfreude und dem urwüchsigen Humor widerspiegeln".

Nach dem zum Liederspiel hinführenden Singspiel "Jery und Bätely", dessen Entstehungszeit vermutlich schon um 1791 anzusetzen ist[28], bedeuten Reichardts Liederspiele noch einmal eine Steigerung seines Bemühens um "Simplicität". Seine drei Liederspiele "Lieb' und Treue", 1800, "Der Jubel", 1800, und "Kunst und Liebe", 1804, sind Einakter, deren musikalische Einlagen ausschließlich aus Strophenliedern bestehen. Ensembles ergeben sich nur durch die Verteilung mehrerer Strophen auf verschiedene Personen, oder durch einfaches mehrstimmiges Aussetzen der Lieder. Ein kurzer Schlußchor wird meist nur aus den handelnden Personen gebildet.

Die Untersuchung seiner drei Liederspiele wird zeigen, ob diese strenge Konzeption, die in bewußter Abkehr vom üblichen Musiktheater geschaffen worden ist, überzeugend zu realisieren war.

---

25 v. Biedenfeld: Die komischen Opern der Italiener, der Franzosen und der Deutschen, Leipzig 1848, S. 94f.

26 H. M. Schletterer, Das deutsche Singspiel, Augsburg 1863, S. 133f.

27 Kraus, S. 13

28 Pröpper, S. 101

4. Reichardts drei Liederspiele:

"Lieb' und Treue"(1800)
"Der Jubel" (1800)
"Kunst und Liebe"(1807)

"Lieb' und Treue[1]"

Ein Liederspiel in Einem Aufzuge

Die Handlung:

Das Stück spielt auf dem Lande in Frankreich nahe der Schweizer Grenze. Der Schauplatz ist ein Wald in der Nähe eines Landgutes. Zeitpunkt der Handlung: kurz nach der französischen Revolution.

Die Kinder des Gutspächters Richard, die 16-jährige Rose, der 12-jährige Collin und die 10-jährige Jeanette schmükken eine Holzhütte zum Geburtstag der Mutter. Die Kinder sprechen über zwei Schweizerburschen, die vergangene Nacht um Quartier gebeten hatten. Rose erzählt, daß deren Lieder dieselben wären, die sie einst mit Louis, dem Sohn des Gutsbesitzers, gesungen habe. Während die Kinder die Geschenke holen, betreten Louis und Henriette als Schweizerburschen verkleidet die Szene. Es sind die erwachsenen Kinder des in der französischen Revolution ermordeten Gutsherrn, die sich in dieser Verkleidung vor Verfolgung schützen wollen. Louis und Henriette verstecken sich wieder, als sich die Pächtersfamilie der Hütte nähert. Als zwei Jägerburschen das Lied "Wenn ich ein Vöglein wär" blasen, stimmen die Flüchtlinge ein und geben sich nach weiteren, gemeinsam gesungenen Liedern zu erkennen. Der Gutspächter freut sich, die Kinder seines einstigen Herrn wiederzusehen und gibt ihnen das während der Revolution zum Schein an sich genommene Gut zurück. Rose und Louis werden ein Paar.

---

1 Berlin, Nationaltheater: 31.3.1800 - 24.4.1816 (32 Auff.)

Königsberg, Schuch'sche Gesellschaft:	1800 und 1806
Dessau:	1800/01
Leipzig, Franz Seconda	30.1. u. 6.2.1801
Hamburg	1811/12

Angaben nach Rolf Pröpper, Die Bühnenwerke Joh. Fr. Reichardts. Bonn 1965, Werkverzeichnis, S. 115-119

Reichardt hat die Handlung des Einakters so angelegt, daß sich nicht nur musikalisch - durch ausschließliche Verwendung von Liedern - sondern auch durch die Wahl des Stoffes ein deutlicher Unterschied zum Singspiel ergibt. Die Personenkonstellation von einem oder zwei Liebespaaren und einer Buffopartie als komischer Alter oder Intrigant - die klassische Konfiguration der Opera buffa - entfällt. Das Paar Louis und Rose steht nicht im Mittelpunkt der Handlung, und auf eine Intrige wird verzichtet. Reichardt wählt zwar einen aktuellen, fast zeitgenössischen Stoff, in dem Standesunterschiede keine Rolle mehr spielen (der Sohn des Grafen heiratet die Pächterstochter), reduziert ihn jedoch auf eine Familienidylle, in der die Schrecken der französischen Revolution nur am Rande erwähnt werden. Hinzu kommt das von der Aufklärung übernommene selbstlose Verhalten des Pächters, dem im Dialog "belehrende, moralisierende Stellen" zugewiesen sind[2]. Der Dialog wird mitunter mühsam an das nächste Lied herangeführt, in dem er - vergleichbar mit der Vaudeville-Praxis, in der der "timbre" des nächsten Vaudevilles im Dialog genannt sein muß[3] - das Stichwort des folgenden Liedes zu liefern hat: z.B. Damit der Knabe Collin das Lied "Sah ein Knab ein Röslein stehn'" singen kann, muß er zuvor sagen[4]:

> "Nein Jeanette, laß du mir die Rosen, das ist keine Mädchensache"

---

2 Pröpper, S. 13

3 Donald J. Grout, The origins of the opera-comique. Diss. Harvard-Univ., 1939, S. 183 und H. Wichmann, Grétry und das musikalische Theater in Frankreich, Halle 1929, S. 27f.: "man benannte die Melodien durch ihren "timbre", d.h. indem man die ersten Worte ihres ursprünglichen Textes zitierte"

4 Reichardt, Liederspiele, Tübingen 1804 (Cotta), S. 5

Vor dem Volkslied "Es ist nit lang, daß's g'regnet hat, die Läubli tröpfle noch" spricht Rose[5]:

> "Jeder Thautropfe auf den Blättern erinnert mich an das liebe, zarte Lied"

Wenn der Text eines Liedes nicht ganz zur Handlung paßt, nimmt Reichardt Änderungen vor, wie z.B. in Goethes "Jägers Nachtlied"[6]:

Goethe:	Im Felde schleich' ich still und wild Lausch mit dem Feuerrohr, Da schwebt so licht dein liebes Bild, Dein süßes Bild mir vor.
Reichardt:	Im Walde schleich ich still und wild Mein Herz will nicht von hier; Da schwebt so leicht dein liebes Bild Dein süßes Bild vor mir.

Diese Beispiele machen deutlich, daß Reichardts Konzeption bereits bei seinem ersten und erfolgreichsten Liederspiel einige Mängel aufweist: Damit die "Lieblingslieder des Hauses"[7] erklingen können, hat der Dialog vor allem die Funktion, den Vortrag des folgenden Liedes einzuleiten, und wenn der Text eines Liedes nicht zur Handlungssituation und zur Personencharakteristik paßt - der sanfte Liebende Louis kann nicht mit dem "Feuerrohr" auftreten - werden Eingriffe in die Substanz der Dichtung in Kauf genommen. Der Spielraum der Aktion ist erheblich eingeschränkt, weil viele "Gesänge" zu der von Goethe beschriebenen Kategorie der "auswendig gelernten Lieder" gehören[8], wodurch der Eindruck eines gegenseitigen "Vorsingens" entsteht. Dennoch gelingt es Reichardt, die kleine Liebeshandlung zwischen

---

5 Reichardt, Liederspiele, Tübingen 1804 (Cotta), S. 16

6 ebenda, S. 17. Reichardt verwendete in "Lieb' und Treue" die 1. Fassung von Goethes Dichtung mit dem Titel "Jägers Nachtlied", vgl. Goethe, Hamburger Ausgabe, hrsg. v. Erich Trunz, Bd. 1, S. 121. Zu "Jägers Abendlied" von Reichardt vgl. Dürr, S. 46-55. Die Instrumentierung von "Jägers Nachtlied" mit zwei Waldhörnern betont den idyllischen Charakter des Liedes. Vgl. dazu: Reichardt: Ueber die musikalische Idylle, in: Mus. Kunstmagazin, I, S. 168: "Die Blasinstrumente, vorzüglich die Waldhörner, werden oft den Komponisten in den Modulationen einschränken, allein selbst die Einschränkung gehört zum Charakter der Idylle".

7 Reichardt, Etwas über das Liederspiel, in: AMZ, III, 1801, Sp. 711

8 s. Kap. I,2

Rose und Louis überzeugend zu gestalten, vielleicht gerade deshalb, weil sich die Liebenden "nur" durch Lieder miteinander verständigen.

Reichardt hat insgesamt zwölf Lieder in das Spiel eingeflochten[9]: Neben zwei "Schweizer Volksliedern" (Es ist nit lang, daß's g'regnet hat, Wenn ich ein Vöglein wär) sind die übrigen Lieder Vertonungen von Reichardt nach Gedichten von Goethe (Heidenröslein, Jägers Nachtlied), Herder (Wechsel der Dinge, Das Lied der Hoffnung), Johann Gaudenz von Salis-Seewis (1762 - 1834, Letzter Wunsch, Ermunterung zur Freude), Friederike Brun (1765 - 1835, Liebe in Allem) und Johann Georg Jacobi (1740 - 1714, Im Sommer, wird ohne Text als Einleitung gespielt). Alle Lieder sind bereits in früheren Sammlungen Reichardts erschienen: u.a. in "Goethes Lyrische Gedichte" (1790 "Lieder der Liebe und Einsamkeit", I (1798), "Lieder geselliger Freude", II (1787) und "Deutsche Gesänge" (1788).

Reichardt betont in seiner Abhandlung über das Liederspiel wiederholt, daß er das Stück nur auf "Einen angenehmen Eindruck" angelegt habe, und daß der "sanfte Charakter des Ganzen" dem Publikum unverkennbar wohlgetan habe[10]. Bei aller Problematik, die diese ästhetische Prämisse im Hinblick auf die dramaturgischen Anforderungen der Bühne mit sich bringt[11], sollte doch bei einer Bewertung von "Lieb' und Treue" berücksichtigt werden, daß diese kleinen Lieder auf der Bühne des Nationaltheaters um 1800 etwas Ungewöhnliches darstellten. Auf dem Theaterzettel war zu lesen[12]:

---

9 vgl. detailliertes Werkverzeichnis bei Pröpper. Die Bühnenwerke Reichardts, Bd. 2, S. 115-129

10 AMZ, III, 1801, Sp. 711, 712 u. 714

11 vgl. Einleitung

12 zit. in: Rez. über Lieb' und Treue v. 31.3.1800, in: Allgemeine Theaterzeitung, Berlin 1800, S. 203f. (s. auch Kap. III, 1)

> "Es ist dieses der erste Versuch, das kleine angenehme Geschlecht der französischen Vaudeville-Stücke auch der deutschen Bühne anzueignen. Man hat außer einigen Schweizervolksliedern, deren ächte Melodien beibehalten worden, mehrere Lieder von G ö t h e , H e r d e r ... in ein kleines ländliches Spiel, zu welchem ein wirkliches Factum aus der neuern Geschichte den Stoff gegeben, zu verweben gesucht, und dabei besonders auf beliebte Melodien Rücksicht genommen".

Der Rezensent berichtet, daß "nach dieser Ankündigung das Haus gedrängt voll war" und:

> "daß das Stück sammt den Liedern, wie die Musik an sich ein schönes Ganzes ausmachen"

Der Rezensent wünscht am Ende seines Berichtes, daß Reichardt fortfahren solle:

> "durch ähnliche, den eigentlichen Volksliederspielen näher gebrachte Versuche, das Publikum an eine theatralische Unterhaltung zu gewöhnen, die vielleicht am ersten fähig wäre, den Geschmack an den unsinnigen Operetten in der gewöhnlichen Form zu verdrängen".

Der Rezensent meint mit "Volksliederspielen" die französischen Vaudevilles, in denen die Lieder "zum Theil noch o h n e B e g l e i t u n g v o n I n s t r u m e n t e n " abgesungen würden. Reichardt hatte in "Lieb' und Treue" immerhin eine denkbar einfache kammermusikalische Begleitung angeordnet: die Saiteninstrumente sollten nur "Quartettmäßig benuzt" werden, Goethes "Jägers Abendlied" wird nur von zwei Hörnern begleitet, für andere Lieder verlangt er nur ein "Paar Flöten oder Clarinetten mit schwacher Baßbegleitung eines Fagotts"[13].

Die Kritik des Rezensenten an den "unsinnigen Operetten" scheint Reichardts Versuch zu rechtfertigen, daß "das

---

13 AMZ, III, 1801, Sp. 714

Theaterpublikum wohl wieder für das Einfache und blos Angenehme zu interessieren sein möchte"[14]. Dennoch muß sich die Wirkung des "Einfachen" bald abgeschwächt haben, denn der Rezensent von Reichardts Goethe-Singspiel "Jery und Bätely" klagt ja bereits wieder - wie oben zitiert - über das "zu wenig thun" des Komponisten[15].

Die von Reichardt angestrebte "Einheit der Empfindung"[16] wird durch eine Zusammenstellung von Liedern erzielt, die entweder den Einklang von Mensch und Natur beinhalten ("Wie lieb ich euch ihr Nachtigallen", eine Romanze von M. Florian), oder zu den "empfindsamen Liebesliedern"[17] gehören (u.a. Liebe in Allem: "O selig wer liebt", von Friederike Brun). Hinzu kommen noch Gesellschaftslieder wie z.B. das handlungsbezogene Gratulationslied "Willkommen schöner, froher Tag" und der Schlußgesang "Seht, wie die Tage sich sonnig verklären" ("Ermunterung zur Freude" von J. G. von Salis-Seewis).

Bei den Liedern zu Beginn des Spiels ("Es ist nit lang, daß's g'regnet hat" und "Heidenröslein") fällt der ausgesprochen kindliche Tonfall auf, der - da Kinder unter den handelnden Personen sind - sicher berechtigt ist, vielleicht aber auch als ein stets bühnenwirksamer Kunstgriff anzusehen ist. Reichardt berichtet über die Aufführung[18]:

---

14 AMZ, III, 1801, Sp. 711

15 AMZ, IV, 1801, Sp. 260; s. Kap. I, 2

16 Reichardt, Ueber Klopstocks komponierte Oden, in: Musikalisches Kunstmagazin, 1. Bd. 2. Stück, Berlin 1782, S. 62; vgl. auch Einleitung

17 AMZ, III, 1801, Sp. 712

18 AMZ, III, 1801, Sp. 713

"Die Sänger und Sängerinnen gingen sehr willig auf meinen Wunsch ein, die höchste Simplicität im Gesange zu erhalten. ... Madam Unzelmann, deren allerliebstes naives Spiel, in der Rolle des Colas, das ganze Stück belebte, sang das kleine Göthesche Lied: Sah ein Knab' ein Röslein stehn, mit unübertreffbarer Lieblichkeit".19

Reichardts Vertonung des "Heidenröslein" (Nr. 1) ist ein besonders charakteristisches Beispiel für ein Lied im "Volkston", denn hier ist es ihm gelungen, den "Schein des Ungesuchten, des Kunstlosen des Bekannten" durch den sparsamsten Einsatz der musikalischen Mittel zu erwecken[20]. Reichardt deklamiert die Trochäen der vierhebigen Volksliedstrophe in einer durchgehenden Achtelbewegung, die nur an den stumpfen und zweisilbig klingenden Verskadenzen durch Viertel abgelöst wird. Verstärkt wird diese Betonung durch das Zusammenfallen der klingenden Verskadenzen mit der dreimaligen Kadenz Dominante-Tonika. Mit seinen Tonwiederholungen auf dem Grundton und der Terz, der Dreiklangsmelodik und "Kukucksterz" im Refrain, ist der von Herder im Zusammenhang mit der Volksdichtung des "Heidenröslein" erwähnte "Kinderton" besonders gut getroffen[21]. Vermutlich war Reichardt Herders Charakterisierung bekannt, denn er läßt das Lied - nur von Streichern begleitet - von dem zwölfjährigen Knaben Collin vortragen.

---

19 Ludwig Devrient, Geschichte der deutschen Schauspielkunst, Bd. 2, Hrsg. v. R. Kabel und Chr. Trilse, München-Wien, 1967, S. 13 berichtet:"Friederike Unzelmann hat das Publikum - in Oper und Schauspiel - in Darstellungen der größten Leidenschaft, Würde und Erhabenheit ebenso begeistert als in der Zeichnung rührender Jugend, Anmut und Lieblichkeit". Fr. Unzelmann sang auch die Bätely in Goethes Singspiel "Jery und Bätely" (Berlin 1801) und 1804 die "Fanchon" (Fr.H. Himmel, s.Kap. II,1)

20 Joh. A. P. Schulz, Vorrede zu "Lieder im Volkston", Berlin 1784, zit. nach Max Friedländer, Das deutsche Lied im 18. Jh., I, 1, S. 256

21 J. G. Herder, Briefwechsel über Ossian und die Lieder der alten Völker, zit. nach J. W. von Goethe, Werke Bd. 1, Hamburger Ausgabe, 9. Aufl., 1969, hrsg. von Erich Trunz, Anm. zu "Heidenröslein", S. 494

Die beiden Schweizer Volkslieder "Es ist nit lang, daß's g'regnet hat" (Nr. 2) und "Wenn ich ein Vöglein wär"[22], die beide "dem hiesigen Publikum völlig unbekannt" gewesen waren[23], belegen Reichardts Sammeltätigkeit nach "ächten Volksliedern" in der Schweiz[24]. Bereits 1781 bringt Reichardt als Beispiel für Volksgesang das Schweizer Lied "Es hätt' e' Buur e' Töchterli" und schreibt dazu[25]:

> "Nur solche sind wahre ursprüngliche Volksmelodien, und die regen und rühren auch gleich die ganze fühlende Welt, das sind wahre Orpheusgesänge. Wenn dabey einem, der das edle Griechenvolk im Herzen trägt, süßes Ahndungsgefühl aufgeht, dem wirds wohl".

Diese hohe Einschätzung des Volksliedes, die Reichardt mit der ganzen von Herder beeinflußten Generation teilt[26], hat ihn noch fast zwanzig Jahre später bewogen, Volkslieder und "höhere" Lieder[27] - demzufolge auch Volksdichtung und Dichtung - unbedenklich nebeneinander zu stellen. Ein Verfahren, das von Ludwig Tieck bei Reichardts drittem Liederspiel "Kunst und Liebe" scharf kritisiert werden sollte[28].

---

22 Salmen, Reichardt, S. 236: "Reichardt gab gesammelte Volkslieder, "alte Sachen" im Mai 1805 an Achim von Arnim, den Herausgeber "Des Knaben Wunderhorn" zur Verwendung". Der Text von "Wenn ich ein Vöglein wär" ist in die Sammlung aufgenommen worden

23 Rez. über "Lieb' und Treue", s. Anm. 12

24 Salmen, Reichardt, S. 234

25 Reichardt, Vorwort zu "Frohe Lieder für Deutsche Männer", Berlin 1781, zit. nach Friedländer, I, 1, S. 196f.

26 Salmen, Reichardt, S. 234

27 Triest, AMZ, III, 1801, Sp. 429, s. Einleitung

28 Briefe an L. Tieck, hrsg. von Holtey, III/IV S. 104f. zit. nach Pröpper, S. 133f., s. Einleitung

In "Lieb' und Treue" ist jedoch der Anteil der Lieder im "Volkston", die sich vermittelnd zwischen die Volks- und Kunstlieder stellen, besonders hoch, so daß hier nicht die Gefahr eines Stilbruches besteht.

Die Begleitung der Volkslieder hat nur eine einfache, die Stimme stützende Funktion, dennoch gelingt es Reichardt durch die Wahl der Instrumente, den Charakter der Lieder zu treffen: Eines der "Erkennungslieder" der Liebenden, "Wenn ich ein Vöglein wär", dessen Melodie Herder "dem Inhalt angemessen, leicht und sehnend" genannt hat[29], wird zunächst nur - im einfachen imitatorischen Satz - von zwei Hörnern vorgetragen. Da Reichardt die Waldhornbläser hinter Bäumen versteckt auf der Bühne spielen ließ[30], muß dies als ein "moderner" romantischer Effekt entsprechend wirkungsvoll gewesen sein. In dem anderen Volkslied "Es ist nit lang, daß's g'regnet hat" wird die Singstimme durch die Oboe verdoppelt. Die Textzeile "die Läubli tröpfle noch" wird durch die nachschlagenden Pizzikato-Achtel in der Streicherbegleitung illustriert (Nr. 2).

Das Lied "Wann, o Schicksal, wann wird endlich" (Nr. 3) nach dem Gedicht "Letzter Wunsch" des Graubündner Dichters Johann Gaudenz von Salis-Seewis berührt den in der Empfindsamkeit verbreiteten Themenkreis vom Verlangen nach einem Leben in Bescheidenheit[31]. Die Einbindung des Liedes in die Handlung wird durch Louis Wunsch nach einem ehelichen Glück mit der Pächterstochter Rose begründet:

---

29 zit. nach L. U. Abraham u. C. Dahlhaus, Melodielehre, Köln 1972, S. 89

30 Salmen, Reichardt, S. 104: Reichardt ließ auf seinem Gut in Giebichenstein bei Halle zwei Bedienstete das Waldhornblasen erlernen. Die Regieanweisung im Textbuch deutet auf diese Gepflogenheit hin

31 vgl. die Mozart-Lieder: "Zufriedenheit" v. C. F. Weiße und Joh. M. Miller

"Wann, o Schicksal, wann wird endlich
mir mein lezter Wunsch gewährt!
Nur ein Hüttchen, still und ländlich,
nur ein kleiner eigner Herd!
Und ein Freund bewährt und weise,
Freiheit, Heiterkeit und Ruh!
Ach und Sie! das seufz' ich leise
zur Gefährtin Sie dazu!

Vieles wünscht' ich sonst vergebens,
jezo nur zum lezten mal,
für die Tage meines Lebens
irgendwo ein Friedenthal!
Edle Muss' in eigner Wohnung,
und ein Weib voll Zärtlichkeit,
die der Treue zur Belohnung,
auf mein Grab ein Veilchen streut!"

Bei dieser zuerst in der Sammlung "Lieder der Liebe und Einsamkeit" (I, 1798) erschienenen Komposition macht sich die Diskrepanz zwischen dem jugendlichen Sänger im Liederspiel und der Dichtung, die die Empfindungen eines reifen Mannes wiedergibt, deutlich bemerkbar. Dieses nur von Streichern con sordino begleitete Lied ist in der Melodieführung, und stellenweise auch harmonisch, anspruchsvoller als die anderen Lieder des Liederspiels. Reichardt fasst die beiden ersten, durch ein Enjambement verbundenen Verse in einer achttaktigen aufsteigenden Phrase zusammen. Dabei vermeidet er eine nur skandierende Deklamation, in dem er die Hauptakzente auf die Worte "wann" und "letzter Wunsch" setzt, was durch die Sequenzierung der ersten beiden Takte über dem Orgelpunkt auf "a" eindringlich verstärkt wird. In den Versen 5 und 6 gipfelt der aufsteigende Melodieverlauf in dem Wort "Heiterkeit", das durch das kleine Melisma noch besonders hervorgehoben wird. Mit diesem Höhepunkt korrespondiert die Klage in Vers 7, "seufz' ich leise", - die Seufzerbildung hat in der 2. Strophe keine textliche Entsprechung! - harmonisch unterstützt durch die Wendung zum verminderten Dominantseptakkord, der in der sonst einfachen Harmonisierung wirkungsvoll plaziert ist.

Das Gratulationslied "Willkommen schöner, froher Tag" (Nr. 4), dessen Text wahrscheinlich von Reichardt stammt[32], gehört zu den "Liedermelodien in die jeder, der nur Ohren und Kehle hat gleich einstimmen soll". Der fanfarenartige Beginn hat deshalb den für diesen Liedtypus geforderten "wahren Charakter des Einklanges, der keiner zusammenklingenden Harmonie" bedarf[33]. Zur Klangverstärkung werden jedoch Bläser in doppelter Besetzung (Oboe, Horn und Fagott) herangezogen. Der Abgesang des nach der Barform komponierten Liedes enthält über den Hornquinten a-e Sequenzenbildungen in einfacher Zweistimmigkeit, nur die beiden Schlußtakte werden zur Vollstimmigkeit erweitert.

Das zweiteilige Lied "Wechsel der Dinge", eine Vertonung von Herders Dichtung nach dem Spanischen[34] (Nr. 5), hat Reichardt mehrstimmig gesetzt und als Wechselgesang zwischen den Kindern des Gutsbesitzers und der Pächtersfamilie in die Handlung einbezogen:

Louis:	"Verschwunden ist sie meinem Blik, werd ich sie wieder sehn?
Chor:	Verschwunden ist sie dir zum Glük, du wirst sie wieder sehn
Henriette: u. Louis	Freuden und Leiden wie wechselt ihr so?
Chor:	Es wechseln die Freuden zu mildern die Leiden sei froh, sei froh!"

---

32 Reichardt hat den ursprünglichen Text des Liedes "Was hör ich draußen vor dem Tor" aus Goethes "Wilhelm Meister", vermutlich eigens für das Liederspiel, umtextiert. s. EDM, Bd. 58, Nr. 93 "Der Sänger" (Notenteil Nr. 4)

33 Reichardt, "An junge Künstler", in: Mus. Kunstmagazin, 1. Stück, Berlin 1782, S. 3

34 zuerst ersch. in "Lieder der Liebe und der Einsamkeit", I, 1798

Dieser, auf der Bühne auch räumlich getrennte Wechselgesang - die Familie singt in der Hütte, die Flüchtlinge "aus der Ferne" - in g-moll und G-Dur, gewinnt noch durch Tempo- und Taktwechsel (in der Partitur: Andante $^{2}/4$, und Allegretto $^{3}/8$) an Lebendigkeit, so daß auf diese Weise eine Art von "Dramatisierung" eines Strophenliedes gelungen ist. Mit Herders "Das Lied der Hoffnung"[35] wird der immer lebhafter werdende Wechselgesang fortgesetzt, bis sich endlich Louis - die Vertrautheit mit den Liedern der Familie hat ihn längst verraten - Rose zu erkennen gibt. Mit dem gemeinsam gesungenen Lied "Seht wie die Tage sich sonnig verklären" ("Ermunterung zur Freude" von J. G. v. Salis-Seewis[36]), bei dem das ganze Instrumentarium (doppelt besetztes Holzbläserquartett und Streichquartett) mitwirkt, wird das kleine Spiel beendet. Die letzte Strophe richtet sich - in Anlehnung an die Vaudeville-Praxis - an das "Parterre":

> "Liebet, die Lieb ist der schönste der Triebe
> Weiht nur der Unschuld die heilige Glut
> Aber dann liebt auch mit weiserer Liebe
> Alles, was edel und schön ist und gut."

---

35 zuerst ersch. in "Lieder geselliger Freude", II, 1787

36 zuerst ersch. in "Lieder für die Jugend", I, 1799

"Der Jubel"(ursprünglicher Titel "Juchhey"[1a])

Ein Liederspiel in Einem Aufzuge
Nach einer patriotischen Anekdote

Schauplatz der Handlung: Ein Fischerdorf an der Ostsee

Vor einem Wirtshaus am Hafen wartet ein Feldwebel mit seinen Soldaten auf die Überfahrt nach der Insel Wollin, auf der sich Urlauber befinden, die er zurück zum Heer Friedrichs des Großen bringen muß, weil ein neuer Feldzug bevorsteht. Aber ein Sturm verhindert die Überfahrt. Ein "phantastisch buntgekleidetes Zithermädchen"[1b], die Tochter des Regimentstrompeters, unterhält die Soldaten mit Scherzen und lustigen Liedern. Die Wirtstochter Lene liebt gegen den Willen ihrer Eltern den jungen Fischer Christel, der auch zu den Urlaubern auf Wollin gehört, aber wegen Lene sein Elternhaus verlassen hat, um bei seinem Vetter Clas auf dem Festland zu arbeiten. Christel möchte trotz des Sturmes nach Wollin übersetzen um nicht als Deserteur zu gelten, doch die mit Clas unternommene Überfahrt mißlingt. Clas und Christel werden gerettet. Inzwischen ist jedoch den Wolliner Urlaubern die Überfahrt geglückt. Unter ihnen befindet sich Flick, der Bräutigam des Zithermädchens und Christels Vater Werner, der anstelle seines Sohnes zu den Soldaten gehen will. Christel erklärt sich jedoch bereit, in den Krieg zu ziehen und nimmt Abschied von Lene, deren Eltern nun in eine Heirat einwilligen. Mit einem Marschlied stimmen alle in das Lob des Soldatenlebens ein.

Reichardt schreibt über die Entstehung dieses Liederspiels[2]:

> "Meine Meynung war aber auch ganz und gar nicht, daß sich dieses kleine Geschlecht allein auf's Sentimentale beschränken sollte ... und ich benutzte die Veran-

---

1aAuff. Berlin. Nationaltheater: 21.6.1800 (3mal)
Die Direktion änderte den von Reichardt angegebenen Titel "Juchhey" um in "Der Jubel"; Reichardt, AMZ, III, 1801, Sp. 715: "Von einigen lustigen Soldatenliedern, die sich mit 'Juchhey' endeten, nahm ich den Titel 'Juchhey', um dadurch gleich anzuzeigen, daß man nichts Sentimentales zu erwarten hätte. Die Direktion...glaubte indeß jenen niedrigkomischen Titel mit einem anständigeren verwechseln zu müssen".

1bReichardt, "Liederspiele", Szenenanweisung zu "Der Jubel"

2 AMZ, III, 1801, Sp. 715

> lassung[3] auch das Komische zu versuchen. Die erste Anwendung davon sollte bey einer militärischen Veranlassung gemacht werden, und so wählt ich eine patriotisch-militärische Anekdote, die zu allerley komischen Charakteren Anlaß gab..."

Nach "Lieb' und Treue", dessen "ganzer Charakter nur auf Einen angenehmen Eindruck abzweckte"[4], verwendet Reichardt nun eine Szenerie, die er als "ländliches lustiges Gemälde im niederländischen Geschmack" bezeichnet[5]. Die wenig Handlung enthaltende "Anekdote", deren "patriotischer" Gehalt ein frühes Beispiel für die Glorifizierung des "Alten Fritz" in einem Liederspiel bietet[6], ist angefüllt mit teilweise recht originellen Gestalten wie z.B. dem Zithermädchen oder dem pommerschen Wirtsehepaar. Der Dialog wird stellenweise in einer derben, dialektgefärbten Sprache - die Soldatenscherze und das Gezänk zwischen Wirt und Wirtin - geführt, und bewegt sich mit Absicht in einer "niedrig-komischen" Sphäre, von der sich Reichardt vermutlich noch mehr Bühnenwirksamkeit versprochen hatte, als es der "sanfte Charakter" des ersten Stückes bieten konnte[7]. Reichardt sollte sich jedoch täuschen[8]:

> "Ein großer Theil des Publikums, von dem ersten sentimentalen Stück nur zu sehr eingenommen, erwartete daher wieder etwas Sentimentales und so blieb der Beyfall ... doch weniger entscheidend, als bey dem ersten Stück ... so hat mich der getheilte Beyfall doch bewogen, es mir zurück zu erbitten..."

---

3 Reichardt erhielt von Iffland den Auftrag, ein zweites Liederspiel zu liefern. Ankauf der Partitur im Mai 1800 für 100 Thaler; s. Pröpper, S. 136

4 AMZ, III, 1801, Sp. 711

5 AMZ, III, 1801, Sp. 715f.

6 Liederspiele, in denen der patriotische Gehalt im Mittelpunkt steht, datieren später: 1813 "Der Kosak und der Freiwillige" (B.A. Weber/A.v.Kotzebue) und 1828 "Lenore" (K. Eberwein/K.von Holtei)

7 AMZ, III, 1801, Sp. 714f.

8 AMZ, III, 1801, Sp. 715f.

Das Stück wurde nach der dritten Vorstellung abgesetzt. Von einer überarbeiteten Fassung des Stückes ist bisher nichts bekannt geworden[9].

In "Der Jubel" werden 16 Lieder und zwei Instrumentalstücke, eine "Janitscharenmusik" - ein Marsch als Eröffnungsstück "auf dem Theater"[10] - und ein Walzer verwendet. Reichardt hat nur fünf Lieder in anderen Publikationen veröffentlicht[11], drei sind Volkslieder, eines eine Parodie von Hillers Lied "Ohne Lieb und ohne Wein" (aus dem Singspiel "Die verwandelten Weiber" oder "Der Teufel ist los", Leipzig 1766) auf den Text "Ohne Bier und Brannteweín" und eines eine Komposition seiner Tochter Louise Reichardt, "Feldeinwärts flog ein Vögelein", Herbstlied von Ludwig Tieck (Nr. 6)[12].

Das Nebeneinander von Volksdichtung und Dichtung ist in "Der Jubel" problematischer als in "Lieb' und Treue", weil hier die "niedrig-komischen" Elemente - trotz weniger "empfindsamer" Lieder - bestimmend sind. Das zeigt sich vor allem bei den Goethe-Liedern im Kontext mit dem teilweise platten Dialog. Hier stellt sich allerdings die Frage,

---

9 Pröpper, Die Bühnenwerke Reichardts, S. 136

10 Angabe in der Partitur. Szenenanweisung im Textbuch: "Musikanten mit Pfeiffen, Triangel, Becken und einer Trommel"

11 vgl. Pröpper, Die Bühnenwerke Reichardts, Werkverzeichnis, S. 120f.: "Mit Mädeln sich vertragen" aus "Claudine von Villa Bella" (Goethe); "Singet nicht in Trauertönen" (Goethe), Erstdruck in Wilh. Meister 1795; "Der arme Thomas" (Joh. Dan. Falk) in "Lieder der Liebe und der Einsamkeit", I, 1798; "Der Fischer" und "Die Rettung" (Goethe) in "Oden und Lieder, III", 1781

12 Im Klavierauszug zu "Der Jubel" ist eine weitere Komposition von Louise Reichardt enthalten: "Was zieht mir das Herz so?"(Dichter nicht genannt)
zu Louise Reichardt vgl.: Eva Weisweiler, Komponistinnen aus 500 Jahren, Frankfurt 1981, S. 145-153

ob Reichardt nicht ganz bewußt das Aufeinanderprallen zweier Sprachebenen herbeiführen wollte: Nach dem Vortrag des Goethe-Liedes "Der Fischer" ("Das Wasser rauscht, das Wasser schwoll") durch den Fischer Christel folgt der Kommentar des einfachen Volkes[13]:

Wirth:	"Wenn ich nur erst wüßt, was das Ding sagen soll!
Christel:	"Ich versteh's auch nicht ganz, aber es thut mir so wohl!
Clas:	"Mir auch!
Feldwebel:	"Mich hätt's doch bey einem Haar in Schlaf gelullt".

Die Auswahl der Volkslieder erfolgt hier nicht nur unter dem Gesichtspunkt "Rührung" hervorzurufen ("Wenn ich ein Vöglein wär"), sondern dient auch dazu, Kontrastwirkungen zu erzielen: Das Zithermädchen,ein Soldatenkind, das überall herumgekommen ist[14], trägt zuerst das Tiroler Volkslied "Du hast gesogt, du wollst mi nemma glei wenn der Somma kümmt" (Nr. 7) und kurz danach das Märkische Volkslied "Ull Mann wull rieden" mit seinem drastisch-anschaulichen Text vor, mit dem sie das dicke Wirtsehepaar ärgern will:

"Ull Mann wull rieden
Wull hod' he keen Peerd
Ull Fru nahm Zickenbuck
Sett den ull Mann da drupp
Leet emm so rieden.

Ull Mann wull rieden
Wull had' he keen Pietsch;
Ull Fru nahm Strumpenband
Gaf'n dem ull Mann en de Hand
Leet emm so rieden! "

---

13 Textbuch, S. 85

14 L. Kraus, S. 32, bezeichnet das Zithermädchen als "Zigeunerkind, das auf dem Wege über Frankreich kommend in Deutschland erst im Zeitalter der Romantik Eingang gefunden hat... Sie ist eine Art Colombine, an der allerdings das Straßenleben der Revolution nicht vorübergegangen ist", vgl. dazu Pröpper, S. 138, Anm. 23

Das dritte Volkslied hat wieder einen besinnlichen Charakter. Es ist die von Reichardt so geschätzte Melodie "Es ritten drey Reiter zum Thore hinaus", die er im Musikalischen Kunstmagazin vorstellt[15]:

> "Hier folgt noch eine solche Volksmelodie, die sehr wohl volle Harmonie verträgt, man glaube aber nicht, daß sie durch diese volle Harmonie viel gewinnt; wenn das Lied auf Waldhörner nur zweystimmig geblasen wird, so klingts da ebenso vollstimmig, weil die Akkordnoten in den tiefen Waldhorntönen sehr vernehmlich mitklingen. Sie ist mir eine der allerschönsten Volksmelodien die ich kenne. Auch denk' ich ist die Poesie höchst rührend und wahr. Ich wüßte nicht was man zum Abschiede noch hinzufügen könnte..."

Im Musikalischen Kunstmagazin teilt er die Melodie jedoch im vier- bis fünfstimmigen Klaviersatz mit. Im Liederspiel hat er sie nur mit zwei Hörnern in G instrumentiert. Den Text verteilt er auf die beiden Liebenden Christel und Lene - Vers 3 und 4 trägt jeweils Lene vor, der Refrain ist zweistimmig - so daß daraus ein kleines Duett geworden ist. Die Melodie wird von Karl von Holtei in seinem Liederspiel "Das Liederspiel oder der schottische Mantel" (Wien 1835) wieder verwendet.

Das Spektrum der Lieder ist in "Der Jubel" - entgegen der Ansicht Pröppers[16] - etwas breiter gestreut als in "Lieb' und Treue", denn hier befinden sich neben den Volksliedern und Liedern im "Volkston", das kompositorisch anspruchsvollere Goethe-Lied "Der Fischer" und ein zweiteiliges Lied

---

15 Reichardt, Volklieder, in: Mus. Kunstmagazin, 3. Stück, Berlin 1782, S. 155

16 Pröpper, Die Bühnenwerke Reichardts, S. 139: "Die Melodien aller Gesänge in den Liederspielen sind schlichte Volkslieder im Stil der Zeit. Reichardt vermeidet bewußt alles übers Volkslied Hinausgehende"

"Die Liebe wohnt in meinem Herzen" (Dichter unbekannt), das wegen seiner ausgezierten Melodik eher dem Arietten-Typus zugerechnet werden kann (Nr. 8). Vielleicht handelt es sich bei dem Text um eine von Reichardt für das Liederspiel vorgenommene Umdichtung des anakreontischen Gedichts "An die Nachtigall" von Matthias Claudius:

Reichardt:

"Die Liebe wohnt in meinem Herzen
Denkt immer Tag und Nacht nur sein!
Und er kann fröhlich sein und scherzen
Kann jedes Fest's und jeder Lust sich freun.
Nachtigall, Nachtigall ach!
Lok' ihn voll Liebe mir nach!"

Claudius:

"Er liegt und schläft an meinem Herzen
Mein guter Schutzgeist sang ihn ein
Und ich kann fröhlich sein und scherzen
Kann jeder Blum' und jedes Blatts mich freun
Nachtigall, ach!
Nachtigall ach!
Sing mir den Amor nicht wach!"

Die Komposition von Goethes Ballade "Der Fischer" ist geprägt vom Rhythmus der Jamben, die vier- und dreihebig alternierend die Versstruktur bestimmen (Nr. 9):

"Das Wasser rauscht, das Wasser schwoll,
Ein Fischer saß daran,
Sah nach der Angel ruhevoll,
Kühl bis ans Herz hinan.
Und wie er sitzt, und wie er lauscht,
Teilt sich die Flut empor;
Aus dem bewegten Wasser rauscht
Ein feuchtes Weib hervor."

Reichardt betont in Vers 1 nicht das "Wasser"[17], sondern die Verben "rauscht" und "schwoll", die durch den Quart- und

---

17 vgl. Schubert's Komposition, D 225, op. 5,3 (2. Fassung)

Quintsprung zunehmend bedrohlicher erscheinen. Da er in der 2. Strophe, "Sie sang zu ihm, sie sprach zu ihm", wiederum den aktiven Vorgang - hier das "Singen" und "Sprechen" - hervorheben möchte, muß er die Position der Intervalle ändern (Nr. 9, rechts unten). In Strophe 3 verlangt Vers 1, "Labt sich die liebe Sonne nicht" noch einmal eine geänderte Version. Das Auftauchen des "feuchten Weibes" wird durch einen rasch ansteigenden, durch den jambischen Rhythmus gedrängt wirkenden Melodieverlauf angezeigt, der auf "rauscht" zugleich den höchsten Ton des Liedes erreicht. Dieses Ereignis wirkt umso überraschender, als man nach der wenig aussagekräftigen Gestaltung von Vers 5 und 6 diese Entwicklung nicht erwartet[18]. Die Streicherbegleitung folgt dem Duktus der Melodie, bis auf die liegenden Akkorde der vier Eingangstakte, über denen sich die Deklamation des Sängers umso eindringlicher abheben kann.

Wenn auch der Einsatz der Goethe-Lieder in diesem "Potpourri" grundsätzlich problematisch ist[19], so hat sich Reichardt immerhin - außer der Ballade "Der Fischer" - darauf beschränkt, Lieder heiteren Charakters auszuwählen: z.B. das verwegen-fröhliche Vagabundenlied Rugantinos "Mit Mädeln sich vertragen" aus seinem Goethe-Singspiel "Claudine von Villa Bella"[20] (Nr. 10). Hier singt es der derbe, aber gutmütige Feldwebel (der bei dem Deserteur

---

18 dazu Schwab, Sangbarkeit..., S. 66-73: Eine "subtile Vortragskultur" hatte die mangelnde Originalität der Komposition zu ersetzen

19 Pröpper, S. 138: "Nicht ganz am Platze erscheinen die Goethe-Lieder im Munde des Feldwebels und auch des Zithermädchens"

20 Berlin 1789, komp. nach Goethes 2. Fassung, s. Kap. I, 2; Rugantino, alias Carlos von Castellvecchio, singt das Lied beim Würfelspiel mit Vagabunden in einer "Einsamen Wohnung im Gebirge", vgl. J. W. v. Goethe, Singspiele, hrsg. v. Hans-Albrecht Koch, Stuttgart (Reclam), 1974, S. 48

Christel ein Auge zugedrückt hat) teilweise im Duett mit dem Zithermädchen. Die frische Melodie hat auch hier zu Beginn"den wahren Charakter des Einklangs", weil sie zum Mitsingen herausfordert. Die zweite Hälfte ist geprägt von der einfachen Naturton-Melodik der Hörner - das Lied ist nur mit zwei Hörnern in E und doppelt besetztem Fagott instrumentiert - mit seinen Dreiklangsbrechungen und Hornquinten.

Ein anderes heiteres Goethe-Lied ist Philines "Singet nicht in Trauertönen"(Nr. 11) aus "Wilhelm Meisters Lehrjahren", das von dem Zithermädchen vorgetragen wird. Die Charakterisierung dieser Figur erinnert auch ein wenig an die lebenslustige und leichtfertige Romanfigur, die dort "ihr Liedchen auf eine sehr zierliche und gefällige Melodie" singt[21]. Das Lied, das ja als Beilage zum Roman veröffentlicht worden ist, entspricht ganz genau Goethes Intentionen: Das kurze, nur acht Takte dauernde "Liedchen" mit seiner "tändelnden" Melodie (vgl. die Schlußwendung) und den "Alberti-Bässen" wird zunächst einmal von der Oboe vorgetragen und dann nur von Streichern begleitet.

Stark vergröbert wirkt indes das Goethe-Lied "Rettung" aus dem Munde des Feldwebels. Reichardt schien es vor allem auf die erste Strophe, "Mein Mädel ward mir ungetreu" anzukommen, denn der ernste Hintergrund der Dichtung (Rettung eines Selbstmörders durch ein junges Mädchen) paßt durchaus nicht in den Zusammenhang.

Reichardt glaubt nicht, daß das "große Publikum" - damit meint er vermutlich das "breite Publikum" - "Sinn und

---

21 J. W. von Goethe, Wilhelm Meisters Lehrjahre, Tempel-Ausgabe, Berlin u. Leipzig, Bd. 8, S. 44
Reichardts Lied der Philine erschien im Erstdruck des Romans 1795 bei Unger, Berlin

Geschmack" für das "witzige und satyrische Vaudevillestück" hat[22]:

> "Unsre Lieder bestehen großentheils aus empfindsamen Liebesliedern und aus Trinkliedern. Da es mir diesmal aber nur um einen angenehmen Eindruck zu thun war (in "Lieb' und Treue"), hielt ich mich an jene".

Da Reichardt in "Der Jubel" nach dem "Sentimentalen" auch "das Komische versuchen" will, glaubt er mit einer Parodie des beliebten Trinkliedes von Hiller - vorgetragen vom dicken Wirth[23] - insbesonders das "große Publikum" zu erreichen:

Hiller/Weiße[24]:	Reichardt:
"Ohne Lieb und ohne Wein,	"Ohne Bier und Brantewein,
was wär unser Leben	was wär unser Leben?
Alles, was uns kann erfreun,	Alles, was uns kann erfreun,
müssen diese geben	müssen diese geben.
Wenn die Grossen sich erfreun,	Wenn die Reichen sich erfreun,
was ist ihre Freude?	was ist ihre Freude?
Hübsche Mädchen, guter Wein,	Gutes Bier und Brantewein,
einzig diese beyde."	einzig diese beyde."

Dieses und ein weiteres Trinklied von Karl Müchler (1763 - 1857) "Der Wein erfreut des Menschen Herz", dessen Melodie nicht von Reichardt stammen soll[25] (vielleicht aber die vom Zithermädchen gesungene reizvolle Oberstimme) geben diesem

---

22 AMZ, III, 1801, Sp. 712

23 Regieanweisung im Textbuch: "Er sperrt sich mit Händen und Füssen breit auseinander und fängt ungeschlachtig an zu singen"

24 s. Friedländer, I, 2, S. 137

25 Max Friedländer, Das dt. Lied im 18. Jh., II, S. 344 Müchlers Trinklied "gehört seit 100 Jahren zu den beliebten Trinkgesängen". Reichardt ist von Friedländer nicht als Komponist aufgeführt, und die zit. Melodie von Zelter ist mit derjenigen im Liederspiel nicht identisch

Liederspiel, im Verein mit den beiden Soldatenliedern am Schluß[26], verstärkt einen deutschen Charakter. Die Texte der Soldatenlieder (das Schlußlied endet mit "Juchhey") verherrlichen jedoch nur ganz allgemein - ohne jeden patriotischen Anstrich - das "freie" Soldatenleben. Dennoch kündigt sich damit die Tendenz zum Liederspiel als patriotischem Auftragswerk ("Der Kosack und der Freiwillige", Berlin 1813) an: immerhin war "Der Jubel" für eine "militärische Veranlassung"[27] bestimmt gewesen, wenn auch Reichardt mit einer Reihe von Liedern das "Niedrig-Komische" besonders betont hatte.

---

26 "Von des Krieges blut'ger Scene fliegt mein Gruß zur Ferne hin" (Dichter unbekannt) und "Auf!, wohl auf, in's Feld" (Dichter unbekannt). Der dreist. gemischte Chor wird begleitet von der Marschmusik des Beginns (Janitscharenmusik). (2 Ob., 2 Cl. in D, 2 Fg., 2 Co. in D, 2 Vl., Va., B.)

27 Reichardt: AMZ, III, 1801, Sp. 715

"Kunst und Liebe[1]"

Ein Liederspiel in Einem Aufzuge

Schauplatz der Handlung: ein abgelegenes Felsental in der Schweiz, im Hintergrund ein Gletscher.
Zeit: nach der französischen Revolution.

Der Straßburger Maler Frey hat sich mit seiner Familie während der französischen Revolution in ein abgelegenes Alpental geflüchtet. Während seine drei Mädchen im Tal Blumen pflücken, ziehen in der Höhe drei nach Italien wandernde Künstler, zwei Maler und ein Architekt vorüber. Die Mädchen winken ihnen zu. Einer der Maler, Reinhold, möchte zu ihnen und wagt einen gefährlichen Abstieg ins Tal. Er wird jedoch von Hirten, die in ihm wegen seiner Zeichnungen einen Spion vermuten, festgehalten. Erst durch das Einschreiten von Frey wird er befreit. In der Begegnung mit Marie, der ältesten Tochter Freys, erwacht in ihm die Liebe. Frey erkennt in Reinhold den Sohn seines Bruders wieder. Reinhold berichtet ihm, daß in Straßburg die Gefahr vorüber sei und er zurückkehren könne. Marie findet in Reinhold ihre Jugendliebe von Straßburg wieder und der Vater willigt in eine Hochzeit ein.

Reichardt wählt für sein drittes Liederspiel wieder einen Stoff aus der Zeitgeschichte. Dieses Mal spielt die Handlung in einem Schweizer Alpental in der Nähe des Furka-Passes[2]. Die Beliebtheit der Schweizerlieder[3] und die Savoyarden-Mode in Berlin[4], lassen darauf schließen, daß sich auch Reichardt von der malerischen Szenerie der Berg-

---

1 Auff. am Berliner Nationaltheater am 30.11.1807. Ankauf der der Partitur im April 1804 für 100 Th., s. Pröpper, S. 137

2 Angabe im Textbuch: Liederspiele von Joh. Fr. Reichardt, Tübingen, J. G. Cotta, 1804, S. 114

3 Kraus, Das Liederspiel..., S. 24

4 Guido Adler, Handbuch der Musikgeschichte, Bd. 3, S. 749, Tutzing 1975 (Fotomech. Nachdr. der Ausg. v. 1930): "Die Savoyarden waren damals beliebte Bühnenfiguren", z.B. Cherubini: Der Wasserträger, 1800, d'Alayrac: Les deux petits Savoyardes, 1789.
Vgl. auch Fr. H. Himmel: Fanchon, das Leyermädchen, Berlin 1804, s. Kap. II,2

welt besondere Wirkung versprach. Im Textbuch gibt er Anweisungen für das Bühnenbild[5]:

> "Ein grünes Thal am Fusse eines hohen Gletschers, in dessen Mitte tiefe Spalten und Höhlen erscheinen, und der sich unterhalb der Fläche sanft zuneigt. Zu beiden Seiten umgeben ihn hohe romantische Felsmassen..."

Im Vorwort äußert er sich über die Szene, in der Reinhold den Abstieg ins Tal wagt[6]:

> "Im Vertrauen auf die vortreffliche Maschinerie des neuen Berliner Nationaltheaters und auf die grosse Kunst des Direktors dergleichen schwierige Effektscenen anzuordnen, hab' ich die erste Scene gewagt..."

Dieses Mal soll also das Liederspiel durch bühnentechnische Effekte an Attraktion gewinnen. Ludwig Tieck, dem Reichardt bereits 1801 den Entwurf zur Begutachtung geschickt hatte, kritisiert diese erste Szene und zugleich die ganze dramatische Anlage des Stücks[7]:

> ..."die erste Szene mit dem Herunterklettern muß sich auf jedem Theater kleinlich machen, und was noch Schlimmer ist, Du hast das Pikante vorangestellt; denn nachher ist es mit dem Vorfall schon vorüber, es steht nur still und erhält eine Auflösung, die ängstlich klar und deutlich ist, und die man eigentlich gar nicht erwartet. Wozu sind eigentlich die handelnden Personen Künstler?..."

Reichardt hat in "Kunst und Liebe" den Anteil der Lieder noch auf vierundzwanzig erhöht, was die Handlung gegenüber dem ersten Spiel noch mehr erlahmen ließ. Ein Rezensent bemerkt[8]:

---

5 Reichardt, Liederspiele, S. 113

6 Vorrede zu Liederspiele, Tübingen 1804, XVI

7 zit. nach Pröpper, S. 133, dort der vollst. Abdruck des Briefes

8 Rez. über "Kunst und Liebe" in: AMZ, X, 1807, Sp. 219

"Der Stoff ist höchst unbedeutend, und als dramatisches Stück hat das Werkchen weder Anfang, noch Mitte, noch Ende, so dass man gar nicht begreift, wie Hr. R. so etwas hat schreiben können, wenn man nicht annimmt, er habe blos ein Vehiculum gesucht, eine Zahl von ihm komponierter Lieder ... dem Publikum auch von der Bühne vorzuführen, und sie ... an einander zu reihen -..."

Reichardt hatte die Absicht "für den entschiedenen Geschmack des Berliner Publikums" dieses Mal besonders viele Goethe-Lieder zu verwenden[9]. Bei der Zusammenstellung hatte er sich von Tiecks 1801 geäußerten Ansicht nicht beeinflußen lassen, denn bis auf zwei (eine nicht genannte Ode von Klopstock und Goethes "Trocknet nicht, Thränen der heiligen Liebe") sind alle anderen Lieder in die Bühnenfassung aufgenommen worden[10]:

"Von diesen Liedern muß ich überhaupt sagen, daß sie mir in diesem Stücke keine angenehme Empfindung erregt haben, denn sie sind fast alle die heiligsten, die Goethe je gedichtet und Du gesungen hast, sie sind wie Kernsprüche aus der Bibel die eine unendliche Anwendung zulassen, die aber schon für sich tausend mannichfaltige Geschichten und Empfindungsspiele enthalten; will man sie nun, wie hier geschehen, in die Welt einführen, so verlören sie durchaus ihren Charakter von Allgemeinheit und Größe, sie erläutern einen geringfügigen Umstand, wodurch sie fast zur Parodie werden,... Ich glaube überdies, diese Sachen von Göthe

---

9 Vorrede zu: Lieder spiele, XVI: "Für den entschiedenen Geschmack des Berliner Publikums und für meine eigene Liebe zu mehreren der schönsten Götheschen Lieder hab' ich kürzlich das dritte Stück dieser Art gemacht,...
vgl. Werkverzeichnis bei Pröpper, S. 125f.:
"Die ihr Felsen und Bäume bewohnt"
"Verschiedene Empfindungen an einem Platze", I und II
"Kennst du das Land" (einschl. einer Parodie von Lerse)
"Herz, mein Herz was soll es geben"
Bundeslied "In allen guten Stunden" (nur Str. 2, 4 u. 5)

10 Tieck an Reichardt 1801, zit. nach Pröpper, S. 136, dort vollst. Abdruck des Briefes

müssen niemals populär werden, sie können es auch nicht; auf dem Theater werden sie eben entheiligt, welcher Comödiant soll es sich unterstehen, das: Die ihr Felsen und Bäume bewohnt, herzusingen? Es ist ja dieses ähnlich als ein Göthe selbst der innerste Göthe, er hat dergleichen in keines seiner musikalischen Stücke aufgenommen, weil es die Andenken seiner glänzendsten Lebensmomente sind. Hier wenigstens thut es weh, diese Töne auf irgend eine Weise verknüpft wiederzufinden..."

Damit ist - wie schon Pröpper bemerkt hat - grundsätzlich die Problematik der Liederspiele erkannt: Da zwischen den bereits vorhandenen Liedern und der nachträglich entstandenen Handlung keine ausreichend motivierte innere Beziehung bestehen kann, "erläutern" die Lieder kaum mehr, als einen "geringfügigen Umstand" und verlieren dadurch "ihren Charakter von Allgemeinheit und Größe". Sie werden eben nur mehr oder weniger geschickt mit der Handlung "verknüpft", ein Verfahren, mit dem ein Dichter nicht einverstanden sein kann, auch wenn die Kompositionen alle aus einer Hand stammen. Wie oberflächlich diese Verknüpfung mit der Handlung in "Kunst und Liebe" vorgenommen ist, zeigt sich besonders an dem Lied "Einsamkeit" (Nr. 12, "Die ihr Felsen und Bäume bewohnt"): Dieses Epigramm[11] in Hexametern - für Tieck "innerster Göthe" - kann nur deshalb im Liederspiel erscheinen, weil der Sänger (der Maler Frey) zuvor seine "Einsamkeit" in einem Schweizer Hochtal bekundet[12]:

"Wie wohl ward mir's, als ich dich hier fand, du liebe holde Einsamkeit! Und auch hier sollte der erfüllte Wunsch nicht volle Beruhigung gewähren?":

---

11 dazu Erich Trunz, Anm. zu "Einsamkeit", Bd. 1, S. 589: Die in Marmor eingegrabene Inschrift befindet sich noch heute im Weimarer Park. Das Epigramm "Einsamkeit" entstand im Frühjahr 1782, s. J. W. v. Goethe, Werke, Bd. 1, Hamburger Ausgabe

12 Textbuch, S. 126

"Die ihr Felsen und Bäume bewohnt, o heilsame Nymphen,
  Gebet jeglichem gern, was er im stillen begehrt!
Schaffet dem Traurigen Trost, dem Zweifelhaften Belehrung,
  Und dem Liebenden gönnt, daß ihm begegne sein Glück!
Denn euch gaben die Götter, was sie den Menschen versagten:
  Jeglichem, der euch vertraut, tröstlich und hilfreich
  zu sein."

Für sich genommen ist die Komposition, die nach damaligem Verständnis eher eine Ode ist, mit seinen feierlich-getragenen Hornklängen durchaus eine der Dichtung angemessene Vertonung.

Der 9/8-Takt ermöglicht es, die langen Verse des Hexameters weiträumig unterzubringen. Zu Beginn bestimmen die typischen Hornintervalle - Sexten, Quinten und Terzen - die melodische Gestaltung der ersten beiden Verse. Über dem Orgelpunkt auf "b" verdichtet sich der Satz zusammen mit den Klarinetten und dem Fagott zur Vierstimmigkeit (Vers 3). Die mit Zwischendominanten (T. 6, 8 u. 12) und Dominantseptakkorden angereicherten Harmonien vermitteln durch die Bläserbesetzung ein wohltuendes, warmes Klangbild. Ungewöhnlich für Reichardts sonst streng skandierende Deklamation, sind die beiden emphatischen Melismen auf "begegne" und "tröstlich" (T. 8 u. 12), die jedesmal über die Taktbegrenzung hinweggeführt sind.

Mignons Lied "Kennst du das Land wo die Zitronen blühn" (Nr. 13) erklingt,als die Künstler erklären, auf dem Weg nach Italien zu sein. Reichardt läßt unmittelbar danach die Melodie auf eine Parodie von Franz Christian Lerse singen[13]:

---

13 Der Theologe Lerse gehörte zu Goethes Straßburger Freundeskreis. Die Figur des Lerse im "Götz von Berlichingen" ist nach ihm benannt. Vgl. De Boor/ Newald, Geschichte der dt. Lit., Bd. 6, München 1964, S. 244

"Kennst du ein Land, wo unter eignem Dach
Der Landmann ruht in reinlichem Gemach,
Wo Tugend herrscht, wo Freiheit mit ihr wohnt,
Das Laster nie auf goldnen Stühlen throhnt.
Kennst du es wohl?...

Kennst du ein Land, wo fern von Eitelkeit
Man hoher Einfalt nur Altäre weiht,
Wo Unschuld knüpft der reinen Liebe Band,
Und Weisheit mehr gilt, als gelehrter Tand
Kennst du es wohl?..."

Das Liederspiel erhält durch diese Satire einen unerwarteten gesellschaftskritischen Aspekt, der sich mit der Figur des Frey - immerhin ein Revolutionsflüchtling - nicht ganz vereinen läßt. Diese kritischen Verse bilden außerdem einen seltsamen Kontrast zu Reichardts gelungenen Goethe-Vertonung. Bei der Gestaltung der Melodie hat wahrscheinlich Goethes Schilderung von Mignongs Gesang als Anregung gedient[14]:

"Sie fing jeden Vers feierlich und prächtig an, als ob sie auf etwas Sonderbares aufmerksam machen, als ob sie etwas Wichtiges vortragen wollte. Bei der dritten Zeile ward der Gesang dumpfer und düsterer; das 'Kennst du es wohl? drückte sie geheimnisvoll und bedächtig aus: in dem 'Dahin, dahin' lag eine unwiderstehliche Sehnsucht, und ihr 'laß uns ziehn!' wußte sie bei jeder Wiederholung dergestalt zu modifizieren, daß es bald bittend und dringend, bald treibend und vielversprechend war".

Wenn auch diese Schilderung nicht die Melodie selbst - die sich der Leser vorzustellen hat - sondern allein deren Vortrag betrifft, so könnten doch Rückschlüsse auf den Charakter des Liedes gemacht werden. Auch Reichardt gestaltet den Beginn des mit Streichern instrumentierten Liedes

---

14 Goethe, Wilh. Meisters Lehrjahre, Tempel-Ausgabe, Berlin und Leipzig, Bd. 7, S. 336; Reichardts Komposition erschien im Erstdruck des Romans 1795 bei Unger, Berlin

"feierlich und prächtig", indem er die Wichtigkeit der Aussage durch den dreimaligen Es-Dur-Dreiklang und den anschließenden Quintsprung auf "Land" unterstreicht. Die eigentliche melodische Entfaltung beginnt erst danach, wenn der Gesang zum es'' ansteigt, um gleich danach in weichen Linien zum "dunklen Laub" hinabzufallen. Auch in Vers 3 und 4 ("Ein sanfter Wind...") fehlt die bei Reichardt sonst so häufige Sprödigkeit seiner Lieder im "Volkston", denn die sanfte Führung der reichgegliederten Melodie - im ganzen Lied wird keine Phrase wiederholt - ermöglicht sogar einen "Belcanto"-Gesang. Die "unwiderstehliche Sehnsucht" in dem "Dahin, dahin" gestaltet Reichardt durch eine harmonische Wendung: auf B-Dur folgt plötzlich die Dur-Variante (der Dominantparallele von Es-Dur) G-Dur, die dem zweiten "dahin" eine ganz unerwartete, beinahe "irreale" Klangfarbe verleiht. Leider endet das Lied mit einer konventionellen Schlußwendung.

In "Kunst und Liebe" gibt es außer dem von Hirten gesungenen "Schweizer Kuhreigen" (Nr. 14), der auch als Einleitung gespielt wird, keine Volkslieder. Reichardt schienes dieses Mal vor allem darauf anzukommen, seine gelungensten Kompositionen, unter denen sich "einige längst beliebte Lieder"[15] befanden, auch von der Bühne herab vorzuführen. Tieck wünschte sich jedoch noch einmal ein Liederspiel wie "Lieb' und Treue", wenn er schreibt[16]:

> "Warum willst Du nicht überhaupt bei kleinen Liedern stehen bleiben, die eben im Zusammenhange ergreifen, weil sie so klein und verständlich sind? Hier im Schweizerkostüm hätt' ich mir: "Wenn ich ein Vögli wär'", und "Ich hab' einmal ein Schätzel g'habt", erwartet und gewünscht".

---

15 Rez. über "Kunst und Liebe" in: AMZ, X, 1807, Sp. 220 weitere Lieder aus "Kunst und Liebe", vgl. Werkverzeichnis bei Pröpper, S. 125-129

16 Tieck an Reichardt 1801, zit. nach Pröpper, S. 134

Von allen drei Liederspielen, die Reichardt von vorneherein als "Nachspiele" zu größeren Theaterstücken konzipiert hatte[17], hat sich nur "Lieb' und Treue" bis 1816 auf dem Spielplan gehalten[18]. Mit seiner heterogenen Zusammenstellung von Volks-, Trink- und Soldatenliedern und den Goethe-Liedern hatte sich "Der Jubel" als fehlgeschlagener Popularisierungsversuch der Gattung erwiesen. Reichardts dritter Versuch ist an der Unvereinbarkeit von dichterisch und kompositorisch hochstehenden Liedern mit einer dürftigen Bühnenhandlung gescheitert, sodaß der Vorwurf, das Liederspiel diene nur als "Vehiculum",berechtigt erscheint.

Der Erfolg von "Lieb' und Treue" hat bewiesen, daß das Liederspiel im Rahmen einer "Idyllenwelt" bleiben muß, wenn es sich weiterhin gehaupten sollte[19]. Als Reichardt sich in "Der Jubel" davon entfernte, hat ihn das Publikum verlassen. Tiecks Vorstellung von "kleinen, verständlichen Liedern" sollte noch - allerdings auf stark vergröberte Weise - die Liederspiele aus den zwanziger Jahren des neunzehnten Jahrhunderts bestimmen.

---

17 Reichardt in der Vorrede zum Textbuch, VII: "Diese kleine Gattung kann aber als Nachspiel, in welchem wir ohnehin nicht reich sind, sehr wohl neben jeder anderen bestehen". Vgl. Theaterzettel zu "Kunst und Liebe" vom 30. Nov. 1807

18 s. Pröpper, Werkverzeichnis, S. 115

19 Ignaz Franz von Mosel: Vaudeville, Liederspiel, Singspiel, Oper, in: Allg. mus. Ztg. Wien, Nr. 86, 1820, Sp. 683, s. Kap. III,1

II Liederspiele nach Johann Friedrich Reichardt

1. Friedrich Heinrich Himmel (1765-1814):

"Frohsinn und Schwärmerey" (1801)
"Fanchon, das Leyermädchen" (1804)

Der Erfolg von Reichardts Liederspiel "Lieb' und Treue" (31. März 1800) muß den Berliner Hofkapellmeister Friedrich Heinrich Himmel (1765 - 1814) veranlaßt haben, sich gleichfalls mit dieser neuen Gattung zu befassen. Ein knappes Jahr nach "Lieb' und Treue", am 9. März 1801, wird Himmels Liederspiel "Frohsinn und Schwärmerey" nach einem Libretto des Berliner Theaterdichters Carl Alexander Herklotz (1759-1830) [1] zusammen mit der gleichfalls einaktigen Operette "Adolph und Clara" von Nicolaus D'Alayrac (1753-1809) am Berliner Nationaltheater aufgeführt[2].

Himmel war Reichardts Nachfolger im Hofkapellmeisteramt an der italienischen Oper[3], nachdem dieser 1794 wegen seiner Sympathiekundgebungen für die Ziele der französischen Revolution beim Berliner Hof in Ungnade gefallen war[4]. Zwischen Himmel und Reichardt muß eine gewisse Rivalität bestanden haben. Adolf Weissmann berichtet von Querelen um königliche Kompositionsaufträge für die Opern "Vasco da Gama" (Himmel, 1801) und "Rosmonde" (Reichardt, 1801), die von den Komponisten auch in der Presse ausgetragen wurden[5]. Himmel war ein Schüler Johann Gottlieb Naumanns

---

1 Das Libretto ist nach Angaben von Kraus verschollen, S. 43. Der Titel "Frohsinn und Schwärmerey" ist im Katalog der Deutschen Staatsbibliothek (Berlin Ost) unter Carl Alexander Herklotz Werken nicht verzeichnet

2 L. Schneider, Geschichte der Oper und des Kgl. Opernhauses in Berlin, Berlin 1852, S. 290

3 MGG, Art. Fr. H. Himmel

4 Salmen, Reichardt, S. 80

5 A. Weissmann, Berlin als Musikstadt, Berlin und Leipzig 1911, S. 100f.

(1741-1801) in Dresden und von daher nicht in dem Umfang wie Reichardt von der Berliner Liederschule geprägt. Das Werkverzeichnis Himmels[6] weist aber dennoch auffallend viele Liedveröffentlichungen auf, die nach einer Untersuchung von Lucy Gelber[7] teilweise einem Übergangsstil zur Frühromantik zuzurechnen sind. Bemerkenswert bei Himmel ist die Bildung von Liederzyklen[8], bei denen es sich aber um Vertonungen von literarisch vorgegebenen Zyklen handelt: Gesänge aus Tiedges "Urania" (1800), "Die Blumen und der Schmetterling" (Müchler, 1803), "Alexis und Ida: ein Schäferroman" (Tiedge, 1814). Gelber hält bei aller Differenzierung von Liederspiel und Liederzyklus "eine gewisse formale Beeinflussung" von Reichardts Liederspielen auf Himmels Zyklen für möglich[9]. Denkbar wäre immerhin, daß Himmel - nachdem "Frohsinn und Schwärmerey" nur drei Aufführungen erlebte[10] - die wenig Erfolg versprechende dramatische Form zugunsten einer epischen aufgegeben hatte, weil er die Idee, mit Liedern eine Geschichte zu erzählen, weiterhin nutzen wollte: In dem Schäferroman "Alexis und Ida" unternimmt es Himmel sogar, eine Liebesgeschichte in 46 Liedern darzustellen[11].

Mehrere Rezensionen in der Leipziger Allgemeinen Musikalischen Zeitung aus den Jahren 1798 - 1814 belegen Himmels Eignung und Beliebtheit als Liederkomponist:

---

6 s. Grove, Art. Fr. H. Himmel

7 L. Gelber, Die Liederkomponisten Harder, Himmel, Hurka und Hering, Diss. Berlin 1936

8 dazu L. E. Peake, The Antecedents of Beethovens Liederkreis, In: M & L 63, 1982, S. 242-260

9 Gelber, S. 14

10 Angaben nach C. Schäfer u. C. Hartmann, Hrsg.: Die Kgl. Theater in Berlin, Statistischer Rückblick, Berlin 1886, Auff. von "Frohsinn und Schwärmerey" von 9.3. - 9.4.1801 (3 mal)

11 dazu Peake, S. 247f.

"Angenehme, fließende, den Texten angemessene Melodien, und ein schmeichelndes, belebendes Accompagnement...[12]

"Vorliegende ... sind in aller Hinsicht ungemein brav, voll lieblichen ausdrucksvollen Gesang, und mit wahrer, ächter Begleitung, die besonders einer Tenorstimme gut zusagt...[13]

"gewiß ein recht guter Gesang, einfach, melodiös, rein und im Ausdruck vollkommen so weich und schmelzend, wie er, nach dem Willen des Komponisten, seyn soll...[14]

Im Gegensatz zu Reichardt, dessen Lieder mitunter "Kalt, trocken und nur rhetorisch richtig" genannt werden[15], erhalten Himmels Kompositionen auch in weiteren Rezensionen die Epitheta "sehr singbar, sehr fließend, sehr leicht..."[16]. Dennoch fehlt es nicht an einschränkenden Äußerungen. Himmel werden zwar "die unleugbarsten Verdienste, zumal in denen der zärtlichen naiven Gattung"[17] bescheinigt, mitunter aber auch Mangel an "Einfallsreichtum"[18], "Geziertheit und Süßlichkeit"[19]. Er scheint, auch in der Beurteilung Max Friedländers[20], ein Liederkomponist für die "Damenwelt" gewesen zu sein, was bereits in einer Rezension über den Müchler-Zyklus "Die Blumen und der Schmetterling" geäußert wird:

"Leicht möchte ... diese Musik mehrern von D e u t s c h l a n d s T ö c h t e r n vorzüglich gefallen"[21].

---

12 AMZ, XIV, 1812, Sp. 322

13 AMZ, I, 1799, Sp. 734

14 AMZ, VIII, 1806, Sp. 559

15 AMZ, X, 1808, Sp. 591

16 AMZ, X, 1807, Sp. 522

17 I. E. F. Arnold, Galerie der berühmtesten Tonkünstler des 18. u. 19. Jh., Erfurt 1810, Bd. 2, F. H. Himmel, S. 5

18 AMZ, III, 1801, SP. 609

19 AMZ, X, 1807, Sp. 521

20 M. Friedländer, Das deutsche Lied im 18. Jh., Berlin 1902, Bd. I, 1, S. 317

21 AMZ, X, 1807, Sp. 521

Bei der Durchsicht einiger Lieder wird deutlich, daß Himmel nicht in erster Linie den "Volkston" der Berliner Liederschule anstrebte. Weder von der Melodieführung, noch vom Ambitus her lassen sie sich leicht nachsingen, und häufige Verzierungen und Koloraturen verlangen geschulte Stimmen. Mitunter zeigt sich Himmel - auch wenn ihm Gelber frühromantische Harmoniebildungen und Eigenständigkeit in der Klavierbegleitung nachweist[22] - als ein etwas verspäteter Vertreter der "galanten Schreibart"[23]. Der Grund für das Fehlen von volkspädagogischen Intentionen dürfte darin liegen, daß Himmels Widmungsträger seiner Lieder vor allem beim Adel und Hochadel anzutreffen sind[24] und er sich wegen des dort vorhandenen hohen musikalischen Bildungsniveaus und der in diesen Kreisen vorherrschenden Geschmacksrichtung eher an der Ariette oder an der französischen Romanze orientierte. In "Frohsinn und Schwärmerey" finden sich jedoch auch Lieder volkstümlicher Prägung im Stil von Hillers Singspielliedern und in "Fanchon, das Leyermädchen" (1804) - eine Mischform aus Liederspiel, Vaudeville und Singspiel nach einem Libretto von August von Kotzebue - eingängliche Vaudevillemelodien, die mit dazu beigetragen haben, daß das Stück zwischen 1804 und 1853 137 Aufführungen erlebte[25].

Aus Himmels stilistischer Stellung wird deutlich, daß er nicht geeignet, und vermutlich auch nicht gewillt war, Reichardts puristische Konzeption vom Liederspiel zu übernehmen. Im Vergleich zu der Schlichtheit der Partitur in "Liebe und Treue" ist Himmels Liederspiel von wesentlich aufwendigerer Faktur: Er verzichtet vollständig auf die

---

22 Gelber, S. 30ff.

23 dazu: E. Bücken, Der galante Stil, in: ZfMw, 1923/24, S. 418-430

24 Gelber, S. 47

25 vgl. Hartmann u. Schäfer, Die Klg. Theater in Berlin, Berlin 1886

bei Reichardt mit sparsamster Instrumentierung versehenen Volkslieder; die beiden Lieder der Hauptdarstellerin sind von arienartiger Ausdehnung, die in keinem Verhältnis zur Gesamtdauer des Einakters stehen, und an Stelle eines Schlußliedes findet sich ein Finale mit Singspielcharakter (Solistenquartett mit Chor). Eine eher kammermusikalische Orchestrierung erhalten nur die auch von Reichardt geforderten "empfindsamen Liebeslieder"[26] und die im "Volkston" gehaltenen Singspiellieder der Nebendarstellerin. Himmel erkannte vermutlich gleich das Dilemma der neuen Gattung - die mangelnde Bühnenwirksamkeit dieser von Reichardt auf das Theater transferierten "Hausmusik" - und wollte zumindest mit einem Teil der musikalischen Einlagen und mit einem größer angelegten "Schlußgesang" (so die Bezeichnung in der Partitur) dem entgegenwirken. Vielleicht sind die, auch was stimmliche Anforderungen betrifft, anspruchsvolleren Lieder mit Ariencharakter durch eine Konzession an die Sängerin verursacht worden, der sogar Koloraturen bis zum c''' geboten werden.

Himmels Liederspiel hat denn auch bei Reichardt eine entsprechend kritische Beurteilung erhalten[27]:

> "Im vergangenen Winter hat Herr Kapellm. H i m m e l in Gemeinschaft mit Hrn. H e r k l o t z auch ein Liederspiel von sentimentaler Art auf's Theater gebracht, worinnen einige seiner schönsten Lieder, als H e b e , B e s t e r J ü n g l i n g und ein P u n s c h l i e d allgemeine Würkung thaten. Die meisten der Gesänge waren aber nicht natürlich genug herbeygeführt und das Stück schien zu einer vorher ausgewählten Anzahl Lieder zusammengesezt zu seyn. Durch eine sehr reiche Orchesterbegleitung hatte Herr H i m m e l auch die neuesten seiner Lieder fast zu Arien gemacht und dadurch wenigstens meiner Absicht bey Einführung des kleinen Geschlechts, ganz entgegen gehandelt. Im Ganzen fand das Stück aber

---

26 Reichardt, AMZ, III, 1801, Sp. 712

27 Reichardt, AMZ, III, 1801, Sp. 716

Beyfall und man sah auch an diesem Versuche, daß das Publikum sich für dies angenehme Geschlecht gern interessiert".

In Reichardts Kritik ist die Problematik der Gattung - sei es auch nur am Werk des Zeitgenossen - beim Namen genannt: die Schwierigkeit der Einbindung einer "vorher ausgewählten Anzahl Lieder" in einen Dialog. Reichardt selbst hatte in seiner Dialogführung Mühe, die auch von ihm vorher zusammengestellten Lieder - "Lieblingslieder" des Hauses[28] - "natürlich genug" herbeizuführen. Da das Libretto von Herklotz verloren gegangen ist, läßt sich Reichardts Vorwurf an Himmels Liederspiel nicht mehr nachprüfen.

Nach Reichardt sollte "Lied und nichts als Lied den musikalischen Inhalt des Stücks ausmachen"[29]. Diese Vorschrift ist von Himmel und allen nachfolgenden Komponisten - mit Ausnahme der vom Schauspiel her konzipierten Liederspiele Karl von Holteis - nicht eingehalten worden, weil sie sich auf der professionellen Bühne nicht realisieren ließ. Die Reduktion der musikalischen Mittel auf ein Mindestmaß in "Lieb' und Treue" hat selbst Reichardt in seinem folgenden Liederspiel "Der Jubel" (1801) nicht mehr aufrecht erhalten. Dennoch ist seine Kritik an Himmels Orchesterbegleitung, die seine Lieder "fast zu Arien" gemacht haben berechtigt, weil dies - vor allem im Hinblick auf die "Arien" Carolinens - gewissermaßen ein Rückfall in das Primadonnen-Theater der Seria bedeutet.

Die Handlung von "Frohsinn und Schwärmerey":

Da die verbindenden Dialoge fehlen, läßt sich die Handlung nur mangelhaft rekonstruieren:

---

28 Reichardt, AMZ, III, 1801, Sp. 711

29 ebenda, Sp. 712f.

Wellmar, ein junger Maler, liebt Caroline, die Nichte des Försters Rodner. Caroline wird jedoch von dem älteren, mit Marie verheirateten Förster verfolgt. Marie hingegen schwärmt für Wellmar. Die jungen Liebenden werden getrennt. Wellmar hat Todesgedanken, und Caroline glaubt sich von ihm verlassen. Zum Schluß sind die beiden Paare wieder vereint, und einer Heirat von Caroline und Wellmar steht nichts mehr im Wege.

Das bei Goedecke abgedruckte Werkverzeichnis des Berliner Theaterdichters Karl Alexander Herklotz (1759-1830) enthält 86 Titel[30]. Darunter finden sich zahlreiche Übersetzungen von französischen und italienischen Opernlibretti, auch eine Übersetzung von "Cosi fan tutte" mit dem Titel "Die verfängliche Wette". Da nach Goedecke die Operetten und Lustspiele zum Teil ungedruckt geblieben sind, ist es sehr wahrscheinlich, daß das verschollene Libretto von "Frohsinn und Schwärmerey" nur handschriftlich vorhanden war. Erhalten, und auch bei Goedecke aufgeführt, sind nur zwei Textbücher[31], in denen die "Arien und Gesänge" abgedruckt sind, und aus denen hervorgeht, daß das Werk auch in Lübeck (1801) und Frankfurt (1909) aufgeführt worden sein muß. Ob diese Texte alle oder teilweise von Herklotz stammen, ist unwahrscheinlich, da es sich bei Himmels Liedern (nach Angaben von Reichardt[32]) um eine Zusammenstellung von älteren und neueren Liedern handelt, was auch der von Reichardt und nachfolgenden Liederspielkomponisten ausgeübten Praxis entspricht. Das von Reichardt erwähnte Lied "An Hebe" ist eine Dichtung von Gottlob Adolf Ernst von Nostiz und Jänkendorf (1765-

---

30 K. Goedecke, Grundriß zur Geschichte der deutschen Dichtung, Dresden 1910, XI, S. 496f.

31 Arien und Gesänge aus: Frohsinn und Schwärmerey. Ein Liederspiel in einem Aufzuge, von Herklots. In Musik gesetzt vom Capellmeister Himmel. Lübeck, 1801, G. C. Green Wwe. und Arien und Gesänge aus: Frohsinn und Schwärmerey..., Frankfurt am Main, 1809

32 s. Anm. 27

1836)[33] und ist weder im Textbuch noch in der Partitur vorhanden, muß aber als Einlage gesungen worden sein. Es erschien zuerst in Himmels Liedersammlung "Deutsche Lieder am Clavier", Herbst 1796, und muß in den Jahren 1798-1810 "ungemein beliebt" gewesen sein[34].

Kraus[35] vermutet, daß es sich bei Herklotz' Libretto um die Bearbeitung eines französischen Stoffes handelt, ohne jedoch nähere Anhaltspunkte dafür zu liefern, und er bedauert, daß es weder Herklotz noch Himmel gelungen sei, die "französischen Vorbilder ... zu deutschen Gestalten umzubilden". Kraus bedenkt nicht, daß gerade die Figur des empfindsamen Jünglings Wellmar eine Folge der auch noch um 1800 grassierenden Werther-Schwärmerei ist, und - wenn auch nicht ausschließlich - für den deutschsprachigen Raum eine zeittypische Erscheinung darstellt. Die von Todessehnsucht getragene letzte Strophe in einem Lied Wellmars soll hier als Beispiel für die von Hans Georg Nägeli mit "Wehmuth-Periode"[36] charakterisierte Zeit dienen:

> "Einsam steh ich voll bitterm Schmerz
> Trostlos in langem Ermatten!
> Brich, o du verwaistes Herz!
> Und suche dir Frieden im Reiche der Schatten
> Ach! hin ist hin! Und Tod ist Tod!
> Schimmre bald auf meinem Hügel,
> Goldnes Morgenroth!
> Hin ist hin! Und Tod ist Tod!"

Als Pendant zu der Klage Wellmars lautet die zweite Strophe in Carolines Gesang:

---

33 dazu Friedländer, Bd. II, S. 417ff.

34 ebenda, Bd. II, S. 418

35 Kraus, S. 44

36 H. G. Nägeli, Die Liederkunst, in: AMZ, XIX, 1817, Sp. 763

"Ach! so sinkt auch bald vergebens
Meiner Tage Licht hinab.
So verhallt der Ton des Lebens
Und die Leere wird sein Grab.
Ich wandle, seit du mich verlassen,
In Wildnissen dunkel und dicht!
Die rosigten Wangen erblaßen,
Wie Lunens erbleichendes Licht".

Dem ersten Paar der Liebenden wird ein zweites, älteres Paar, Rodner und Marie, gegenübergestellt, dem die Funktion eines Buffo-Paares zugeordnet wird. Eine fünfte Figur als "Drahtzieher" oder komischer Alter, wie in den Liederspielen August von Kotzebues, fehlt hingegen. Im Vergleich zu der idyllischen Familien-Szenerie in "Lieb' und Treue" und "Kunst und Liebe", oder dem Fischermilieu in "Der Jubel" bedeutet die Figurenkonstellation in "Frohsinn und Schwärmerey" wieder ein Rückgriff auf die Tradition der Opera buffa, die Reichardt in seinen Liederspielen vermieden hatte. Auch wenn in Himmels Liederspiel kein Standesunterschied zwischen den Paaren besteht, findet doch eine Abstufung in der Zuordnung der Lieder statt: "empfindsame" und teilweise mit größerem kompositorischen Aufwand versehene Lieder erhält nur das erste Paar, das zweite Paar trägt Lieder im Stil der Hiller'schen Singspiel-Lieder (Marie: "Die Freuden des Lebens sind schnell auf der Flucht") oder ein Trinklied mit Parlando-Melodik und Chorrefrain (Rodner: "Punschlied") vor. Diese traditionelle Gegenüberstellung der Paare sorgt jedoch für den dramaturgisch notwendigen Kontrast, den Reichardt vor allem in "Lieb' und Treue" außer acht gelassen hatte, weil er das Stück bewußt nur auf "Einen angenehmen Eindruck" angelegt hatte[37].

---

37 Reichardt, AMZ, III, 1801, Sp. 711

Von den insgesamt zehn musikalischen Einlagen von "Frohsinn und Schwärmerey" sollen hier zwei Lieder Wellmars näher besprochen werden, weil in ihnen die von Reichardt für ein Liederspiel geforderten "Empfindsamen Liebeslieder"[38] am deutlichsten ausgeprägt sind. Als Gegensatz dazu sollen zwei Lieder des zweiten Paares vorgestellt werden, die eher die Singspiel-Tradition erkennen lassen.

Zunächst das Eingangslied "Wenn im heitern Dankgefühle" (Nr. 15): Nach einer kurzen, mit Holzbläsern (Flöte, Oboe, Hörnern und Fagott) und Streichern besetzten "Introduktion" - keine von Instrumenten gespielte Liedermelodie wie in "Lieb' und Treue" - wird das Stück von einem nur mit Harfe begleiteten Strophenlied Wellmars eröffnet. Die für einen männlichen Sänger etwas ungewöhnliche Harfenbegleitung könnte darauf hindeuten, daß das Lied ursprünglich nicht für das Liederspiel bestimmt war und nur der letzte Vers der Handlung angepaßt worden ist:

Wenn im heitern Dankgefühle
Sich mein Geist zum Ew'gen schwingt,
Wenn bei leisem Saitenspiele
Mein Gesang zum Schöpfer dringt,
Ha dann schwebt im Engelchor
Mir dein Bild, o Lina! vor.

Die vierhebigen Trochäen des Sechszeilers mit vier Versen Kreuzreim und abschließendem Reimpaar (ababcc) sind in einen ruhig fließenden punktierten Rhythmus im 4/4 Takt umgesetzt. Die erste Hebung und Senkung ist durchgehend auftaktig behandelt, wodurch eine nur skandierende Deklamation vermieden wird. Die Melodie ist so angelegt, daß der höchste Ton jeweils auf "Ew'ger", "Schöpfer" und "Bild"

---

38 Reichardt, AMZ, III, 1801, Sp. 712

(Takt 5, 9 und 13) fällt. Durch dieses dreimalige Erreichen des e'' wird das Bild der Geliebten dem "Ew'gen" und "Schöpfer" gleichsam an die Seite gestellt. Die Gedanken Wellmars werden im Nachspiel durch ein Zitat aus der Bildnisarie Taminos ausgesprochen: "ewig wäre sie dann mein". Die abwärts geführte große Sexte auf "Bild" evoziert gleichfalls Reminiszenzen an die Wiener Klassik, dennoch erhält die schlichte G-Dur Melodie durch ihre Harmonisierung stellenweise eine frühromantische Färbung: Von schöner Wirkung ist das zwischendominantisch zur Tonikaparallele e-Moll auftretende H-Dur (Takt 7) auf "leisem Saitenspiele".

Das zweite Lied Wellmars "Als mein Leben voll Blumen hing" (Nr. 16) hat im Vergleich zu der rein liedhaften Melodik des Ersten ausgesprochenen Arietten-Charakter. Bedingt durch den plötzlichen Stimmungsumschwung in der Dichtung und den sich daraus ergebenden Wechsel im Metrum, hat auch die Komposition eine zweiteilige Anlage. Dem belebten daktylischen Versmaß der ersten vier Verse folgt ein abrupter Wechsel in Jamben in Vers fünf, gefolgt von drei trochäischen Versen:

"Als mein Leben voll Blumen hing,
Als ich im fliegenden Kleide
Lächelnd der Zukunft entgegen ging,
Wie klopfte mein Busen voll Hoffnung und Freude.
Doch hin ist hin, und todt ist todt!
Euch entfloh'ne schöne Tage
Weckt kein Morgenroth.
Hin ist hin, und todt ist todt."

Himmel versieht die ersten vier Verse, die Erinnerungen an die glückliche Vergangenheit wachrufen, mit einer belebten B-Dur Melodie. Die pochenden Achtel der Streicher zeigen die Erregung Wellmars an. (Vers 4 "Wie klopfte mein Busen...", Takt 5-7). Die Deklamation wird zugunsten eines illustrativen Melismas auf "fliegenden" (Takt 3), das einen ganzen Takt in Anspruch nimmt, freier gehandhabt. Der Arietten-Charakter der Melodieführung wird durch die Achtelbindungen (Takt 1), durch die auf kürzestem Raum durchschrittene Oktave mit chromatischer Abwärtsführung, und die Verzierung auf "lächelnd" hervorgerufen (Takt 2-4). Die dem daktylischen Metrum angemessene pulsierende Deklamation der ersten vier Verse wird jedoch in Vers 5, entsprechend dem jähen Affektwechsel in der Dichtung, unvermittelt aufgegeben: Schwere halbe Notenwerte, die den Hebungen und Senkungen der Jamben in der ersten Hälfte des Verses gleiches Gewicht verleihen, verlängern die Zahl der benötigten Takte gegenüber Vers 1 fast um das Doppelte (Takt 9-12). Die Wirkung des in der Singstimme über zwei Takte lang abwärts geführten verminderten Dominantseptakkordes (Takt 11 und 12) - dem "Affektakkord der Wiener Klassik"[39] - die Lamentobaßführung mit Gegenstimme im Fagott (Takt 13-16), nachschlagende Streicherpizzicati und langgezogene Bläserakkorde (Clarinetten und Fagotte) in der Abkadenzierung nach b-Moll (Takt 17-20), geben dem zweiten Teil ein in seiner Düsterheit leicht maniriert wirkendes Gepräge, das allerdings auch durch die Dichtung verursacht worden ist. Das ganze "Lied" beansprucht indes nur 21 Takte, in denen allerdings soviel verschiedenes musikalisches Material verwendet wird - keine Phrase wird wiederholt -, daß es den Anschein hat, der Komponist wolle in konzentrierter Form alles das unterbringen, wozu ihm sonst, handelte es sich nicht um ein Liederspiel, mehr Raum gegeben wäre.

Neben dieser, den "sanften Charakter"[40] beeinträchtigenden Klage Wellmars, hat Maries Lied "Die Freuden des Lebens

---

39 E. A. Ballin, Das Wort-Ton-Verhältnis in den klavierbegleiteten Liedern W.A. Mozarts, Kassel 1984, S. 132

40 Reichardt, AMZ, III, 1801, Sp. 714

sind schnell auf der Flucht" (Nr. 17) die Funktion, mit nicht unmittelbar auf die Handlung bezogenen Inhalten den Kontakt zum Publikum herzustellen. Dieses zwischen den Akteuren und dem Publikum, auf der "Rampe", zu singende Singspiel-Lied hat volkstümliche Dreiklangmelodik und könnte nach Reichardts Forderung "ohne alle Begleitung bestehen"[41], ist aber von Himmel mit zwei Oboen, zwei Fagotten und Streichern mit Vor- und Nachspiel reizvoll instrumentiert worden. Das Lied soll nach den im ganzen Werk durchgehend deutschen Vortragsbezeichnungen "freudig gefühlt und freudig gesungen"werden.

Da in einem Liederspiel die einzelnen Lieder die Funktion größerer Formen erfüllen müssen, ergibt sich die Schwierigkeit, auf kleinstem Raum musikdramatische Aktion zu ermöglichen. Dies ist Himmel mit Rodners Lied "Wohin so spät allein?" (Nr. 18) gelungen, allerdings nicht ohne Anleihe bei der Opera buffa zu machen. Dieses "Lied" scheint - auch ohne Kenntnis des Dialoges - ganz aus der Handlungssituation herausgekommen zu sein: Der "Verführer" hat wenig Zeit. Mit atemlos skandierten Versen will er schnell ans Ziel gelangen. Es wirkt mit seinem Parlando und dem charakteristischen Duktus einer Buffomelodik - scharf herausgestoßene Achtel und Sequenzenbildung - wie eine stark verkürzte und unvermittelt zu Ende gebrachte Buffo-Arie. Hier, und in einem nur 11 Takte dauernden Quartett, scheint es so, als wolle Himmel wenigstens "en miniature" größere Formen realisieren. In einem kurzen Nachspiel wird die Flucht des verfolgten Mädchens durch immer schneller werdende Notenwerte - von Vierteln bis zu einem chromatisch aufwärtsführenden Lauf in Zweiunddreißigsteln - durch die Flöte imitiert. Das sind natürlich Operneffekte, aber wie soll ein Stück für die Bühne ohne sie auskommen?

---

41 Reichardt, Musikalisches Kunstmagazin, Bd. 1, Berlin 1782, S. 3, "An junge Künstler"

"Frohsinn und Schwärmerey" ist nach nur drei Aufführungen bereits nach vier Wochen vom Spielplan des Berliner Nationaltheaters abgesetzt worden[43]. Himmel hat vermutlich deshalb das Experiment mit dem Liederspiel nicht wiederholt. Dennoch sind Einflüsse dieser Gattung in seinem bis 1853 immer wieder aufgeführten Singspiel "Fanchon, das Leyermädchen" (Berlin 1804) spürbar, weshalb das Werk auch von Carl Maria von Weber als "eigentliches Liederspiel" bezeichnet worden ist[44]. Das Libretto von August von Kotzebue ist die Bearbeitung eines Vaudevilles von Jean Nicolas Bouilly und behandelt die anrührende Geschichte des heimatlosen Savoyardenmädchens Fanchon, die arm, aber tugendsam in der eleganten Welt Pariser Salons ihr Brot durch Leyerspielen verdienen muß. Die "Savoyardenmode" war in Berlin durch Cherubinis Oper "Der Wasserträger" (1800) aufgekommen[45], in der die Romanze des Antonio mit den Worten "Un pauvre petit Savoyard" beginnt. Das Savoyarden-Thema erscheint aber bereits 1789 in einer Oper "Les deux petits Savoyards" von D'Alayrac.

Himmel verwendet in "Fanchon" - einem Dreiakter, der sehr lange Dialogpartien enthält[46] - meist kürzere, an der Ariette orientierte Gesangseinlagen und Couplets, d.h. Strophenlieder aus Vaudevilles (Nr. 19), es finden sich aber auch Melodien darunter, die vermutlich nur Tänze waren (Nr. 20). An den Aktschlüssen stehen hingegen wieder längere Finales mit Singspiel-Charakter. Neben französischen Melodien erscheinen auch Strophenlieder im Stil der Berliner

---

43 C. Schäfer u. C. Hartmann, Hr.: Die Kgl. Theater..., Berlin 1886

44 Sämtl. Schriften von C. M. v. Weber, hrsg. von G. Kaiser, Berlin und Leipzig 1908, S. 285

45 dazu: Handbuch der Musikgeschichte, hrsg. v. G. Adler, Bd. 3, Berlin 1930, Reprint dtv, München 1981, S. 749

46 A. v. Kotzebue, Fanchon, das Leyermädchen. Ein Vaudeville in drey Aufzügen nach dem Franz. des Bouilly v. Hr. A. v. Kotzebue als Lustspiel mit Gesängen für diese Bühne bearbeitet. Die Musik ist von Hr. Himmel, kgl. preuß. Kapellmeister für das k.k.privil. Theater an der Wien. Wien 1808 bey J. B. Wallishausen

Liederschule wie z.B. das sehr populär gewordene Lied[47] "Die Welt ist nichts als ein Orchester" (Nr. 21) mit dem Text:

> ... Die großen Herren dirigieren
> und geben obendrein den Takt
> Wir armen Teufel musicieren
> oft weniger, oft mehr exact ...

Diese heterogene Zusammenstellung der musikalischen Einlagen in "Fanchon" hat dazu geführt, daß das Werk in einer Rezension als "eine künstlerische Veredelung des Liederspiels" betrachtet worden ist[48]. Karl von Holtei nennt es 1827[49]

> ..."ein glückliches Gemisch von Vaudeville und Liederspiel ... es verdankt sein Glück weder einer originellen Komposition, noch einem tiefen dramatischen Leben, sondern hauptsächlich den reizenden Anklängen der Pariser Vaudevilles, die Kotzebue und Himmel mehr benutzt haben, als man gewöhnlich glaubt".

Die Melodien in "Fanchon" waren so verbreitet, daß sie noch 1826 in Louis Angelys Vaudeville "Sieben Mädchen in Uniform" am Königstädtischen Theater in Berlin parodiert worden sind. Das Werk hat jedoch von Anfang an Kritik hervorgerufen: Reichardt, der die französische Vorlage in Paris gesehen hatte[50], war der Ansicht, "daß ihre Verpflanzung auf's deutsche Theater ein Mißgriff wäre". Der Erfolg der Berliner

---

47 dazu Friedländer, Bd. II, S. 477

48 Berlinische Nachrichten (Haude und Sperer), Nr. 68, v. 7.6.1804

49 K. v. Holtei, Flüchtige Betrachtungen über Vaudeville und Liederspiel, in: Monatl. Beiträge zur Geschichte dramatischer Kunst und Literatur, Hrsg. v. K. v. Holtei, Berlin 1827, S. 37

50 Reichardt, Vertraute Briefe aus Paris, 3. Teil, S. 57

"Fanchon" hatte aber bewiesen, daß auch die Deutschen Gefallen "am witzigen und satyrischen Vaudevillestück" finden würden, was Reichardt in seiner Abhandlung über das Liederspiel angezweifelt hatte[51], wenn auch die Vaudevilles in Kotzebues und Himmels Version einen eher sentimentalen Anstrich bekommen hatten.

E. T. A. Hoffmann, der für "Fanchon" eine Arie als Einlage komponiert hatte, und das Werk am 12.1.1814 in Leipzig dirigierte[52] lobt zwar Himmels "liebliche Musik", ist aber im Übrigen der Ansicht -, seine Kritik ist vor allem gegen Kotzebue gerichtet - daß[53]

> "nur die besondere Periode, in der das Stück auf die Bühne kam, den Beifall herbeiführte, den jetzt, da eine bessere, kräftigere Zeit aufgegangen, eine solche Komposition von süßlicher Empfindelei, französischer Sittenlosigkeit (sonst guter Ton genannt), und faden Späßen, nimmermehr erhalten haben würde".

Carl Maria von Weber hingegen kommt 1816 zu einem freundlicheren Urteil[54]:

> "in diesen einzelnen Lichtstrahlen seines schönen Talentes entfaltet sich ein großer Zauber italischer Lieblichkeit mit deutscher Vollendung in der Form; jedes dieser Musikstücke scheint wie die Spitze eines frohen Augenblicks, ein künstlerischer Champagnermoment. Die Vorliebe und Hinneigung zu dem Sentimentalen ist vorherrschend, und Himmel hat in dieser Gattung Sachen geliefert, die gewiß unter das Vorzüglichste gehören. Fanchon ist ein solcher Blütenstrauß, in den verschiedensten Farben der Laune und des Gefühls spielend, ein Schmetterlingsgaukeln im Kunstgarten..."

---

51 Reichardt, AMZ, III, 1801, Sp. 713

52 E.T.A. Hoffmann, Schriften zur Musik, Nachlese, hrsg. v. Fr. Schnapp, München 1963, Anm. zu "Fanchon" S. 484

53 E.T.A. Hoffmann, Der Opern-Almanach des Hrn. A. v. Kotzebue (Leipzig, bey P. G. Kummer, 1815). Schreiben des Musikdirektors und Komponisten Y. in: Schriften zur Musik, Nachlese, S. 460

54 C. M. v. Weber, Sämtl. Schriften, S. 284

Die Tendenz zu einer Vermischung der Gattung Liederspiel mit dem Singspiel und Vaudeville tritt mit Himmels "Fanchon" bereits vier Jahre nach Reichardts Neugründung auf. Sie zeigt, daß eine "Reinerhaltung"[55] der Gattung mit den Gegebenheiten des professionellen Theaters bereits um 1800 nicht mehr möglich gewesen ist.

55 dazu L. Kraus, S. 78f.

2. Die Liederspiele von August von Kotzebue (1761-1819):

"Der blinde Gärtner,
oder: Die blühende Aloe" (1810)

"Der Kosak und der Freiwillige" (1813)

Nach Reichardts drittem, ziemlich erfolglosen Liederspiel "Kunst und Liebe" (Berlin 1807), zu dem ihm der Vorwurf gemacht wurde, "er habe blos ein Vehiculum gesucht, eine Zahl von ihm komponierter Lieder ... dem Publikum auch von der Bühne vorzuführen"[1], blieb nur noch sein Erstes, "Lieb' und Treue" bis 1816 auf dem Spielplan des Kgl. Theaters in Berlin. Nach Himmels Komposition "Frohsinn und Schwärmerey" (Berlin 1801) fand sich kein weiterer Komponist bereit, Liederspiele zu schreiben. Erst im Jahr der Befreiungskriege 1813 erscheinen "Der Blinde Gärtner" des Berliners Komponisten Johann Phillipp Samuel Schmidt (1779-1853), und gleichzeitig eine Vertonung desselben Stückes von dem in München am Isartor-Theater (und später in Stuttgart) wirkenden Peter Josef von Lindpaintner (1791-1856). Gleichfalls 1813 entsteht die Vertonung von "Der Kosak und der Freiwillige" des Berliner Hofkapellmeisters Bernhard Anselm Weber (1764-1821).

Alle drei Kompositionen gehen auf zwei "Libretti" von August von Kotzebue zurück, die von L. Kraus als verloren angesehen worden waren. "Der blinde Gärtner" fand sich jedoch als Einzeldruck[2] in der Deutschen Staatsbibliothek in Berlin (Ost), und "Der Kosak und der Freiwillige" in der Anthologie "Almanach Dramatischer Spiele zur geselligen Unterhaltung auf dem Lande", Leipzig 1815[3], in der

---

1 AMZ, X, 1807, Sp. 219

2 A. v. Kotzebue, "Der blinde Gärtner oder die blühende Aloe", Leipzig, bey Paul Gotthelf Kummer, 1810

3 A. v. Kotzebue, Almanach Dram. Spiele, 13. Jg., Leipzig, bei C.J.G. Hartmann, 1815

Staatsbibliothek Preußischer Kulturbesitz in Berlin (West). Beide Stücke haben schon von Kotzebue die Bezeichnung "Ein Liederspiel" erhalten, aus der hervorgeht, daß es sich bei den drei vorliegenden Kompositionen nicht um Bearbeitungen zweier Lustspiele handelt.

Aus Kotzebues Vorwort zu der Leipziger Ausgabe von "Der blinde Gärtner" ist zu schließen, daß er derjenige war, der die bereits um 1810 fast vergessene Gattung wiederzubeleben suchte[4]:

> "Nach meinem Gefühl wäre es ein Gewinn für die deutsche Bühne, wenn unsere alten O p e r e t t e n , welche viele Aehnlichkeit mit dem französischen V a u d e - v i l l e hatten, wieder eingeführt würden. Ich verstehe darunter kleine Lustspiele, die auch ohne die Musik ein Interesse haben, und deren Text hie und da durch kleine Liederchen unterbrochen wird. Diese Liederchen dürfen aber durchaus nicht im Opernstyl componiert werden, sie dulden keine Ritornelle, und am allerwenigsten W i e d e r h o l u n g e n ... Himmels Musik zu der Fanchon mag sehr schön seyn, aber sie ist, einige wenige Lieder ausgenommen, keine Musik zu einem Vaudeville.
>
> Ein junger Mann, Herr A u g u s t H a g e n , hat das folgende kleine Stück, unter meiner Aufsicht und so wie ich es wünschte, componiert, das heißt: er hat den Liedern blos gefällige Melodien untergelegt, die Jedermann gleich nachsingen kann ... (ich) hoffe ... eine Gattung von Schauspielen wiederum auf die Bühne zu bringen, die, zur Abwechslung und angenehmen Unterhaltung wohl ihren Platz zu behaupten verdient, wenn sie gleich unsern neuern Opern den Rang nicht streitig zu machen begehrt..."

Kotzebue muß nach Hänsler[5] mit "unsere(n) alten Operetten" vor allem die Singspiele Hillers gemeint haben, deren Libretti von Christian Felix Weiße zum größten Teil auf

---

4 A. v. Kotzebue, Vorwort zu "Der blinde Gärtner..., Leipzig 1810

5 Rolf Hänsler, Peter Lindpaintner als Opernkomponist, Diss. München 1930, S. 55

französische Vaudevilles zurückgehen[6]. Hänsler schließt daraus, daß Kotzebue in seinem Vorwort zu "Der blinde Gärtner" die Rückkehr zur "comédie melêe d'ariettes" vorschlagen wollte. Da Kotzebue darin jedoch von "kleine(n) Liederchen" spricht, "die jedermann gleich nachsingen kann", ist es wahrscheinlicher, daß er sich an dem musikalisch viel einfacheren Stil der älteren Vaudevilles - der "comédie à couplets" oder "comédie-vaudeville"[7] - orientieren wollte. Diese "comédie-vaudevilles" wurden um 1800 in den Pariser Theatern (Theatre du Vaudeville, Theatre Feydeau u.a.) von Kotzebue[8] und Reichardt[9] gesehen und Reichardt empfing von daher die Anregung, eine deutsche Version des Vaudevilles, nämlich das Liederspiel, ins Leben zu rufen[10].

Die Lieder August Hagens, die Kotzebue in dem oben zitierten Vorwort erwähnt, waren leider nicht aufzufinden, aber aus Kotzebues Äußerungen läßt sich folgern, daß er eine denkbar einfache Realisation wünschte, die vermutlich das Parodieverfahren des Vaudevilles mit eingeschlossen hatte. Kotzebues Vorstellungen lassen sich mit denjenigen Karl von Holteis vergleichen, der für seine gleichfalls vom Schauspiel her konzipierten Liederspiele "Vereinfachung" forderte und jegliche Behandlung als Oper für ein "Unding" hielt[11], und deshalb ausschließlich Schauspieler beschäftigte[12]. In

---

6 Kyoko Kawada, Studien zu den Singspielen von J.A. Hiller, Diss. Marburg 1969

7 vgl. MGG, Art. Vaudeville und Grove, Art. Vaudeville

8 A. v. Kotzebue, Erinnerungen aus Paris im Jahre 1804, Berlin 1804, S. 475-522

9 J. Fr. Reichardt, Etwas über das Liederspiel, in: AMZ, III, 1801, Sp. 712. "Schon in frühern Jahren, wenn ich mich in Paris an manchem witzigen und satyrischen Vaudevillestück ergözte ... "

10 s. Kap. I, 3 und III, 1

11 K. v. Holtei, Beiträge für das Königstädter Theater, Vorwort, Wiesbaden 1832, XVII

12 K. v. Holtei, Flüchtige Betrachtungen über Vaudeville und Liederspiel, in: Monatl. Beiträge zur Geschichte dram. Kunst und Literatur, Berlin 1827, S. 47

beiden Kompositionen von "Der blinde Gärtner" aus dem Jahr 1813 ist Kotzebues Wunsch nach "kleinen Liederchen ... die Jedermann gleich nachsingen kann" nicht entsprochen worden. Kotzebues Vorstellungen vom Liederspiel waren am Pariser Vaudeville - nicht an Himmels Version in "Fanchon" - orientiert. Eine Annäherung an das Pariser Vorbild sollte erst in den zwanziger Jahren auf der Bühne des Königstädtischen Theaters in Berlin verwirklicht werden.

Der Erfolgsdramatiker Kotzebue war in den Jahren 1795-1825 "mit etwa 25 Prozent am Repertoire der deutschen Bühne beteiligt" und trotz internationaler Anerkennung dennoch einer der "geschmähtesten und verachtetsten Autoren seiner Epoche"[13]. Der auch heutzutage unter der Rubrik "Trivialdramatiker" abgehandelte Kotzebue war zu Lebzeiten den scharfen Angriffen der Romantiker, vor allem August Wilhelm Schlegels ausgesetzt, und in der Literaturgeschichtsschreibung des 19. und beginnenden 20. Jahrhunderts wegen seiner "laxen Moral" verurteilt worden[14]. Seine Ermordung (1819) durch den Theologiestudenten Ludwig Sand galt nicht nur dem "Verräter und russischen Spion", sondern auch dem "Verführer der Jugend"[15]. Erst neuere Arbeiten literatursoziologischer Richtung[16] versuchen eine differenziertere Sicht des Dramatikers zu vermitteln, der sich selbst vor allem als Bühnenpraktiker verstand[17]:

> "Die Wirkung meiner Stücke ist hauptsächlich für die Bühne berechnet; diesen Zweck erreichen sie, und aus diesem Gesichtspunkte sollte man sie beurtheilen..."

---

13 B. v. Wiese, Einführung zu A. v. Kotzebue, Schauspiele, Frankfurt/M. 1972, S. 7

14 A. Eloesser, Das bürgerliche Drama, seine Geschichte im 18. u. 19 Jh., zit. nach H. A. Glaser, Das bürgerliche Rührstück, Stuttgart 1969, S. 193

15 K. L. Sand, Tagebücher und Briefe, zit. nach F. Stock, Kotzebue im lit. Leben der Goethezeit, Diss. Bonn 1970, S. 73

16 W. Schaer, Die Gesellschaft im deutschen bürgerlichen Drama des 18. Jh., Diss. Bonn 1963

17 A. v. Kotzebue, Neue Schauspiele, Leipzig 1797ff., Bd. 1, S. X, zit. nach W. Schaer, S. 105

Von Kotzebue sind etwa 230 Dramen, Lustspiele, Possen und Singspiele erhalten[18], darunter befinden sich eine Reihe Einakter, "Genrebilder"[19], die "rührende Episoden aus dem bürgerlichen Leben, mitunter im historischen oder exotischen Kostüm" vorführen und in "Motiven, Technik und Ideengehalt den Rührstücken und Familiengemälden gleichen", und sich von diesen nur durch die "Beschränkung auf eine Episode" unterscheiden.

Auch das Liederspiel "Der blinde Gärtner", das von Klingenberg aber nicht erwähnt wird, gehört zum Typus der Genrebilder. Entsprechend der "comédie larmoyante", der von Diderot entwickelten "tradédie domestique et bourgeoise", in der der "Übergang zwischen Rührstücken und Komödien fließend ist"[20] bewegt sich die Handlung zwischen beiden Extremen, wobei in "Der blinde Gärtner" das Rührende, und im anderen Genrestück "Der Kosak und der Freiwillige" das komische Element überwiegt.

In Reichardts "Lieb' und Treue" bildeten die vorher ausgesuchten "Lieblingslieder" des Hauses[21] den Rahmen für die Handlung. Dieses "um die Lieder herum" abgefaßte "Libretto" zeigt seine besonderen Schwächen, wenn der Dialog an das nächste Lied herangeführt werden muß. Kotzebue stand nicht unter dem Zwang, besonders gelungene Kompositionen in das Spiel aufnehmen zu müssen. Die Fabel steht hier im Vordergrund und war vermutlich auch zuerst entworfen worden. Die

---

18 v. Wiese, Einführung zu A. v. Kotzebue..., S. 10

19 K. H. Klingenberg, Iffland und Kotzebue als Dramatiker, Weimar, 1962, S. 125

20 ebenda, S. 132

21 Reichardt, AMZ, III, 1801, Sp. 711

Lieder ergeben sich daher aus der Handlungssituation und nicht umgekehrt wie bei Reichardt. Dies läßt sich besonders deutlich an den Liedertexten in "Der blinde Gärtner" aufzeigen, die vermutlich - bis auf das "Kirschenlied" - alle von Kotzebue selber stammen und eigens für das Liederspiel geschrieben zu sein scheinen. In "Der Kosak und der Freiwillige" hat Kotzebue auch Volkslieder und Vaterlandslieder von Johann Wilhelm Gleim und Karl Müchler verwendet.

Die Handlung von "Der blinde Gärtner oder die blühende Aloe":

Der blinde Gärtner Martin Pflug läßt in seinem Garten eine Aloe, die ihm einst sein Sohn Heinrich aufgezogen hatte, gegen ein Entgelt besichtigen. Ein Knabe leistet dem Blinden Hilfsdienste und darf dafür seine Kirschen pflücken. Die schöne, aber leichtfertige Pächterstocher kommt unerkannt als Besucherin der Aloe und erfährt dabei, daß des Gärtners Sohn, den sie einst abgewiesen hatte, aus Liebeskummer Soldat geworden ist. Der Blinde berichtet, ohne zu wissen, daß Blandine vor ihm steht, von dem bedauerlichen Schicksal der Pächterstochter: Deren Vater wäre gestorben, die alte Mutter könne das Gut nicht verwalten, und der aus dem Krieg zurückgekehrte Gutsherr Leutnant von Koller wolle Blandine mit seinem Kammerdiener Spitz verheiraten. Der Kammerdiener darf Blandine jedoch nur unter der Bedingung heiraten, daß er dem Gutsherrn seine Braut die ersten vier Wochen nach der Hochzeit überläßt, d.h. von Koller will das "jus primae noctis" in Anspruch nehmen. Der Leutnant versucht Blandine zu erpressen: Falls sie nicht in die Heirat einwillige, werde er ihrer Mutter die Pacht wegnehmen. Blandine bleibt standhaft, flüchtet zu dem blinden Gärtner und will lieber in Armut leben. Der vermißt geglaubte Gärtnerssohn Heinrich kehrt, am linken Arm verwundet, zum Vater zurück. Blandine bereut sehr, ihn früher abgewiesen zu haben, aber Heinrich verzeiht ihr und will sie heiraten. Doch der Leutnant will nicht auf Blandine verzichten: erst als sich herausstellt, daß er Heinrich während des letzten Feldzuges das Leben zu verdanken hatte, willigt er unter Verzicht auf sein junkerliches Vorrecht in die Heirat ein und überläßt beiden die Pacht.

Die konstituierenden Elemente der Handlung bestehen aus einer Mischung von Antifeudalismus, Rührung und Komik. Dem selbstherrlich auftretenden Landjunker werden gleich drei Figuren gegenübergestellt, die auf unterschiedliche Weise Mitleid erregen sollen: der hilflose, aber hilfsbereite Blinde, die von Reue über ihr "flatterhaftes" Leben gepeinigte Blandine und der verzeihende, tapfere Soldat Heinrich. Hinzu kommt der Moment des Wiederfindens, die Anagnorisis, ein im bürgerlichen Drama häufig vorkommendes Motiv[22]. In dieser Summierung zeigt sich Kotzebues Fähigkeit, "die Dramaturgie des Rühreffekts zu perfektionieren"[23] und gleichzeitig durch die Gegenüberstellung des zynischen, in seiner Attitüde als "miles gloriosus" aber auch komisch wirkenden Leutnants mit dem gewitzten Kammerdiener Spitz für Unterhaltung zu sorgen.

Der Antifeudalismus ist in den nach 1800 erschienenen Bühnenwerken bereits "zur bequemen Theatertradition" geworden, die "einem anpassungsfähigen Stückeschreiber mühelos wirkungsvolle Charaktere und Sentenzen bereitstellte"[24]. Das heikle Thema des "jus primae noctis" hat dennoch in einer Rezension Anstoß erregt[25]:

> "Um aber nicht alles zu rügen, rüge ich nur eines: die Bedingung, mit der Hr. v. Koller seinen Kammerdiener Blandinen verheirathen will. Sie ist ungesittet, und gehört gar nicht auf die Bühne, höchstens konnte sie leise angedeutet seyn in der Erzählung des Dieners, durfte nicht mehrmals und selbst im Dialoge empören"...

Die Rezension der Münchner Aufführung in der Vertonung von Lindpaintner konstatiert[26]:

---

22 W. Schaer, S. 181

23 W. Hinck, Das deutsche Lustspiel des 17. u. 18. Jh., Stuttgart 1965, S. 357

24 F. Stock, Kotzebue im lit. Leben der Goethezeit, Diss. Bonn 1970, S. 131

25 Berlinische Nachrichten (Haude u. Spener), Nr. 85, 17.7.1813

26 Gesellschaftsblatt f. gebildete Stände, München, Nr. 63, 1.8.1813

"Das Stück ist eines von denen des H. v. Kotzebue, die man im höchsten Grade unmoralisch nennen kann".

Eine der beanstandeten Stellen im Dialog lautet[27]:

Spitz: "Ja, ja die Pachtung ist dankenswerth, nur die conditio sine qua non will mir nicht behagen.

Lieutenant: Du muß dich drein ergeben.

Spitz: Wenn sie doch wenigstens erst vier Wochen meine Frau gewesen wäre

Lieutenant: Narr, dann würdest du mir ja kein Opfer bringen".

Der sich daran anschließende Monolog des Kammerdieners ist von noch drastischerer Aussage:

Spitz: "... Und beym Lichte besehen, gibt es doch keinen bequemern Weg zum Glücke, als wenn man die Maitresse eines vornehmen Herrn heyrathet. Ich kenne Leute, die ein enormes Glück dadurch gemacht haben und ihren Antecessor selbst unter die Füße getreten haben. Darum frisch gewagt, die Augen zugeblinzelt. Wie lange wird es währen, so geht er wieder zur Armee, und in der nächsten Schlacht holt ihn vielleicht der Teufel.-"

An diesen Beispielen wird deutlich, daß diese, Beaumarchais "Figaro" entlehnte, Thematik nicht unbedingt geeignet ist, den Stoff für ein Liederspiel abzugeben, das in der Definition von Ignaz Franz von Mosel[28] ausschließlich zur "Idyllenwelt" gehören sollte. Aber das oben zitierte Vorwort zu "Der blinde Gärtner" läßt ja darauf schließen, daß Kotzebue -

---

27 A. v. Kotzebue, Der blinde Gärtner..., S. 20f.

28 I. F. v. Mosel, Vaudeville, Liederspiel, Singspiel, Oper, in: Allg. mus. Ztg. Wien, Nr. 86, 1820

trotz seiner Verquickung mit "rührenden" Elementen - nicht Reichardts Liederspiel, sondern eher das schärfer pointierte Pariser Vaudeville zum Vorbild genommen hatte.

"Der Kosak und der Freiwillige"

Das im Jahr der Befreiungskriege am 27. November 1813 im Kgl. Schauspielhaus in Berlin aufgeführte Liederspiel war ein Auftragswerk und wurde dem Publikum "unvorhergesehen"[29] dargeboten, d.h. ohne Vorankündigung auf dem Theaterzettel. Wie aus einer Rezension hervorgeht, hatte der im Anschluß an ein Schauspiel aufgeführte Einakter vor allem die Funktion, eine Siegesmeldung zu umrahmen[30]:

> "Bei der am Sonnabend eingegangenen erfreulichen Nachricht von der Uebergabe von S t e t t i n wurde Abends auf dem Königl. Theater ein auf die Zeitumstände passendes Stück: D e r K o s a k u n d d e r F r e i w i l l i g e gegeben ... Die für alle Patrioten so erfreuliche, so lang ersehnte, von einem hohen Gouvernement mitgeteilte Nachricht war in das Ende des Stücks passend und schicklich eingeflochten, und wurde vor dem zahlreich versammelten Publikum abgelesen. Seit langer Zeit ward in dem Theater kein solcher einstimmiger Ausbruch der Freude und des Enthusiasmus gehört... Sogar das Finale des Stücks wurde mit lautem Rufen unterbrochen ... So klein das Stück ist, so hat es Interesse und bewährt wieder ganz Kotzebue's theatralisches Genie... "

Kotzebue hat ein aktuelles Thema verarbeitet: Die Schilderung einer Freundschaft zwischen einem Freiwilligen Jäger der preußischen Armee und einem Kosacken der mit Preußen verbündeten russischen Armee. Willibald Alexis[31] berichtet in

---

29 Berlinische Nachrichten (Haude u. Spener), Nr. 145, 4.12.1813

30 Vossische Zeitung, Berlin, Nr. 143, 30.11.1813

31 W. Alexis, Erinnerungen, hrsg. v. M. Ewert, Berlin 1900, S. 35ff.

seinen Erinnerungen, wie die Kosacken im Mai 1813 Berlin von der napoleonischen Besatzungsmacht befreiten:

> "...Diese achtzehntausend Franzosen konnte ein Wort bleich machen. Es war dasselbe, welches uns freudetrunken machte - das Wort K o s a c k . Eines Morgens, während die Franzosen alle Thore besetzt hielten, klirrte das Pflaster von Hufschlägen. Hurraruf, Peitschenknallen, lange Piken blitzten auf und Pistolenschüsse knallten. Die Kosacken, wie aus der Erde aufgeschossen, waren inmitten Berlins...
> ... In großer Schnelligkeit waren kurze russisch-deutsche Lexica gedruckt, Gespräche in beiden Sprachen, daß man sich mit den theuren Gästen unterhalten könne ... Ihr melancholisches Volkslied "Schöne Minka, ich muß scheiden" wurde zwar an allen Klavieren geklimpert ... aber man war recht froh, als sie fort waren".

Die Handlung von "Der Kosak und der Freiwillige"

Der Schauplatz ist ein preußisches Dorf nahe der sächsischen Grenze zur Zeit der Befreiungskriege 1813.

Der Freiwillige Wilhelm und der Kosack Iwan sind unzertrennliche Freunde geworden, weil sie sich während einer Schlacht gegenseitig das Leben gerettet hatten. Sie kehren gemeinsam zurück in das Heimatdorf Wilhelms, wo dessen Braut Luise lebt. Wilhelm will Luises Liebe zu ihm auf die Probe stellen, ja sogar in Erfahrung bringen, ob sie ihm auch über seinen Tod hinaus die Treue halten wird. Deshalb verbirgt er sich und schickt Iwan voraus, der jedoch nur Luises Schwester Käthchen vorfindet. Luise wird von dem Amtvoigt Plattfuß umworben, der ihr, um sie heiraten zu können, erzählt, Wilhelm sei entweder vermißt oder schon tot. Luise bleibt standhaft, auch als ihr Iwan als Augenzeuge von Wilhelms Tod durch eine Kanonenkugel berichtet und ihr einen Brief zeigt, in dem Wilhelm seinen Freund bittet, Luise zu heiraten. Da erscheint Wilhelm, der sich nun von ihrer Treue überzeugt hat, aus seinem Versteck. Iwan bekommt Käthchen und alle stimmen gemeinsam mit einem Chor nach einer, von einem Boten überbrachten Siegesmeldung, in das Lob des preußischen Königs, der beiden Kaiser der Verbündeten Rußland und Österreich, und der Kriegshelden Blücher, Bülow und Tschernischeff ein.

Kotzebue hat in diesem Stück - im Gegensatz zum Vorigen - eine der Opera buffa entlehnte Personenkonstellation verwendet: dem seriösen "ersten" Paar Wilhelm und Luise wird ein nachgeordnetes Buffo-Paar Iwan und Käthchen und eine fünfte, komische Figur, der Amtvoigt Plattfuß gegenübergestellt. Die eher burleske Behandlung des Stoffes verhindert ein Überhandnehmen der "rührenden" Momente, die zwar in den Liedern der Liebenden vorhanden sind, deren Wirkung aber durch den sich anschließenden Dialog in Lustspiel-Manier sofort abgeschwächt wird. Dem sentimentalen Wilhelm wird der realistisch denkende Iwan gegenübergestellt, für den "Mädchentreu an Gräbern suchen, müß'ger Zeitvertreib" ist, und im Übrigen dem Klischee des rauhen, trinkfesten und gutmütigen Russen entspricht. Luises Klagen prallen an den Trivialitäten des Amtvoigts ab, der als Beamten-Karikatur und "Drückeberger" Kotzebues originellste Figur ist. Das folgende Lied des Plattfuß hat nach Kotzebues Angaben die Zensur nicht passiert[32]:

"Es zog ein Gesell in das feindliche Land
Es streckt ihn die feindliche Kugel in Sand!
Es blieb ein Geselle gar klüglich daheim
Und dichtet in Ruhe den lustigen Reim.

Verließ sich wohl Jener auf knallend Gewehr,
Der Tod mit der Sense war stärker als Er
Da lob' ich den Andern, der schonte sein Blut,
Sprach: weg mit dem Säbel! auch Stöckchen ist gut.

Nun geht er noch frisch mit dem Stöckchen herum,
Doch der mit der Büchse ist ewiglich stumm.
Ein Amtsvoigt lebendig - da gibts keine Wahl.
Ist besser, mein Kind, als ein todter General.

(Nota. Dieses unbedeutende Liedchen hat in Berlin (!) die Censur nicht passiert! vermuthlich weil der Herr Censor glaubte, der Muth der Freiwilligen könne

32 Kotzebue, Der Kosak..., in: Almanach... S. 27

niedergeschlagen werden, wenn man sie daran erinnerte, daß sie auch getroffen werden können. Ist diese Vermuthung richtig, und eine andere läßt sich nicht denken, so hatte freilich die Natur den Herrn Censor nicht zum Freiwilligen bestimmt...)"

Dem Spott des Amtvoigts werden die martialisch klingenden Verse der beiden Soldaten gegenübergestellt, die zugleich den aktuellen Bezug zum Zeitgeschehen noch deutlich erkennen lassen[33]:

Iwan: "Als wir jüngst im Hessenland,
Unserm Feind ein Frühstück kochten
Hab' ich als ein braver Kerl
Unter C z e r n i t s c h e f f gefochten.
Hurrah! Hurrah! Er lebe hoch!

.....

Wilhelm: "Als wir Feindes Uebermuth
In der deutschen Schlacht gedämpfet,
Hab' ich als ein braver Kerl
Unter B l ü c h e r mitgekämpfet.
Hurrah! ...

Die nach der Völkerschlacht bei Leipzig (16. - 19. Oktober 1813) herrschende euphorische Stimmung wird am genauesten mit den Worten Iwans wiedergegeben[34]:

"Jeder Einzelne lebe, der Kraft, Blut, Gold, Schwert oder Feder der heiligen Sache gewidmet hat, er sey an der Weichsel geboren oder am Don! Alle Völker haben sich verbrüdert in allgemeiner Noth! verschwunden sind Nationalhaß und Eifersucht! ...

Die intime Szenerie des Fünf-Personen-Stücks endet in einer gewaltigen Schlußapotheose, die außer einem mit Solisten und Chor besetzten Finale noch ein preußisches Kriegslied

---

33 Kotzebue, Der Kosak..., in: Almanach..., S. 40f.

34 ebenda, S. 44

aus den Feldzügen von 1756 und 1757 von Johann Wilhelm Gleim[35] (Melodie von Johann Phillipp Kirnberger) mit dem Text:

"Victoria! mit uns ist Gott!
Der stolze Feind liegt da!
Er liegt! gerecht ist unser Gott!
Er liegt! Viktoria!"

enthält, und ein "Wehrmannslied" von Karl Müchler "Die Hörner und Trommeln erschallen" in der Vertonung von Bernhard Anselm Weber, die er vermutlich nicht eigens für das Liederspiel geschaffen hat.

"Der Kosak und der Freiwillige" ist neben dem "vaterländischen" Liederspiel "Lenore" (Berlin 1828) von Karl von Holtei das einzige Beispiel dieser Richtung geblieben, und nur durch die Funktion, die es im Zusammenhang mit einer Siegesmeldung[36] zu erfüllen hatte, überhaupt zu erklären.

---

35 Anm. im Kl. A. von B. A. Weber, Der Kosak und der Frei willige, Berlin, o.J. b. Schlesinger, Lied Nr. 13

36 nach einer Notiz in den "Berlinischen Nachrichten" (Haude und Spener), Nr. 145, v. 4.12.1813 wurde während der 2. Auff. des Stückes die Nachricht von der Kapitulation Danzigs verlesen

3. Bernhard Anselm Weber (1764-1821):

"Der Kosak und der Freiwillige"(1813)

Bernhard Anselm Weber (1764-1821) war ebenso wie Friedrich Heinrich Himmel (1765-1814) Hofkapellmeister am Königlichen Schauspielhaus in Berlin, das seit 1807 unter der Leitung von August Wilhelm Iffland (1759-1814) auch die Hofoper beherbergte[1]. Weber stammte aus Mannheim und war ein Schüler Abbé Voglers, den er auch 1790-1792 auf eine Skandinavienreise begleitete. Nach einer kürzeren Tätigkeit als Kapellmeister in Hannover, wurde er 1792 an das damalige Königliche Nationaltheater nach Berlin berufen. Nach Himmels Tod (1814) erhielt er die leitende Musikdirektorenstelle, bis er 1820 von Gasparo L.P. Spontini (1774-1851) abgelöst worden ist.

Weber komponierte überwiegend Bühnenwerke[2]. Neben einigen Opern und Singspielen liegt aber der Hauptanteil seiner kompositorischen Arbeit bei etwa vierzig Schauspielmusiken, darunter sind auch einige zu Schillers Dramen. Populär - und auch heute noch verbreitet - wurde das Lied "Mit dem Pfeil, dem Bogen" aus "Wilhelm Tell" (1804). Es ist bereits kurz nach Erscheinen des Klavierauszuges der Schauspielmusik zu "Wilhelm Tell" innerhalb einer Rezension[3] abgedruckt worden. Der Rezensent kommt zu folgendem Urteil:

> "Was bisher von Hrn. Webers Kompositionen für das Theater bekannt geworden ist, zeugt nicht nur von einem ausgezeichneten Talent für dramatische Musik,

---

1 MGG, Art. Berlin, Sp. 1714

2 Werkverz. bei Hans Fischer, B. A. Weber, Diss. Berlin 1923, und MGG und Grove, Art. B. A. Weber

3 AMZ, VI, 1804, Sp. 825f., Gesänge, Marsch und Chor zum Schauspiel Wilhelm Tell, vom Herrn von Schiller, in Musik gesetzt von Bernhard Anselm Weber. Kl. A. Berlin, in Kommission bey Relstab

> sondern zugleich davon, daß H. Weber nicht unter die - bey weitem grössere Hälfte der Theaterkomponisten gehöre, die im Grunde gar nicht wissen, w a s sie machen, sondern bey denen, was sie Treffen, recht eigentlicher T r e f f e r ist. ... Die Melodien sind äusserst einfach, volksmässig, sagen aber auch wirklich aus, was sie aussagen sollen, so dass man allenfalls hin und wieder alle Begleitung entbehren könnte..."

Auch sein Singspiel "Die Wette" (1805), dessen Libretto August von Kotzebue nach einer französischen Vorlage, "Un quart d'heure de silence", abgefaßt hatte, wird - wenn auch mit Einschränkungen - gelobt[4]:

> "Diese schätzbare kleine Oper ist, so viel Rec. bewußt, ausser Berlin noch nirgends auf die Theater gebracht, und verdiente es doch vor vielen... sie ist w i r k - l i c h eine kleine, leichte, komische Oper, in einem Stil, der sich dem besten französischen in dieser Gattung am meisten nähert,... Dabey ist jedoch nicht zu leugnen, dass ... auch manche Gedanken zu unbeträchtlich und zu wenig eigenthümlich erscheinen".

Die Musik zu dem "heroischen" Schauspiel "Deodata" (1810, A. von Kotzebue) wird von Carl Maria von Weber[5] ausführlich besprochen:

> "Die Musik bezeichnet durchaus den vielerfahrenen, gewiegten Meister, der, nebst richtiger Deklamation und Ausdruck, alle Künste einer effektvollen Instrumentation mit einer ausgezeichneten Kenntnis der Szene in sich vereinigt. ... Der Ouvertüre hat Ref. keinen Geschmack abgewinnen können. Sie besteht aus veralteten Formen, und in allem, besonders aber in der Instrumentation, ist das Studium älterer Meister, vorzüglich G l u c k s , zu auffallend vorleuchtend. Überhaupt scheint der Grund, wenn diese Musik nicht

---

4 AMZ, IX, 1806, Sp. 107f., Rez. von "Die Wette", Singspiel in Einem Aufzuge, nach dem Franz. "Un quart d'heure de silence", in Musik gesetzt von B. A. Weber, Kl. A. Berl. b. Rud. Werkmeister, o.J. (ca. 1806)

5 C. M. v. Weber, Sämtliche Schriften, hrsg. v. Georg Kaiser, Berlin u. Leipzig 1908, S. 116f.

> allgemein wirkt, obwohl sie alle technischen Kunstforderungen in hohem Grade befriedigt, wohl darin zu liegen, daß ihr ... der allerwirkendste fehlt - eine blühende Phantasie.."

Neben Gluck, dessen Hauptwerke B. A. Weber erstmals in Berlin aufgeführt hatte, waren seine anderen kompositorischen Vorbilder Händel und Hasse[6]. Seine Neigung galt daher hauptsächlich heroisch-mythologischen Stoffen, wie z.B. dem 1800 entstandenen Monodrama "Hero" nach einem Libretto des Berliner Theaterdichters Karl Alexander Herklotz, oder einer "deutschnationalen" Oper[7] wie Kotzebues "Herrmann und Thusnelda" (1819). Seine "nachweisbare patriotische Gesinnung" zeigt sich nicht nur in seinem Liederspiel "Der Kosak und der Freiwillige"[8], sondern auch in zwei "Vorspielen", mit Chor und Solisten besetzte Opernprologe: "Asträas Wiederkehr" (1814) nach Herklotz und "Die hundertjährigen Eichen oder das Jahr 1914" (1814) nach Kotzebue. In "Asträas Wiederkehr" vereinigt sich die Friedensgöttin Asträa mit dem "Genius Preußens", und in "Die hundertjährigen Eichen" erlebt Preußen unter dem Szepter seines Königs einen hundertjährigen Frieden[9].

Da das Liederspiel "Der Kosak und der Freiwillige" für den aktuellen Anlaß einer Siegesmeldung bestimmt war, muß es nach Fischers Vermutung[10] in großer Eile entstanden sein. Der von Fischer bemängelte Rückgriff auf Lieder älteren Datums, bedeutet jedoch keine Verlegenheitslösung, sondern entspricht auch der von Reichardt geübten Praxis. Es ist

---

6 MGG, Art. B. A. Weber, Sp. 282
7 Fischer, S. 115
8 Fischer, S. 78
9 Kraus, S. 82f.
10 Fischer, S. 78

aber denkbar, daß Webers Beschäftigung mit der Gattung Liederspiel - Fischer nennt das Werk ein "Singspiel" - überwiegend aus praktischen Überlegungen heraus stattgefunden hat und auf eine Anregung Kotzebues zurückzuführen ist[11].

Woraus Weber die insgesamt zwölf Lieder entnommen hat, läßt sich nur bei Zweien feststellen, da ein Großteil seiner Kompositionen ungedruckt geblieben ist[12]. Fischer vermutet, daß einige Melodien von Kotzebue umtextiert worden sind[13]. Wahrscheinlich handelt es sich um "Gesänge" aus Schauspielmusiken, deren Texte zum Teil aber auch unverändert übernommen worden sind, wie z.B. Schillers Lied der Thekla "Der Eichwald brauset" aus Webers Musik zu "Die Piccolomini" von 1799. Vielleicht stammt auch das Lied "Leichter Sinn, du Himmelsgabe" wegen der Ähnlichkeit des Textbeginns aus einem Lustspiel "Leichter Sinn" (1797) von Iffland. Goethes "Jägers Abendlied" wird, eingerahmt von einem "Kosakenlied", anstelle einer Ouvertüre nur von zwei Hörnern vorgetragen. Dieses - im Vergleich zu Reichardts Fassung - kaum bekannte Strophenlied ist ebenso im "Volkston" gehalten, und von Weber in einer Liedersammlung[14] veröffentlicht worden. Die Verwendung dieses Liedes - wenn auch nur instrumental - bedeutet ein direktes Anknüpfen an Reichardts bis 1816 immer noch auf dem Spielplan stehendes Liederspiel "Lieb' und Treue"[15], in dem "Jägers Abendlied"

---

11 vgl. Kotzebue's Vorrede zu "Der blinde Gärtner", Leipzig 1810, s. Kap. II, 2

12 MGG, Art. B. A. Weber, Sp. 281

13 Fischer, S. 79

14 B. A. Weber, Gesänge mit Begleitung des Forte-Piano, Eltville o.J., bei G. Zulcher. Abdruck "Jägers Abendlied" in: M. Friedländer, Gedichte von Goethe in Komp. seiner Zeitgenossen, Weimar, 1896, Bd. 1, Nr. 26. Weber vertonte im Gegensatz zu Reichardt die zweite Fassung des Gedichtes mit dem Titel "Jägers Abendlied", die erste Fassung hat den Titel "Jägers Nachtlied"

15 Angabe nach C. Schäfer u. C. Hartmann, Die kgl. Theater in Berlin, Statistischer Rückblick, Berlin 1886

gleichfalls von zwei Hörnern begleitet wird. Überhaupt läßt sich feststellen, daß Weber - abgesehen von den drei patriotischen Einlagen am Schluß - viel mehr als Himmel in der Liederspiel-Tradition steht, weil er wieder mehr Gewicht auf "echte" Volkslieder und Lieder im "Volkston" legt. Die Lieder mit Arietten-Charakter und die kompositorisch anspruchsvolleren Lieder der Liebenden haben nicht die ausufernde Länge wie in Himmels Liederspiel. Mit dem "Kosakenlied" (Nr. 22), das teilweise auf russisch mit anschließender Übersetzung gesungen wird, erzielt Weber das passende Kolorit. Auch hiermit knüpft er wieder an Reichardt an, der in "Der Jubel" Volkslieder verschiedener Provenienz vortragen läßt. Über russische Volkslieder wird berichtet[16], daß sie "durch die russischen Heere und ihre Kriegsgefangenen in ganz Europa bekannt und beliebt geworden" seien, und in einem 1804 erschienenen Aufsatz über Volkslieder[17] werden sie näher beschrieben:

> ..."der Russe singt beständig, und sogar bey der Arbeit, wenn es irgend zulässig ist. Der Gesang wird gewöhnlich mit der Wolinka (Sackpfeife) oder der Balalaika (einer Art Laute) begleitet. In den Russischen Volksliedern herrscht nie jener hüpfende, tändelnde Gesang der Franzosen, sondern entweder ein feyerliches Largo, ein ruhiges Andantino, oder ein rauschendes Allegro. Uebrigens wären sie fast alle kurz und einfach, und man müsste sie vollstimmig von Russen singen hören, wenn sie recht viel Anziehendes für das Ohr haben sollten".

Das volksliedhafte Element kommt auch in einem Lied des Amtvoigts Plattfuß zum Ausdruck: Die Kotzebue'schen Spottverse des "Drückebergers"[18], "Es zog ein Gesell in das feindliche Land" (Nr. 23) werden auf eine Melodie vom

---

16 AMZ, XII, 1810, Sp. 314 unter: "Nachrichten, Königsberg"

17 C. Schreiber, Etwas über Volkslieder, in: AMZ, VI, 1804, Sp. 713f.

18 s. Kap. II,1

Typus eines "Jägerhornstücks"[19] gesungen, und daher auf Reichardt'sche Weise nur mit zwei Hörnern begleitet. Das andere Lied des Plattfuß "Wenn ich Röschen pflücken will" (Nr. 24) erhält durch seinen Beginn einen Menuett-Charakter und stellt nach Meinung eines Rezensenten[20] einen "feisten Spaß" dar, was sich sowohl auf den leicht pikanten Text, als auch auf die originelle Vertonung - vielleicht ursprünglich ein Tanz - beziehen kann.

Die Figur des Käthchens entspricht dem Typus der Soubrette. Ihre im Stil der Singspiel-Lieder gehaltenen Einlagen werden nach Soubretten-Gewohnheit vor der eigentlichen Szene direkt ins Publikum "hineingesungen", und erfüllen ihre Funktion ausschließlich auf dem Theater, während die Lieder des "ersten" Paares auch an einem beliebigen anderen Ort denkbar wären. Ihre im 6/8-Rhythmus energisch vorgetragene Beschimpfung der Männer, "Die Männer taugen alle nichts" (Nr. 25), gehört traditionsgemäß zur Domäne der Soubretten, wie z.B. auch Despinas Arie "In uomini, in soldati" aus Mozarts "Cosi fan tutte".

Wieder ganz im Sinne Reichardts ist Wilhelms "empfindsames" Liebeslied "Himmlische Liebe, ewig ist sie" (Nr. 26):

> "Himmlische Liebe, ewig ist sie!
> Noch in der Ferne
> Strahlen die Sterne
> Des Liebenden Blick!
> Es zeugen am Grabe
> Noch Thränen und Rosen
> Von seinem Glück!"

---

19 J. Fr. Reichardt, Vorrede zu "Frohe Lieder für Deutsche Männer", Berlin 1781, zit. nach Friedländer, Bd. I,1, S. 196

20 Rez. über den Kl.A. von "Der Kosak...", ersch. Berlin b. Schlesinger, in: AMZ, XVI, 1814, Sp. 410-412

Der Rezensent des Klavierauszuges nennt es "ein liebliches Liedchen, dessen Musik zu den Worten: Noch in der Ferne etc. sehr innig ist"[21]. Diese Wirkung verdankt das Lied dem melodischen Kopfmotiv im Siciliano-Rhythmus, das zu Beginn devisenartig von zwei Hörnern vorgetragen und von der Singstimme so gar nicht "berlinisch trocken" weitergeführt wird, sondern ein süddeutsch-italienisches Cantabile erkennen läßt, was auf Webers "Mannheimer" Herkunft als Schüler Abbé Voglers hindeutet. "Innig" muß der Rezensent die Reibung des doppelten Vorhaltes (Quart- und kleiner Nonenvorhalt vor der Dominante in Takt 7 und 8) empfunden haben, der, unterstützt von der con-sordino-Begleitung der Streicher, erst nach dreimaliger Wiederholung aufgelöst wird. Das Wort "Ferne" ist damit gleichsam in noch weitere "Fernen" entrückt. Erst mit "des Liebenden Blick" (Takt 9) wird die erweiterte Kadenz in die Ausgangstonart zurückgeführt. Seufzermotive und Melismatik in der Führung der Singstimme (Takt 22-24) geben dem Mittelteil gegenüber dem liedhaft gestalteten ersten Teil, der in verkürzter Form wiederholt wird, Arietten-Charakter. Romantisch gefärbt erscheint jedoch die reichliche Verwendung der Holzbläser in der sehr gelungenen Instrumentierung.

Das Auftrittslied der Luise ist eine Vertonung von Schillers Lied der Thekla "Der Eichwald brauset" (Nr. 27), das Weber - neben seiner Verwendung in der Schauspielmusik zu "Die Piccolomini" (1799)[22] - auch noch in einer Liedersammlung[23] veröffentlicht hat. Weber hat jeweils zwei Strophen des 4 Strophen enthaltenden Gedichts zusammengefaßt und durchkomponiert. Das Lied hat durch die Gegenüberstellung von Es-Dur in der ersten (Takt 1-13) und c-Moll in der zweiten Strophe (Takt 14-25) eine klare Trennung in zwei Teile:

---

21 AMZ, XVI, 1814, Sp. 411 (s. Anm. 20)

22 s. oben

23 B. A. Weber, Gesänge mit Begleitung des Forte-Piano. Leipzig o.J., Hoffmeister & Kühnel

"Der Eichwald brauset, die Wolken ziehn,
Das Mägdlein wandelt an Ufers Grün;
Es bricht sich die Welle mit Macht, mit Macht,
Und sie seufzt hinaus in die finstere Nacht,
Das Auge vom Weinen getrübet:
Das Herz ist gestorben, die Welt ist leer,
Und weiter gibt sie dem Wunsche nichts mehr,
Du Heilige, rufe dein Kind zurück!
Ich habe genossen das irdische Glück,
Ich habe gelebt und geliebet!"

Weber hat sich vom Bild der ziehenden Wolken und nicht vom Brausen des Eichwaldes inspirieren lassen, sonst wäre seine Wahl nicht auf den ruhig dahinfließenden 12/8-Takt mit den wiegenden Begleitfiguren gefallen. Der Deklamationsfluß wird noch zusätzlich verlangsamt, indem die erste und dritte Hebung auf "Eichwald" und "Wolken" durch die übergebundenen punktierten Viertel zuviel Gewicht erhält. Schuberts sechzehn Jahre später entstandene Vertonung "Des Mädchens Klage" (1815)[24] zeigt, daß nur eine Verlagerung der Betonung auf die zweite und vierte Hebung, auf "braust" und "ziehn", die noch zusätzlich vom Klavierbaß unterstützt wird, eine Beschleunigung des Deklamationsflusses erbringen kann, was der dramatischen Naturschilderung der Dichtung entgegenkommt (Nr. 28).

Beim Bild der sich brechenden Wellen verändert Weber jedoch den Charakter der Begleitung: Die wiegenden Begleitfiguren setzen zwei Takte lang aus (Takt 6 und 7), und werden durch repetierende gestoßene Achtel ersetzt. Über die Singstimme erheben sich aufsteigende Dreiklangsbrechungen der Violinen, um das Bild der sich aufbäumenden Wellen zu illustrieren. In der Singstimme wird dem "Weinen" durch melismatische Behandlung der betonten Silbe und Seufzer-

---

24 D 191, op. 58, 3, zweite Bearbeitung, 1. Fassung, in: Fr. Schubert. Neue Ausgabe sämtl. Werke, Lieder, Bd. 3 b., vorgel. v. W. Dürr. Bärenreiter-Verlag, Kassel, Basel, London, 1982

bildung (Nonenvorhalt "ces") viel Raum gegeben (Takt 11). Der Beginn der in direkter Rede geführten zweiten Strophe bringt den Wechsel in die Tonikaparallele c-Moll. Am Deklamationsschema ändert sich nichts: weiterhin bewirken die übergebundenen punktierten Achtel einen eher schleppenden Gang der Aussage. Aber durch die Begleitung kommt Bewegung hinein, denn über den pochenden Achteln der Streicher werden nun die in der ersten Strophe aufsteigenden Dreiklangsbrechungen durch alternierende Einwürfe der Bläser (Soloflöte und Soloklarinette) in umgekehrter Richtung wieder aufgenommen und bis zum Ende der Strophe beibehalten. Das bewirkt eine sich ständig steigernde Erregung, da die Flöte vom höchsten Diskant (vor allem Takt 22-24) abwärts geführt wird. In der Singstimme wird die Anrufung der Heiligen (ab Takt 18) durch die zunehmend größeren Intervallsprünge - von der Quinte über die kleine Sexte und Septime bis zur Oktave - immer drängender. Die Intensität der Aussage wird noch durch den vier Takte währenden Orgelpunkt der Hörner auf "g" (Takt 18-21) gesteigert und kommt bei "ich habe gelebt" durch die Verwendung des neapolitanischen Sextakkordes (Takt 22-23) zu ihrem Höhepunkt, wobei der Schwerpunkt der Betonung - unterstützt von einem Sforzando des Fagotts auf "des" (Takt 22) - auf dem Wort "habe" liegt.

Im Zusammenhang mit den übrigen Liedern des Liederspiels steht vor allem der ausladende opernhafte Gestus dieses c-Moll-Teils isoliert da, und an keiner anderen Stelle des Stückes zeigt sich die Problematik, Lieder älteren Datums zu verwenden, deutlicher als hier.

Die Wahl des Textes und das hohe kompositorische Niveau von Webers Vertonung hat den Rezensenten des Klavierauszuges veranlaßt zu schreiben[25]:

---

25 s. Anm. 20, Sp. 411

> "Man möchte wol dies Stück, Text und Musik, beklagen, dass es in eine Burleske mit eingenähet worden!"

Insgesamt lobt er Webers "angenehme Musik", ist aber dennoch der Ansicht, daß die "günstige Aufnahme ... zum Theil jener vortheilhaften Gelegenheit (der Wiedereroberung der Festung Stettin) zu verdanken" gewesen sei. Da er das Stück nicht gesehen habe, könne er die "Gesänge" nicht als "Theatermusik" beurteilen, glaubt aber, daß sie:

> "fast allein aus recht eigentlichen Liedern bestehen, wie sie auch beym Klavier befriedigen".

In seiner Reduktion auf den Klavierauszug nehmen sich die mit großem Orchesteraufwand (u.a. mit 4 Hörnern, Trompeten, Posaunen, Trommeln und Pauken) und Chor besetzten patriotischen Schlußnummern, das Finale und Karl Müchlers Wehrmannslied "Die Hörner und Trommeln erschallen" weniger monumental aus, und gerade dieses letzte Lied findet Zustimmung[26], denn es sei von Weber:

> "körnig und trefflich in volksmässigem Chor, wie es eben seyn muss, gesetzt".

Alle Einwände gegen das Nebeneinander von "kleinen Liederchen"[27], lyrisch-intimen "Gesängen", größeren Formen wie dem mit Solisten und Chor besetzten Finale und patriotischen Liedern sind nur im Hinblick auf Reichardts Konzeption des Liederspiels zu machen. Der Rezensent der Aufführung hat darin keinen Widerspruch gesehen[28]:

---

26 s. Anm. 20, Sp. 411

27 Kotzebue, Vorwort zu "Der blinde Gärtner", Leipzig 1810, s. Kap. II,1

28 Voss. Ztg., Nr. 143 v. 30.11.1813

> ..."anziehend und reizend ist die Musik von Hrn. K. M. Weber. Alle Gesänge der Luise ... zeugen von einer zarten empfindenden Seele, so wie wieder die patriotischen, ein für die heilig gerechte Sache glühendes Herz verraten. ... Herzerhebend war die Melodie des letzten Wehrmannslieds: "Die Hörner und Trommeln erschallen". Wer würde nicht in diesem Augenblick - Jüngling oder Greis - bei dem jedesmaligen Refrain: "Mit Gott für König und Vaterland", wo Herr Weber so glücklich die Trommeln auf dem Theater angebracht hat, sein Leben für König und Vaterland hingegeben haben. ... Möchten wir doch ... (bald) wieder einen so glücklichen Abend genießen, der ein wahres V o l k s - f e s t zu nennen war!"

Ein Liederspiel als "Volksfest" war nur im Zusammenhang mit einer Siegesfeier möglich geworden und sollte sich in der Geschichte des "kleinen Geschlechts"[29] trotz vielfältiger Bemühungen, das "nationale Liederspiel"[30] wiederzubeleben, nicht mehr ereignen. So sehr auch Kotzebue's und Webers Liederspiel der Charakter eines "Genrestücks"[31] noch anhaftet, so haben letztlich nur die Lieder mit "programmatischer Bedeutung"[32] den Erfolg sichern können.

---

29 Reichardt, Etwas über das Liederspiel. In: AMZ, III, 1801, Sp. 715

30 s. Einleitung und Kap. VI

31 s. Kap. II,2

32 H. Wichmann, Grétry und das musikal. Theater in Frankreich, Halle 1929, S. 28

4. Johann Philipp Samuel Schmidt (1779-1853)
Peter Joseph von Lindpaintner (1791-1856):

"Der blinde Gärtner,
oder: Die blühende Aloe"(1813)

Die beiden Vertonungen von Kotzebues Liederspiel sind im Sommer 1813 fast zur gleichen Zeit am Königlichen Schauspielhaus in Berlin[1] und am Isarthor-Theater in München[2] aufgeführt worden. Schmidts Liederspiel erlebte nur zwei Aufführungen[3], während Lindpaintners Werk 1821 in Stuttgart und 1835 in Berlin wiederholt worden ist[4].

Schmidt war im Hauptberuf Jurist gewesen, hatte aber bei Johann Gottlieb Naumann (1741-1801) in Dresden Komposition studiert und ist in Berlin mit einer Reihe von Singspielen an die Öffentlichkeit getreten[5]. Schmidt ist bereits von Gerber[6] kurz erwähnt worden und Schilling[7] widmet ihm einen ausführlichen Artikel, in dem er ihn als einen für die "sentimentale, idyllische Gattung am meisten geeigneten Tonsetzer" schildert, dessen Werk jedoch - im Zusammenhang mit einem Klavierkonzert - "reich an Mozart'schen Reminiscenzen" sei. Schmidt betätigte sich auch als Musikschriftsteller (u.a. für die "Cäcilia"[8]) und war dreißig Jahre lang Musikberichterstatter für die Spenersche Zeitung. Schmidt war seit 1804 Mitglied der Berliner Singakademie, für die er "zahlreiche Gesänge" komponiert hatte[9].

---

1 J. Ph. S. Schmidt: am 14.7.1813

2 P. J. v. Lindpaintner: am 10.7.1813

3 J. Ph. S. Schmidt: am 14.7. u. 2.8.1813

4 P. J. v. Lindpaintner: am 12.10.1821 in Stuttgart und am 21./22.4. 1835 in Berlin

5 Biograph. Angaben und Werkverz. vgl. MGG, Art. J. Ph. S. Schmidt

6 E.L. Gerber, Neues hist.-biograph. Lexicon d. Tonkünstler, Leipzig[2], 1812-1814

7 G. Schilling, Universal-Lexicon der Tonkunst, Stgt. 1836, Art. J. Ph. S. Schmidt

8 Cäcilia, eine Ztschr.f.d.musikal.Welt, hrsg.v.G.Weber, Mainz, ab 1824

9 MGG, Art. J. Ph. S. Schmidt

Seine meist einaktigen Singspiele sind zum größten Teil nach Libretti von Kotzebue entstanden: u.a. "Feodore" (1812), dessen Handlung auf eine russische Legende zurückgeht. Mit diesem Stück wurden nach Schilling im März 1813 "die ersten in Berlin einrückenden Truppen jubelnd empfangen". Das Werk enthält u.a. eine große Szene der Feodore "Gott! der du von des Eismeers Küsten..." in der arienhafte Partien von einem "Monodrama" abgelöst werden. Aus dem Singspiel "Der Onkel" (1804) nach einem Libretto von Carl Alexander Herklotz ist 1804 eine Musikbeilage zur Leipziger Allgemeinen musikalischen Zeitung[10] erschienen: Sie zeigt eine typische Singspielariette im Stil der Norddeutschen Singspiele, wie sie von Johann Adam Hiller geprägt worden sind. Der Text des ursprünglich für Baß bestimmten "Liedes" - so lautet die Überschrift - behandelt auf heitere Weise die Ehe: "Heilig ist der Ehestand". Die wenigen Berichte, die in dieser damals führenden Musikzeitschrift über Schmidt erschienen sind, sind keine Rezensionen, sondern nur kurze Notizen über Berliner Theateraufführungen. Über sein Singspiel "Die Alpenhütte" (1816) nach einem Libretto von Kotzebue ist zu lesen[11]:

> "Diese Musik, versichert man uns, ist leicht, ansprechend, zweckmäßig, und verspricht gute Wirkung von der Bühne".

Das Volksmärchen mit Gesang "Der Kyffhäuser Berg" (1817) trägt in der Partitur[12] die Bezeichnung "Romantisch komisches Singspiel ... nach Sagen und Volksmärchen von A. v. Kotzebue. Der Titel "Volksmärchen mit Gesang"[13] verleitet zu der Annahme, es handle sich hier um etwas ähnliches wie

---

10 AMZ, VII, 1804, Beilage Nr. III

11 AMZ, XVIII, 1816, Sp. 428

12 Staatsbibl. Preuß. Kulturbesitz Berlin, Mus.ms. 199949

13 MGG, Art. Joh. Ph. S. Schmidt

ein Liederspiel. Die Partitur enthält jedoch überwiegend Arietten, Arien, Ensembles und Chöre und zwei große melodramatische Szenen: ein Monodrama der "Schliesserin" und ein Melodrama mit drei Personen, die beide mit großer Orchesterbesetzung instrumentiert sind.

Carl Maria von Weber, mit dem Schmidt persönlich bekannt war und auch im Briefwechsel mit ihm stand, schreibt in einer Einführung zu dessen Singspiel "Das Fischermädchen" (1818, Theodor Körner)[14]:

> "Herr Schmidt hat durch die Komposition mehrerer kleiner Opern ... ein erfreuliches Streben nach gründlicher und charakterisierender Schreibart bewiesen, welches ihm, als eigentlichen Dilettanten, zu doppelter Ehre gereicht,... Er scheint sich dabei mit Vorliebe zu den stark gewürzten, durch reichen Instrumentation und raschen Harmoniewechsel sich aussprechenden Geschmack neuerer Komponisten hinzuneigen, beweist aber zugleich rühmlichen Fleiß in Beobachtung richtiger Deklamation, angemessenen Ausdrucks und Bezeichnung der Charaktere..."

Der "Geschmack neuerer Komponisten" läßt sich an Schmidts einzigem Liederspiel noch nicht feststellen, denn es ist im Vergleich zu seinen Singspielen von sehr einfacher Faktur, auch wenn es eine längere Ouvertüre und wenige singspielhafte Erweiterungen aufzuweisen hat. Es hatte vielleicht in dieser Ausprägung gerade noch 1813 - und das nur in Berlin, wo es eine Liederspieltradition gab - entstehen können, denn Lindpaintners und Carl Blums Liederspiel "Fortunata" (1818) zeigt, daß die Romantik - wenn auch nur in diesen wenigen Beispielen - Spuren hinterlassen hat.

---

14 Sämtl. Schriften von C. M. v. Weber, hrsg. v. G. Kaiser, Berlin und Leipzig, 1908, S. 305

"Der blinde Gärtner" von Lindpaintner ist eines der wenigen Liederspiele, die außerhalb Berlins entstanden sind[15]. Lindpaintner hat es 1813 für das Isarthor-Theater in München komponiert, an dem er mit einundzwanzig Jahren die Stelle des Musikdirektors erhalten hatte (1812-1819)[16]. Lindpaintner war ein Schüler Peter von Winters (1754-1825), der 1778 im Gefolge der kurfürstlichen Hofmusik von Mannheim nach München übergesiedelt war[17], und dessen umfangreiches Werk überwiegend auf dem Gebiet der Oper lag. Winters heroische Chor-Oper "Colmal" (1809) gilt als eine "der ersten romantischen Opern vor Spohr und Weber"[18]. Lindpaintners zweiter Lehrer in München war der "Contrapunktist"[19] Joseph Graz. Lindpaintner wurde 1819 Hofkapellmeister in Stuttgart - als Nachfolger von Johann Nepomuck Hummel (1778-1837) - und hatte das Amt bis zu seinem Tod 1856 inne.

Auch Lindpaintner war überwiegend Opernkomponist. Seine frühen, für das Isarthor-Theater entstandenen Werke - meist auf Libretti von Kotzebue - stehen nach Hänsler[20] "im Zeichen des deutschen Singspiels der Spätzeit" und sind beeinflußt von Himmel, Dittersdorf, Danzi, Weigl und Winter, aber auch von der opéra comique Monsignys, Grétrys, Gaveaux und Isouards. Die Hauptwerke entstehen in Stuttgart: u.a. die romantischen Opern "Sulmona" (1823), "Der Bergkönig" (1825) und "Der Vampyr" (1828), die historische Oper "Die Genueserin" (1839), die "Schreckensoper", "Die sizilia-

---

15 L. Kraus nennt zwei verschollene Liederspiele des sächs. Komp. Chr. Gottl. Aug. Bergt (1772-1837): "Des Dichters Geburtsfest" u. "Mitgefühl", vgl. außerdem MGG, Art. V. Tuczec: Vinzenz Tuczec: "Der Kosak und der Freiwillige" (1814, Pest)

16 s. MGG und Grove, Art. P. v. Lindpaintner

17 s. MGG und Grove, Art. P. v. Winter

18 MGG, Art. P. v. Winter, Sp. 716

19 G. Schilling, Univ.-Lex., Art. Lindpaintner

20 Rolf Hänsler, P. Lindpaintner als Opernkomponist, Diss. München 1930

nische Vesper" (1843) und die Revolutionsoper "Im Stil der Pariser Großen Oper", beeinflußt von Meyerbeer und Auber, "Giulia" (1854).

Hänsler kommt nach der Durchsicht des Gesamtwerkes von Lindpaintner zu einem recht kritischen Urteil[21]:

> ..."Seine Schöpferkraft entsprach nicht seiner Fruchtbarkeit. Seine Opern sind Nachklänge Mozarts, Webers und der französischen Oper. Seine Bedeutung als Komponist beruht musikgeschichtlich auf der Opposition gegen den Siegeslauf Rossinis und das Eindringen italienischer Opern im ersten Drittel des 19. Jahrhunderts..."

Im Urteil seiner Zeitgenossen hat Lindpaintner viel Anerkennung gefunden. Schilling[22] betont in einem ausführlichen Artikel "den bleibenden bedeutenden Werth... seiner reinen Instrumental- und Liedermusik" und hebt besonders die Oper "Die Macht des Liedes" (Stuttgart 1836, auch "Gewalt des Liedes" genannt) hervor[23]:

> ..."und endlich neuerdings in der Operette "die Gewalt des Liedes", die eine Reform in unserer deutschen dramatischen Musik zu erzielen scheint, um sie zu schützen vor dem Abgrunde leerer südländischer Spielerei ... und in welcher das eigentliche deutsche Lied sich in seiner ganzen Herrlichkeit und einfachen Pracht hervorhebt..."

und im Artikel "Liederspiel" schreibt er zu diesem Werk[24]:

> ..."so werden doch Operetten, wie Lindpaintners "Gewalt des Liedes", die offenbar entstanden sind aus jenem eigentlichen Liederspiele und gewisser-

---

21 Hänsler, S. 116

22 s. Anm. 19

23 Schilling, Univ.-Lexicon, Art. Lindpaintner, S. 399

24 Schilling, Univ.-Lexicon, Art. Liederspiel, S. 390

maßen als eine in und durch die Kunst veredelte, höhere Gattung desselben erscheinen, immer noch das deutsche Wohlgefallen an ächt deutschem, einfach aber rührendem und tief ergreifendem Gesange, und den darin vorherrschenden gemüthlichen Charakter zu erhalten, ... wissen".

Diese dreiaktige, nach Hänsler "komische Oper"[25], deren Libretto von Ignaz Franz Castelli (1781-1862) stammt, gehört thematisch zu den "Türkenopern" und hat eine singspielmäßige Anlage mit überwiegend "volksliedmäßiger Melodik". Sie enthält mehrere Romanzen, die entweder als Strophenlied behandelt, oder auch "arienhaft ... mit opernhaften Koloraturen" ausgestattet sind. Insgesamt habe "Mozarts Geist" diese Oper, mehr als jede andere Lindpaintners, beeinflußt.

"Der blinde Gärtner" ist in der Partitur[26] als "Singspiel", und im Klavierauszug[27] als "Liederspiel" bezeichnet. Der Klavierauszug kann erst in Stuttgart angefertigt worden sein, denn Lindpaintner hat ihn dem Stuttgarter Opernsänger Wilhelm Häser (1781-1867) gewidmet. Die für Berlin angefertigte Abschrift der Stuttgarter Partitur[28] trägt wieder die Bezeichnung "Liederspiel".

Im Klavierauszug haben alle Lieder Überschriften erhalten, die in Kotzebues Textvorlage fehlen. Dadurch kann der Benutzer auch ohne Kenntnis der Dialoge - die in den Klavierauszügen von Liederspielen ja immer fehlen - den Handlungszusammenhang in etwa erraten:

---

25 Hänsler, S. 88ff.

26 Landesbibliothek Stuttgart: H.B. XVII Nr. 321, s. Anhang

27 Landesbibliothek Stuttgart: Lin 400/5454, s. Anhang

28 Staatsbibl. Preuß. Kulturbesitz Berlin: Mus.ms. 13020, s. Anhang

Nr. 1 Jenseits (Martin)
Nr. 2 Kirschenlied (Der Knabe)
Nr. 3 Reue (Blandine)
Nr. 4 An die Blume (Martin)
Nr. 5 Kriegslust (Lieutenant)
Nr. 6 Der Spötter (Spitz)
Nr. 7 Flattersinn (Lieutenant)
Nr. 8 Hoffnung (Martin)
Nr. 9 An die Spröden (Spitz)
Nr. 10 Entsagung (Blandine)
Nr. 11 Heimkehr (Heinrich)
Nr. 12 Wiederfinden (Martin, Heinrich)
Nr. 13 Sehnsucht (Blandine)
Nr. 14 Trost, Entzücken (Blandine, Heinrich)
Nr. 15 Vereinigung (Blandine, Heinrich, Martin)
Nr. 16 Die Aloe, Vaudeville (Blandine, Heinrich, Martin)

Das Liederspiel bekommt durch diese Überschriften fast den Charakter eines Liederzyklus, vergleichbar mit Ludwig Bergers "Gesänge aus einem gesellschaftlichen Liederspiele: Die schöne Müllerin"[29] in dem neben den Liedertiteln noch die Personen (Der Müller, Gärtnerknabe, Jäger, Rose die Müllerin) angegeben sind, die die einzelnen Lieder vortragen sollen.

Die voneinander abweichenden Angaben in den Partituren und dem Klavierauszug (Singspiel und Liederspiel) rühren wahrscheinlich daher, weil es weder in München[30] noch in Stuttgart[31] eine Liederspiel-Tradition gegeben hat, denn nur die Berliner Abschrift trägt die Bezeichnung Liederspiel.

---

29 Staatsbibl. Preuß. Kulturb. Berlin: Mus.O.6850, b. Christiani, o.J., (ca. 1816-18)

30 Die Rez. im Gesellschaftsbl. f. Gebild. Stände, München, v.7.8.1813, Nr. 63 spricht von "Singspiel"

31 Stuttgarter Auff. des "Blinden Gärtners" am 12.10.1821

Das "Königliche Theater am Isarthor" (1812-1826) ist als "Volksbühne"[32] - im Sinne der Wiener Vorstadtbühnen - gegründet worden.
Das Repertoire bestand aus Volks- und Märchenstücken, Lokalpossen, Ritter- und Räuberstücken, Lustspielen, Singspielen und Zauberpossen (sehr viele aus Wien), Balletten und Opern. Einen großen Anteil am Repertoire hatten die Lust- und Singspiele von Kotzebue, von dem Lindpaintner insgesamt fünf Libretti vertont hat.

Obwohl beide Vertonungen von "Der blinde Gärtner" im gleichen Jahr entstanden sind, lassen sich stilistisch große Unterschiede feststellen. Abgesehen davon, daß Lindpaintner als Komponist einen ungleich höheren Rang als Schmidt einnimmt, wird spürbar, daß er - als der um zwölf Jahre Jüngere - schon einer anderen Generation angehört. Schmidt hält überwiegend am Strophenlied Berliner Prägung fest, wenn er auch in einigen Nummern auf opernhafte Effekte nicht verzichtet. Seine oft wenig einfallsreichen und auch rhythmisch einförmigen Melodien (häufige Verwendung des 6/8-Taktes) sind wiederholt mit floskelhaften Wendungen aus der Wiener Klassik ausgestattet und stellenweise zu üppig instrumentiert.

Lindpaintners Komposition ist eindeutig am Singspiel orientiert und nicht an Reichardts Liederspiel, das er vermutlich gar nicht gekannt hat, - höchstens als Klavierauszug[33]. Seine meist durchkomponierten Nummern haben häufig den Charakter von Arietten, sind aber, was Harmonik und Melodieführung betrifft, frühromantisch beeinflußt. Beiden

---

32 Herbert Franzelin, Geschichte des Münchner Vorstadt-Theater zu Beginn des 19. Jh. und das kgl. Theater am Isarthor, Diss. München 1928, S. 44ff.

33 Musik zu Joh. Fr. Reichardts Liederspielen, Straßburg, Fr. Reinhard, 1805

Kompositionen gemeinsam ist das Vaudeville am Schluß, das bereits von Kotzebue so bezeichnet worden ist, und bei beiden nur von den Solisten, ohne Mitwirkung eines Chores, gesungen wird. Abgesehen von einem Duett - bei Lindpaintner sind es zwei und ein Terzett - gibt es keine Ensembles.

Das Eingangslied des Gärtners, "Ach mein Auge ist verschlossen" (Nr. 29 u. 30) erhält bei beiden Komponisten durch seine Instrumentation (Streicher "con sordino") einen gedämpften Charakter. Beide Vertonungen sind durchkomponiert. Schmidt teilt jedoch die beiden Strophen mit nur leicht abgewandelter Melodie in ein "Minore" und "Majore", erweckt aber durch eine gleichmäßig skandierende Deklamation der trochäischen Verse auf Halbe- und Viertelnoten über das ganze Lied hinweg eine lähmende Einförmigkeit, mit der er wohl der Textaussage zu entsprechen suchte. Umsomehr fällt die mit großem Orchesterapparat instrumentierte Zeile "es werde Licht" (u.a. mit Hörnern und Trompeten, Takt 36-44 in Nr. 29) aus dem Rahmen, bei der ein Rezensent[34] bemerkt, er habe "wohl ... an Haydn gedacht", und zum Lied insgesamt äußert: "aber wer wird auch nicht als Komponist dunkel und hell durch die kleine Terz ausdrücken?"

Lindpaintner beschränkt sich bei "Es werde Licht" (Nr. 30) gegenüber dem 8 Takte dauernden Ausbruch bei Schmidt, auf nur einen Takt im Fortissimo, erreicht aber durch die mediantische Wendung von h-Moll nach G-Dur bei "Licht" einen größeren Effekt, zumal er anschließend die Kadenz im piano ausklingen läßt (Takt 20-23). Seine Deklamation folgt in den ersten vier Zeilen einer natürlichen, nicht skandierenden Betonung wie bei Schmidt, in dem er die

---

34 Voss.Ztg., Berlin, Nr. 85 v. 17.7.1813

erste Hebung auftaktig behandelt. Im weiteren Verlauf wird sie zunehmend expressiver durch die Hervorhebung einzelner Worte wie "einst" und "sprach" (Takt 16-20). Durch die viermalige Wiederholung der Zeile "Mir den Schleier vom Gesicht" wird die Hoffnung des Blinden, im "Jenseits" - so lautet der Titel des Liedes im Klavierauszug - sehend zu werden, als eindringliche Bitte vorgebracht.

Das "Kirschenlied" (Nr. 31 und 32) des Knaben, "Wir schmausen so gerne, die Vöglein und ich" ist bei Schmidt ein im "Volkston" gehaltenes Kinderlied, das sich mit seiner Dreiklangsmelodik und den Tonwiederholungen im Mittelteil nach einmaligem Hören nachsingen läßt. Schmidt hat es sehr sparsam nur mit Flöten und Streichern instrumentiert. Der Baß erscheint nur im Vor-, Zwischen- und Nachspiel. Lindpaintner hat den naiven Text mit einer sehr reizvollen, aber in der zweiten Hälfte zu komplizierten Melodie versehen, denn die Halbtonschritte und das Tritonus-Intervall sind ohne die mit Zwischendominanten angereicherte Begleitung (Takt 13 u. 14) kaum singbar. Die klanglich aparte Instrumentierung mit Flöte, Streichern, zwei Hörnern und Fagott (Hornquinten in Takt 6 u. 8) läßt jedoch die Knabenstimme zur Geltung kommen, da die Instrumente nur im Vor-, Zwischen- und Nachspiel voll eingesetzt werden.

Die Figur des Kammerdieners Spitz erhält bei beiden Komponisten humoristische Lieder, die teilweise im "Volkston" gehalten sind ("Wenn die Schnitter mähen"), oder in der Buffo-Arien-Tradition stehen, wie z.B. Lindpaintners Vertonung von "Ihr spröden Dirnen" (Nr. 33). Das erste Lied, dessen Text in bildhafter Sprache das Landleben schildert, gibt beiden Komponisten Anlaß zu tonmalerischen Momenten (meckern, gackern, schnattern, quaken, Dudelsackklänge), die vor allem von Schmidt detailliert ausgekostet werden in seiner mit "Pastorale" bezeichneten Vertonung (Nr. 34).

Der Leutnant von Koller - von Kotzebue mit allen unangenehmen Eigenschaften eines preußischen Landjunkers versehen - bekommt bei beiden Komponisten eine Auftrittsarie, die mit einem Aufgebot von Trompeten und Pauken das martialische Auftreten des Offiziers unterstreichen. L. Kraus' Kritik an Schmidts "Schlachtensinfonie"[35] übersieht, daß bei diesem Text die einem Liederspiel adäquate Vertonung nicht möglich ist:

"Wenn die Kanonen donnern, die Trompeten schmettern,
Ha! da schwillt das Herz in der Brust!
Wo mit Gebrüll Zehntausend stürmend die Mauern erklettern,
Da ist Leben, da ist Lust
Wie vom brennenden Schlage schüchterne Tauben-Scharen
Blind dem Geyer entgegen ziehn,
So die kreischenden Dirnen mit den flatternden Haaren
In des Siegers Arme fliehn".

Mit dieser Dichtung - ob sie von ihm stammt, ist nicht festzustellen - hat Kotzebue seiner im Vorwort zu "Der blinde Gärtner" geäußerten Absicht[36], nur "kleine", nicht im Opernstil zu komponierende "Liederchen" zu verwenden, selbst die Voraussetzungen entzogen. Deshalb ist die von Kraus bedauerte Abkehr vom ursprünglichen Liederspiel auch bedingt durch ein "Libretto", dessen ausufernde Sprachgebung eine schlichte musikalische Realisation unterbindet.

An von Kollers zweiter Gesangseinlage, "Rosen lieb' ich nur auf blühenden Wangen" (Nr. 35), zeigt sich, daß es Lindpaintner im Gegensatz zu Schmidt gelingt, die einzelnen Figuren durch ihre "Lieder" zu charakterisieren. Während Schmidt den Text auf eine farblose Melodie im 6/8-Takt singen läßt, wählt Lindpaintner einen Rhythmus "alle polacca", also eine Polonaise (vgl. Arie des Ännchen im

---

35 Kraus, S. 72

36 s. Kap. II,2

"Freischütz"), die den "Flattersinn" des Leutnants - so die Überschrift im Klavierauszug - ausdrücken soll. Hierbei handelt es sich wieder nicht um ein Lied, sondern um eine mit etwas Koloratur versehene Ariette, wie sie auch in Hillers Singspielen Standespersonen zugebilligt worden ist[37].

Einen mehr liedhaften Charakter trägt Blandines "Entsagung" betitelte Klage, "Ohne zu erliegen kann der Mensch sich fügen" (Nr. 36) auch in Lindpaintners Vertonung, da es sich hierbei um eine Kavatine handelt[38]. Diese Kavatine erhält ihre Wirkung vor allem durch eine harmonisch reichere Ausgestaltung: übermäßiger Sextakkord bei "Armut" (Takt 9) und "Gram" (Takt 27), Dur- und Mollterz (Takt 14 und 16), Modulation nach Des-Dur (Takt 17-20), erweiterte Abkadenzierung (Takt 1-2 u. 29-32). Hinzu kommt eine ausdrucksvolle Deklamation durch Überdehnung der Worte "Joch", "zernagen", "schwerer" und "Harm". Dem Titel "Entsagung" wird außerdem durch eine "ärmere" Instrumentation entsprochen, denn es ist die einzige Nummer in der ganzen Partitur, die nur von Streichern begleitet wird. Die "Fesseln" werden durch die kreisenden Sechzehntelfiguren (Takt 12, 14, 20, 22 u. 24) illustriert. Im Gegensatz zu diesem expressiven "Theatergesang" gehört das in der Liederspiel-Tradition stehende Strophenlied von Schmidt zu den von Kotzebue gewünschten "kleinen Liederchen"[39].

Heinrichs Lied "O wie füllt mit süsser Wehmuth" mit dem Titel "Heimkehr" (Nr. 37) ist von allen das "Romantischste" in Lindpaintners Liederspiel. Die hier verwendeten Harmo-

---

37 Joh. Adam Hiller, Selbstbiographie, zit. in: Kyoko Kawada, Studien zu den Singspielen von J. A. Hiller, Diss. Marburg 1969, S. 125

38 In dem von Lindpaintner angelegten them. Verzeichnis seiner Werke (Landesbibl. Stuttgart) wird "Der blinde Gärtner" unter der Nr. 94 als "Operettchen" bezeichnet. Nr. 10 "Ohne zu erliegen" wird darin eine "Cavatine für Sopran" genannt

39 s. Kap. II,2

nien sind in einem klassischen Satz nicht mehr denkbar. Schon das Vorspiel endet mit einer typisch romantischen Kadenzformel[40] (Takt 4). Der Einsatz der Singstimme wird mit einer Kette von Sextenparallelen über dem Orgelpunkt "g" begleitet, die "Wehmut" erhält drei Vorhaltstöne (cis, ais und e in Takt 6). Die Singstimme springt bei "jeden" (Takt 7) direkt in den Nonenvorhalt ("e" über Dominante D-Dur). Auch die aufwärts geführten Streicherfiguren springen von unten her in die Vorhaltstöne (ab Takt 8) und werden zwei Takte lang (16 u. 17) nur von den ungefestigten Klängen des Quartsextakkordes begleitet. Romantisch ist auch die Rückführung zum "c" bei der Fermate (Takt 22) und die Harmonisierung unter der illustrierenden Passage bei "bestrickt" (Takt 28). Hinzu kommt die emphatische Deklamation durch Wortwiederholungen ("liebe" und "tausend") und durch Dehnungen auf "alles", "lächelt" und "bestrickt".

Schmidts Vertonung "O wie füllt mit süßer Wehmut" (Nr. 38) ist wieder nur ein kurzes, aber im Ariettenstil gehaltenes Strophenlied und mit einer etwas abgenützten klassischen Finalklausel geschmückt (Takt 16).

Das Schluß-Vaudeville ist auch bei Lindpaintner ganz traditionell ausgefallen: Jeder der drei Mitwirkenden trägt eine Strophe vor, und alle stimmen in den Refrain ein. Die Melodie ist ein fröhlicher "Kehraus", wie geschaffen zum Mitsingen, so wie es auch bei den ursprünglichen Vaudevilles der Fall war[41] (Nr. 39). Schmidts Vaudeville-Melodie wirkt wegen der ermüdenden Sequenzenbildung und durch die Wahl einer geraden Taktart, die nur im Refrain in einen 6/8-Takt übergeht, "berlinisch" trocken.

---

40 $S^{6}_{5} - \not{D}^{9>}_{3\,7} - T^{6}_{4} - D^{7}_{6\;-5} - T$

41 s. Kap. III,1

Die Gegenüberstellung der vollkommen anders gearteten Liederspiele verleitet dazu, eine - vielleicht ungerechtfertigte - Wertung vorzunehmen. Ein Vergleich bietet sich nur wegen der identischen Textvorlage an. Bei allem ist zu berücksichtigen, daß in Berlin die Liederspieltradition noch lebendig war, denn Reichardts "Lieb' und Treue" stand ja noch bis 1816 auf dem Spielplan. In München hatte es nie eine gegeben, und eine derart schlichte Komposition wie Schmidts Liederspiel mit seinen der Berliner Liederschule verpflichteten Strophenliedern hätte am Isarthor-Theater neben den von Wien übernommenen unterhaltsameren Zauberpossen kaum Chancen gehabt. In Berlin wurde seine Musik jedoch freundlich aufgenommen:

> "Die Melodien sind faßlich passend und den Charakteren angemessen"[42]

> "Die Lieder von Hrn. Schmidt haben sehr einfache, größtentheils angenehme fanchonsartige[43] Melodien"[44]

In München wurde Kotzebue's Stück sehr ironisch abgeurteilt, Lindpaintners Musik hingegen fand viel Lob[45]:

> "Was mich in Erstaunen setzte, war die Musik dieses Singspieles. Der Compositeur muß sich in seinen Gedanken ganz über Kotzebue hinweggesetzt haben, sonst wäre es wirklich nicht möglich gewesen, die faden Gesänge desselben durch eine so edle, würdevolle Musik herauszuheben... Alles athmet Einfachheit; nichts ist gezwungen; wir fühlten alles so tief, was wir hörten, als ob es Etwas Wirkliches wäre..." Uebrigens hat uns der geistreiche Compositeur dieses Stückes durch seine Musik bewiesen, daß das wahre Genie auch im Stande ist, aus nichts Etwas zu machen..."

---

42 Voss. Zeitung, Berlin, Nr. 85, v. 17.7.1813

43 bezieht sich auf "Fanchon, das Leyermädchen" (Berlin 1804) von Fr. H. Himmel, s. Kap. II,1

44 Berlinische Nachrichten (Haude und Spener) Nr. 85, v. 17.7.1813

45 Gesellschaftsblatt für gebildete Stände, Nr. 63, v. 7.8.1813

5. Carl Blum (1786-1844):

"Fortunata"(1818)[1]

Nach den beiden 1813 in Berlin aufgeführten Liederspielen von Bernhard Anselm Weber und Phillip Samuel Schmidt, sollte es fünf Jahre dauern, bis wieder ein neues Stück auf dem Spielplan erschienen ist. Selbst ein so publikumswirksames Spiel wie "Der Kosak und der Freiwillige" fand, nachdem die patriotische Begeisterung zur Zeit der Befreiungskriege vorüber war, keinen Nachahmer. Vielleicht lag der Grund an fehlenden Liederspiel-"Libretti": August von Kotzebue hat zwar noch einen Opernalmanach mit Singspielen[2] herausgegeben, den E.T.A. Hoffmann scharf kritisiert hatte[3], aber keine weiteren Liederspiele geschrieben. Im Jahr 1818 unternimmt der vielseitige Berliner Komponist Carl Ludwig Blum (1786-1844), der sich auch als Schriftsteller, Übersetzer, Regisseur und Bühnenbildner betätigte[4], einen Versuch mit dem Liederspiel "Fortunata", dessen "Libretto" er selbst nach einer (ungenannten) englischen? Erzählung verfaßt hatte.

Blum hatte 1817 mit dem Vaudeville "Der Schiffs-Capitain", die Bearbeitung einer französischen Vorlage von Théaulon und Dartois[5], einen großen Erfolg, der sich aber mit "For-

---

1 Auff. am Kgl. Schauspielhaus in Berlin v. 5.-19.6.1818, 3 mal

2 A.v. Kotzebue: Opern-Almanach für das Jahr 1815, Leipzig bei Paul Gotthelf Kummer 1815

3 E.T.A. Hoffmann, Schriften zur Musik, Nachlese, hrsg. v. Friedrich Schnapp, München, 1963, S. 258-268, S. 266: ..."Idee des Ganzen, Plan, mechanische Struktur - alles, alles zeigt ganz deutlich, daß Hr.v.K. auch nicht die entfernteste Ahnung von dem eigentlichen Wesen der wahrhaften Oper hat,..."

4 Biographische Angaben s. Kap. III,2

5 Auff. am Kgl. Schauspielhaus in Berlin v. 8.6.1817-29.9.1829, 84 mal

tunata", die nur drei Aufführungen erlebte, nicht wiederholen sollte. 1826 hat er eine Gegenüberstellung der Gattungen Vaudeville und Liederspiel vorgenommen, in der er auch Bezug auf Reichardt nimmt[6]:

> "Wenn das V a u d e v i l l e neue Texte ... zu alten oder bekannten Melodien enthalten soll, so liefert dagegen das L i e d e r s p i e l neue Melodien zu bekannten Liedern und Gesängen. Der verstorbene Kapellmeister Reichardt hat meines Wissens diese letztere Gattung zuerst, und zwar ohne es zu wollen, geschaffen. Er sah in Paris das V a u d e v i l l e , und mit dem Vorsatz (so schreibt er selbst) dasselbe auf die Deutsche Bühne zu verpflanzen, lieferte er das niedliche L i e d e r s p i e l : "Liebe und Treue".
>
> Indem sein sonst so heller, scharfer Blick nur die Form des Vaudevilles erfaßte, schuf er jedoch eine neue Gattung musikalischen Schauspiels, welches der Deutsche früher in dieser Art nicht gekannt hatte, die aber eben so wenig einem Vaudeville gleich sah, als dieses letztere Aehnlichkeit mit einer Idylle hat. So sehr das Liederspiel der deutschen Sentimentalität, im edlern Sinne genommen, zusagt, so wenig Nachfolger hat doch Reichardt gehabt".

Blum bezieht sich hier vermutlich auf einen Aufsatz von Friedrich Treitschke, in dem behauptet wird, Reichardt habe das Liederspiel "wider Willen" erfunden[7]. Nach Blums Definition sollen im Liederspiel "neue Melodien zu bekannten Liedern und Gesängen" verwendet werden. Ob Blum in "Fortunata" tatsächlich nur neue - und eigene - Kompositionen verwendet hat, läßt sich nicht nachprüfen. Nach dieser Definition wäre zumindest musikalisch, wenn auch nicht literarisch, das Problem, das sich durch die Ein-

---

6 C. L. Blum, Vaudevilles für die deutsche Bühne und gesellige Zirkel nach dem Französischen bearbeitet, Bd. 2, Berlin 1826, Vorwort, IVf.

7 Fr. Treitschke, Über Vaudevilles und Vaudevillespiele, in: Allg. mus. Ztg. Wien, Nr. 46 v. 13.11.1817, Sp. 389-393 und Nr. 47 v. 20.11.1817, Sp. 397-401 (s. Kap. III,1)

flechtung älterer Kompositionen ergibt, beseitigt. Das Liederspiel könnte durch eine so gewonnene kompositorische Einheit vielleicht eher musikdramatischen Anforderungen entsprechen.

Nach Blum hat Reichardt "nur die Form des Vaudevilles" erfaßt, aber dadurch eine "neue Gattung musikalischen Schauspiels" geschaffen. Die "Fortunata" hat sich von Reichardts Tradition in noch weit größeren Maße, als die zuvor besprochenen Liederspiele gelöst. Sie muß eindeutig zum musikalischen Theater gerechnet werden, denn bis auf wenige kürzere Lieder ist die Komposition vollständig am Singspiel orientiert.

Die Handlung[8]:

Fortunata

Liederspiel in einem Aufzuge nach der Erzählung Fortunata bearbeitet und mit Melodien von C a r l B l u m

Die Scene ist auf einer unbewohnten Insel, späterhin Fortunata genannt.

Der Franzose Gérard und seine Tochter Fortunata leben seit zwei Jahren auf einer unbewohnten Insel, weil sie während einer Reise nach Indien von Eingeborenen entführt worden sind. Am Strand dieser Insel hatte Gérard eines Tages den englischen Offizier Edgar vom Schiffbruch errettet. Zwischen Edgar und Fortunata entsteht eine große Liebe, aber als sich eines Tages ein englisches Schiff der Insel nähert, gibt Edgar ein Zeichen, um an Bord genommen zu werden. Edgar will wieder für England kämpfen. Bei seinem Abschied bittet er Gérard um die Hand seiner Tochter. Aber Gérard willigt nicht ein, auch nicht, als ihn Edgar bittet, sie beide nach England zu begleiten, denn Gérard hegt seit

---

8 Angaben nach der Partitur, in der sich handschriftl. auch der Dialog befindet, das Textbuch enthält nur "Lieder und Gesänge"

vielen Jahren einen tiefen Hass gegen dieses Land: Er sei dort als uneheliches Kind verstoßen, und von einem Franzosen aufgezogen worden. Inzwischen hat der Kapitän des englischen Schiffes, William Shore, die Insel betreten und in Edgar seinen verschollenen Sohn[9] wiedererkannt. Als Gérard dem Kapitän einen Willkommenstrank reicht, erkennt William auf dem Becher sein eigenes Wappen wieder. Als ihm Gérard noch seinen Familienring zeigt, ist es erwiesen, daß William seinen Bruder Robert Shore gefunden hat. Gérard, alias Robert Shore, vergißt nun seinen Groll gegen England und willigt in die Heirat ein. Alle verlassen gemeinsam die Insel, der sie noch den Namen "Fortunata" geben.

Diese abenteuerliche, und durch die doppelte Anagnorisis - das Wiedererkennen von Sohn und Bruder - höchst unwahrscheinliche Handlung, spielt in einer exotischen Szenerie, die romantischem Empfinden durchaus entgegenkommen könnte. Blum hat dieses, bisher in einem Liederspiel noch nicht verwendete Sujet, offenbar ganz bewußt gewählt: Zur Abgrenzung gegen Holteis Liederposse "Die Wiener in Berlin" (Berlin 1824) schreibt er 1826[10]:

> "Bei alle dem glaube ich doch, daß der Liederspieldichter wohl thut, Zeit und Ort im Gedichte selbst etwas entfernt zu nehmen. Das Romantische des Liedes, durch eine geschmackvolle sinnige Instrumentierung erhöht, gewinnt eine bleibendere Bedeutung".

Hier erscheint zum ersten Mal die Bezeichnung romantisch im Zusammenhang mit einem Liederspiel: Auch in der acht Jahre früher entstandenen "Fortunata" sind "Zeit und Ort" in eine nicht näher bestimmbare Ferne gerückt, wodurch das "Romantische des Liedes" zur Geltung gebracht werden könnte. Blum verwendet jedoch überwiegend Formen des Singspiels, die die Bezeichnung Liederspiel kaum noch rechtfertigen: neben fünf Sololiedern und einem Chorlied (Matro-

---

9 im Personenverz. des Textbuches ist Edgar sein "Pflegesohn"

10 Blum, Vaudevilles..., Bd. 2, Vorwort, VI

senchor) befinden sich drei zum Teil mit Koloraturen versehene Duette, ein Quartett und Quintett, ein Melodram (Erkennungsszene) und zwei Schlußnummern mit Soli und Chor, deren Länge in keinem Verhältnis zum liederspielmäßigen Beginn - vier Lieder allein in der ersten Hälfte des Stückes - steht. Blum verwendet ein reguläres Opernorchester mit Holz- und Blechbläsern (vier Hörnern) und Pauken, das er allerdings nur in der umfangreichen Ouvertüre und den beiden Schlußnummern voll einsetzt. Das Stück bietet Gelegenheit zu Militärmusik (marcia inglesa) und einer Schlußapotheose "Allmächtig ist die Liebe zu Dir mein Vaterland", die das Finale in "Der Kosak und der Freiwillige" überbietet.

Warum - dieselbe Frage stellt sich bei Mendelssohns "Heimkehr aus der Fremde" noch zwingender - hat Blum die Bezeichnung Liederspiel beibehalten, wenn nur ein Drittel der Nummern Lieder sind? In einem Singspiel können doch auch Lieder gesungen werden; aber Singspiel-Lieder erfüllen meist eine andere Funktion als die "empfindsamen Liebeslieder" - in der "Fortunata" sind es wehmütige Abschiedslieder - in einem Liederspiel. Wenn in einem Singspiel ein Lied gesungen wird, hat es vielfach heiteren, ans Publikum gerichteten Inhalt, oder dient als Auftrittslied zur Charakterisierung einer Person. Affekte wie Liebe oder Schmerz hingegen werden auch im Singspiel weniger durch Lieder, als durch Arietten, Kavatinen und Arien ausgedrückt. Möglicherweise hat Blum auch deshalb die Bezeichnung Liederspiel gewählt, weil seine Texte bereits in anderen Vertonungen als Lieder bekannt waren.

Bis auf Goethes "Nähe des Geliebten", das Blum als Duett mit einem einleitenden Rezitativ vertont hat, läßt sich die Herkunft der Texte nicht feststellen. Stilistisch könnten sie zur Anakreontik oder zur Empfindsamkeit gehören.

Volksdichtung und entsprechend Volksmelodien oder Lieder im "Volkston" fehlen vollständig, vielleicht deshalb, weil Blum als Schüler Salieris[11] keine Beziehung zur Berliner Schule hatte. Blum scheint einen schlichten, volkstümlichen Stil geradezu zu vermeiden, denn viele seiner Melodien sind reichlich mit Wendungen aus dem Vorrat des empfindsamen Stils versehen. Auch wenn es sich bei den fünf Sololiedern durchweg um Strophenlieder handelt, haben sie überwiegend den Charakter von Arietten, wie z.B. das Lied Nr. 6 mit dem anakreontischen Text: "Venus Wagen ziehen" (Nr. 40).

"Venus Wagen ziehen
Täubchen, schnäbelnd im Fliehen.
Ihre blauen Schwingen
Säumt der Sonne Gold.
O wie es fächelt,
Wenn die Göttin lächelt,
Leichtes Gelingen,
Lieblicher Sold.

Wende dann die Stürme,
Schöne Göttin schirme,
Bei bescheid'ner Freude
Deiner Tauben Paar.
Laß sie beisammen
Oder in Flammen
Opfre sie beide
Deinem Altar."

Bei zwei Liedern kann man jedoch erkennen, daß der 1786 geborene Blum gegenüber Fr. H. Himmel, B. A. Weber und Ph. S. Schmidt bereits einer jüngeren Generation angehört: in Lied Nr. 3 (Nr. 41) "Die Hecken und die stillen Haine" zeigt die stellenweise chromatisch geführte Singstimme (T. 3,7 u. 15-17) durchaus romantische Melodik (modische Wendungen wie in Takt 8 und 17 mögen uns heute als "Romantizismen" erscheinen). Auch in dem "romantisch" instrumentierten (Klarinette, Harfe und Fagott) Lied Nr. 9 - in der

---

11 s. die Biographie von Blum in Kap. III,2

ersten Fassung werden nur Bläser und Streicher verwendet - "Da gehst Du hin" (Nr. 42) wird durch die langsam über den Harfenarpeggien ansteigende Singstimme "Stimmung" erzeugt.

Trotz dieser Bemühungen um eine zeitgemäße Tonsprache ist die "Fortunata" äußerst kritisch rezensiert worden[12]:

> "... Fortunata soll ein Liederspiel seyn. Welche Begriffe muß H. Blum von Liederspielen haben? Hält er diese Gattung von Kompositionen für so leicht? für ein bloßes S p i e l mit L i e d e r n ? ... Wie solche Lieder zu machen sind, haben Gretry, Gluck, Schulz, Reichardt, Beethoven, Zelter, die Weber u.a.m. bewiesen, wie sie nicht zu machen sind beweiset H. Blum, denn seine Lieder sind, mehrentheils, nicht nur ohne poetisches Substrat, sondern so willkürlich musikalisch, so trivial, leyermäßig und prolix, daß jeder Dilettant sie aus den Ermeln schütten kann. Einen solchen dramatisch-musikalischen Rosenkranz abzubeten, heißt vom Zuhörer viel verlangen, und selbst die angestrengtesten Bemühungen unserer Künstler,... konnten die Langeweile nicht abhalten".

Das Liederspiel sollte demnach höchsten Ansprüchen gerecht werden, obwohl dem Rezensenten - abgesehen von den Liedern zu Beginn des 19. Jahrhunderts insgesamt - keine Vergleichsmöglichkeiten zur Verfügung standen, denn um 1818 wurden außer "Fortunata" keine weiteren Spiele aufgeführt[13]. Verwunderlich ist, daß der Rezensent zwar die mangelnde kompositorische Qualität der Lieder kritisiert, aber übersieht, daß ein Großteil von Blums musikalischen Einlagen überhaupt keine Lieder sind, sondern Arien, Arietten und Ensembles, wie sie in jedem zeitgenössischen Singspiel - z.B. in Johann Ph. S. Schmidts "Feodore" (Berlin 1812) oder in "Das Fischermädchen" (Berlin 1818) - stehen könnten.

---

12 Berlinische Nachrichten (Haude u. Spener), Nr. 69, v. 9.6.1818

13 Bei der Durchsicht der Theaterzettel von 1818 der Kgl. Schauspiele Berlin (vereint mit der Oper, s. MGG, Art. Berlin) fanden sich keine weiteren Liederspiele

Die "Fortunata" ist vermutlich das letzte Liederspiel - sieht man von Mendelssohns "Heimkehr aus der Fremde" ab -, in dem das Parodieverfahren des Vaudevilles noch nicht angewendet ist. Die Liederspiele aus den zwanziger Jahren des 19. Jahrhunderts und auch Blums zweites Liederspiel "Die Rückkehr ins Dörfchen" (Berlin 1829), das ausschließlich aus neutextierten Liedern Carl Maria von Webers besteht, sind von Vaudevilles kaum mehr zu unterscheiden. Das betrifft auch Lortzings (fälschlicherweise mit Liederspiel bezeichnetes) Vaudeville "Der Pole und sein Kind" (Osnabrück 1832)[14].

Die Liederspiele von Reichardts Nachfolgern haben - bei aller unterschiedlichen kompositorischen Qualität - gezeigt, daß eine Verbindung von Spiel und Lied, wenn sie nicht zu einem "blossen Spiel mit Liedern"[15] werden soll, offensichtlich nur mangelhaft funktionieren kann: Entweder leidet das Spiel an den dramaturgischen Schwächen, die sich aus einer Aneinanderreihung von Liedern ergeben, oder die Lieder verlieren durch Annäherung an Formen des Singspiels ihren gattungsspezifischen Charakter.

---

14 Riemann-Lexikon, Art. Liederspiel

15 Rezension über Blums "Fortunata", s. Anm. 12

III Vaudeville und Liederspiel

1. Die Auseinandersetzung um Vaudeville und Liederspiel in der Literatur des 19. Jahrhunderts

In einem 1841 erschienenen Theaterlexikon findet sich folgende Definition des Liederspiels[1]:

> "Das Liederspiel hat viel Ähnlichkeit mit dem französischen Vaudeville, durch dessen Einführung es jetzt auch ganz überflüssig geworden sein mag".

Diese hier angesprochene Ähnlichkeit der Gattungen, die den Verfasser sogar zu dem Schluß verleitet, das Liederspiel könnte überflüssig geworden sein, ist seit der Aufführung von "Lieb' und Treue" - wie eine Rezension zeigt[2] - zu einem zentralen Punkt in der Auseinandersetzung geworden. Reichardts Berufung auf das Vaudeville[3] hat dazu geführt, daß die meisten, in Zeitschriften oder Lexika vorgenommenen Versuche, das Liederspiel zu definieren, davon ausgehen, es in Beziehung zum Vaudeville zu setzen.

In Kochs "Musikalischem Lexikon" erscheint bereits 1802 ein Artikel "Liederspiel", in dem Reichardts Abhandlung zu großen Teilen abgedruckt ist[4]. Allerdings findet bei Koch noch keine Gegenüberstellung mit dem Vaudeville statt, denn dort wird lediglich Reichardts Definition, "eine neue Gattung von Schauspiel mit Gesang", übernommen.

---

1 Theater-Lexikon, hrsg. von Ph. J. Düringer u. H. Barthels, Leipzig 1841

2 Rezension über J. Fr. Reichardts Liederspiel "Lieb' und Treue", in: Allgemeine Theaterzeitung, Berlin 1800, Nr. XIII, S. 203f.

3 J. Fr. Reichardt, Etwas über das Liederspiel, in: AMZ, III, 1801, Sp. 709-717

4 H. Chr. Koch, Musikalisches Lexikon..., Offenbach 1802, Sp. 904f.

Erst nachfolgende Autoren wie Friedrich Treitschke[5], Ignaz von Mosel[6], Karl von Holtei[7], Gustav Schilling[8], Freiherr von Biedenfeld[9] und Hans Michel Schletterer[10] untersuchen die gegenseitigen Beziehungen zwischen Vaudeville und Liederspiel, die teilweise auch zu einer Verwechslung der Gattungen geführt haben.

Die Definition des Liederspiels in Grove's Dictionary wendet sich entschieden gegen eine Verwechslung der Gattungen[11]:

> "Despite statements to the contrary, the Liederspiel differs generally from the French vaudeville and the British ballad opera, in both of which the melodies were normally familiar airs specially provided with new words, whereas normally in the Liederspiel the words were pre-existing and the melodies new".

Die Gefahr einer Verwechslung besteht noch nicht bei den Liederspielen von F. H. Himmel, J. Ph. Schmidt, P. Lindpaintner und C. Blum - gerade bei Blum läßt sich eine saubere Trennung der Gattungen feststellen -, denn vom Sujet und vom Charakter der Lieder her, die nie zum Typus des Couplets gehören, ist dies ausgeschlossen. Ganz anders

---

5 Fr. Treitschke, Über Vaudevilles und Vaudevillespiele, in: Allg. mus. Ztg. Wien, 1817, Nr. 46, v.13.11.1817

6 I. Fr. Edler v. Mosel, Vaudeville, Liederspiel, Singspiel, Oper, in: Allg. mus. Ztg. Wien, Nr. 86f., v. 25.11.1820

7 K. v. Holtei, Flüchtige Betrachtungen über Vaudeville und Liederspiel, in: Monatl. Beiträge zur Geschichte dramatischer Kunst und Literatur, hrsg. von K. v. Holtei, Berlin 1827, S. 32-58

8 G. Schilling, Versuch einer Philosophie des Schönen in der Musik oder Aesthetik der Tonkunst, Mainz 1838, S. 582-584

9 Frh. v. Biedenfeld, Die komische Oper der Italiener, der Franzosen und der Deutschen, Leipzig 1848, S. 94-97

10 H. M. Schletterer, Das deutsche Singspiel, Augsburg 1863, S. 132-134

11 The new Grove, Dictionary of Music and Musicians, London 1980, Art. "Liederspiel"

sieht es bei den Liederspielen aus der Ära des Königstädtischen Theaters in Berlin seit 1824 aus. Dort findet - wie aus Holteis Abhandlung über Vaudeville und Liederspiel hervorgeht - eine Vermischung der Gattungen statt, die man entweder wie L. Kraus[12] als "Verfall", oder weniger krass ausgedrückt, einfach als Umwandlung sehen kann. Denn das von Grove und anderen angeführte Kriterium zur Unterscheidung - Verwendung neuer Melodien auf vorhandene Texte und umgekehrt - ist beim Liederspiel am Königstädtischen Theater und später nicht mehr wirksam. Liederspiel bedeutet hier in der Regel Anwendung einer Art von Parodieverfahren, und ein Unterschied zum Vaudeville ist nur daran zu erkennen, daß das Stück "ernster" und keine französische Bearbeitung ist. Bei Louis Angely findet sich die Bezeichnung Liederspiel immer dann, wenn er keinen französischen Stoff und keine Lieder französischer Herkunft verwendet, sondern z.B. russische oder polnische Melodien, die er aber genau wie beim Vaudeville mit neuen Texten versieht. Wie unsicher die Zuordnung insgesamt ist, zeigt sich bei Theaterzetteln, Repertoireverzeichnissen und Klavierauszügen, bei denen häufig dasselbe Stück einmal als Vaudeville und ein andermal als Liederspiel bezeichnet wird.

Reichardt hat diese Verwirrung selbst verursacht[13]:

> "Ohne damit (mit dem Liederspiel) aber eine eigentliche Verdeutschung des Wortes V a u d e v i l l e zu beabsichtigen - über dessen Ursprung die Franzosen selbst sehr verschiedene und zum Theil sehr erzwungene Erklärungen haben - ist der

---

12 L. Kraus, Das Liederspiel in den Jahren 1800 - 1830, Diss. Halle 1921

13 J. Fr. Reichardt, Etwas über das Liederspiel, in: AMZ, III, 1801, Sp. 713 (s. Kap. I,3)

> eigentliche Charakter des Vaudeville-Stücks damit dennoch ausgedrückt. C a m p e hat es auch in seine neuen Verdeutschungen aufgenommen".

Das kommt aber nicht nur in Reichardts programmatischer Abhandlung über das Liederspiel im Juli 1801, sondern bereits bei der Erstaufführung von "Lieb' und Treue" im März 1800 zum Ausdruck, indem er auf den Anschlagszettel setzen ließ[14]:

> "Es ist dieses der erste Versuch, das kleine angenehme Geschlecht der französischen Vaudeville-Stücke auch der deutschen Bühne anzueignen ..."

Ein Rezensent von "Liebe und Treue" bezieht sich bei seiner im Ganzen sehr positiven Beurteilung besonders auf diese Ankündigung Reichardts[15]:

> "Es fragt sich indeß: ob diese angenehme Unterhaltung ein Vaudeville-Stück genannt werden kann, und ob dies Geschlecht der theatralischen Unterhaltung wol dadurch auf die deutsche Bühne verpflanzt worden ist? Beide Fragen muß ich verneinen; denn Herrn K. Reichard's L i e b ' u n d T r e u e ist eine wahre l ä n d l i c h e O p e r e t t e , welche mit den eigentlichen Vaudeville-Stücken nicht mehr Aehnlichkeit hat, als jede Operette der Art".

Der Rezensent versucht nun eine Herleitung des Begriffs "Liederspiel" und behauptet, vor Opitz habe es in Deutschland in Ermangelung von Tonsetzern, die wie z.B. in Italien eine Art Singspiel komponieren konnten, nur "Volksliederspiele" gegeben, die dann nach dem Aufkommen der Singspiele in Deutschland vergessen wurden, sich aber in Frankreich unter dem Namen Vaudeville erhalten hätten. In diesen

---

14 Rez. über Joh. Fr. Reichardts Liederspiel "Liebe und Treue", in: Allgemeine Theaterzeitung, Berlin 1800, XIII, S. 203

15 ebenda, S. 205

Vaudevilles, in denen die Lieder zum Teil noch ganz ohne Begleitung von Instrumenten gesungen würden, werde nun - im Unterschied zu Reichardts Liederspiel - eine völlig andere Vortragsweise ausgeübt, in der Art wie er es bei großen Schauspielern in Paris erlebt habe, so "daß es fast unmöglich war zu bestimmen: ob sie sprechend sängen, oder singend sprächen", und berichtet weiter, wie bei den mit neuen Texten unterlegten Volksliedern "aus dem Kontrast zwischen Inhalt und Melodie viel Komisches" entspringe und der Schauspieler, "wenn er Witz hat, hundert Anspielungen auf die Geschichte des Tages, und Spott und Satyre über bekannte Vorfälle einmischen kann". Er folgert daraus, daß die[16]

> "Volksliederspiele - (Liederspiel wie Herr K. Reichard es gibt, entspricht dem Begriff nicht ganz) nur als S p i e l e des W i t z e s gefallen können; es müssen liebenswürdige K l e i n i g k e i t e n sein, an welchen eine eigne Composition verschwendet wäre, weil sie von dem Interesse des Tages abhängen. Ob in diesem Sinn das eigentliche Vaudevillespiel auf deutschen Bühnen Glück machen würde? Ich zweifle, so sehr ich wünsche daß es eingeführt werden möge..."

Der Rezensent hat demzufolge Reichardts Absicht, eine für ein deutsches Publikum geeignete Version des französischen Vaudeville, das statt "witziger und satyrischer Lieder ... empfindsame Liebeslieder"[17] enthalten sollte, gar nicht verstanden. Dennoch begrüßt er Reichardts Versuch[18]:

---

16 Rez. über Joh. Fr. Reichardts Liederspiel "Liebe und Treue", in: Allgemeine Theaterzeitung, Berlin 1800, XIII, S. 206/207

17 J. F. Reichardt, AMZ, III, 1801, Sp. 712

18 Allg. Theaterzeitung, S. 208

"Es wird sich daher niemand aufrichtiger freuen als ich, wenn Herr Kapellmeister Reichard fortfährt, durch ähnliche, den eigentlichen Volksliederspielen nähergebrachte Versuche, das Publikum an eine theatralische Unterhaltung zu gewöhnen, die vielleicht am ersten fähig wäre, den Geschmack an den unsinnigen Operetten in der gewöhnlichen Form zu verdrängen".

Damit hat der Rezensent zumindest teilweise Reichardts Versuch das Theaterpublikum für das "Einfache und blos Angenehme" zu interessieren akzeptiert[19], wenn er schon ein "deutsches" Vaudeville nicht für realisierbar hält.

Friedrich Treitschke unternimmt 1817 den Versuch[20] "Vaudevillespiele, die uns noch am fernsten liegen" dem Wiener Publikum vorzustellen. Anlaß dazu bietet ihm Carl Blums am 8. Juni 1817 auf dem königlichen Schauspielhaus in Berlin aufgeführtes Vaudeville "Der Schiffs-Capitain", das nach Treitschkes Angaben auch an der k.k. Hof-Oper aufgeführt werden sollte, wozu es vermutlich nicht gekommen ist, denn nach A. Bauer[21] fand die Wiener Erstaufführung des "Schiffs-Capitain" erst am 4.11.1825 am Theater an der Wien statt[22] und es ist auch wenig wahrscheinlich, daß ein Vaudeville an der Hofoper zugelassen worden wäre. Treitschke zieht die Vaudevillespiele den "Comedies larmoyantes" und "Melodramas" vor, nennt sie eine "witzige und liebliche Gattung" und gibt folgende Definition[23]:

"Die Vaudevilles der Franzosen sind kleine Gedichte, meistens satyrischen Inhalts, die einer früheren allgemein bekannten Melodie angepasst sind. Man for-

---

19 Reichardt, AMZ, III, 1801, Sp. 711

20 Fr. Treitschke, Über Vaudeville und Vaudevillespiele, in: Allg. Mus. Ztg., Wien, Nr. 46, 13.11.1817

21 A. Bauer, 150 Jahre Theater an der Wien, Wien 1952, Nr. 319

22 vgl. Theaterzettel v. 4.11.1825 mit der Bezeichnung "Liederspiel", Theater an der Wien

23 Fr. Treitschke, Sp. 390

> dert, daß diese frühere Melodie entweder eine ähnliche Situation enthalte, oder auch, daß sie nach Umständen mit der Situation constrastiere. In allen Fällen soll die Musik das Gedicht nicht gleichgültig begleiten, sondern die beabsichtigte Wirkung desselben vermehren".

Treitschke erinnert daran, daß auch Deutschland große Schätze an Volksmelodien habe und zählt dazu auch[24]

> "die seelenvollen fröhlichen und ernsten Lieder von H i l l e r , S c h u l z und R e i c h a r d ; an jene, die von Opern übrig blieben, wenn schon die Opern längst verschwanden".

Er behauptet, daß die Deutschen ebensogut wie die Franzosen Vaudevilles haben könnten, wenn sie nur bereit wären zu singen:

> "Aber wir Deutschen singen in der Regel nicht? Leider, aber wir sollten singen. Von Jugend auf wird dagegen gearbeitet..."

Treitschke erwähnt das 1792 eröffnete "Théatre du Vaudeville", "für welches die besten Köpfe vereint und einzeln arbeiten, und welches mehr als irgend ein anderes die Zeit- und Sittengeschichte seines Volks bewahrt". Er schränkt jedoch auch die Bedeutung der Vaudevillespiele ein, nennt sie[25]:

> "ephemere Erscheinungen ... der Stoff, den sie behandeln verschwindet schnell in den Wogen der Zeit; die Melodien und ihre Beziehungen werden vergessen und durch neue Lieder und neue Anlässe dafür ersetzt..."

---

24 Fr. Treitschke, Sp. 391

25 ebenda, Sp. 393

Von Reichardt behauptet Treitschke, er habe mit "seinem Versuch, die Vaudevillespiele auf deutsche Bühnen zu verpflanzen ... wider Willen eine neue Gattung: Das Liederspiel, erfunden"[26]. Mit dieser Kritik stimmt Treitschke mit dem Rezensenten von "Liebe und Treue" überein, der gleichfalls Reichardt das Verdienst, das Vaudeville eingeführt zu haben, abstreitet. Daß das Liederspiel kein Zufallsprodukt, sondern Ergebnis längerer Reflexion gewesen war, und Reichardt eine direkte Übernahme des Pariser Vaudevilles gar nicht beabsichtigte, sondern sich mit der Erwähnung des Begriffes vielleicht auch einen erhöhten Publikumsanreiz versprach, muß Treitschke, der Reichardts Abhandlung über das Liederspiel vermutlich nicht kannte, entgangen sein[27/28].

Zu einer Klärung der Begriffe Vaudeville, Liederspiel, Singspiel und Oper will Ignaz Franz von Mosel 1820 beitragen[29]. Der Wiener Komponist, Theoretiker, Vize-Direktor

---

26 Fr. Treitschke, Sp. 399 (s. Kap. I,3)

27 Treitschke, Sp. 399, berichtet von zwei Liederspiel-Libretti, "Mitgefühl" (Dessau 1800) und "Des Dichters-Geburtstagsfest" (Druck 1807 im Wiener Hoftheater-Kalender). L. Kraus, Das Liederspiel..., S. 74 nennt den sächsischen Komponisten Christian Gottlob August Bergt (1771-1837), der diese Libretti vertont habe; leider seien sie verschollen. Bei Biedenfeld, S. 111, werden diese Liederspiele Bergts erwähnt

28 Treitschke nimmt für sich in Anspruch als erster, vor Carl Blum, ein deutsches Vaudeville 1801 für das Privattheater Urania in Leipzig verfaßt zu haben: "Der Zinngießer" nach Holbergs "Der politische Kannengiesser", das noch 1813 mit dem Komiker Unzelmann auf dem Kgl. Schauspielhaus in Berlin mehrmals aufgeführt worden ist (s. Theaterzettel aus dem Jahr 1813). Es muß aber als Vaudeville nicht den entscheidenden Erfolg gehabt haben, denn in verschiedenen Berichten über Blum (s. Kap. III,2) wird diesem das Verdienst zugesprochen, als erster 1817 mit dem "Schiffs-Capitain" das Vaudeville in Deutschland eingeführt zu haben.

29 I. Fr. Edler v. Mosel, Vaudeville, Liederspiel, Singspiel, Oper, in: Allg. mus. Ztg. Wien, Nr. 86, 25.10.1820

der k.k. Hofbühnen und zuletzt Kustos der Hofbibliothek hatte 1813 eine Opernästhetik[30] verfaßt, die, auf Glucks Opernreform basierend, von großem Einfluß auf die Bühnenkompositionen Schuberts war[31]. Mosel gehörte zu den "Verfechtern des deutschen Opernideals"[32], und von daher ist zu verstehen, daß er dem Liederspiel, das in Wien kaum in Erscheinung getreten war, ebenso viel Raum gibt wie den anderen Gattungen und dazu vermerkt[33]:

> "Man muß wahrlich bedauern, daß diese Gattung musikalischen Schauspiels bey uns nicht in Schwung ist".

Mosel beschreibt das Liederspiel, wie es Reichardt in "Liebe und Treue" verwirklicht hat[34]:

> "Eine einfache, aber interessante Handlung, deren heitere Farben durch sanfte, auch nach Umständen durch vorübergehende wehmüthige Gefühle gebrochen werden, ist sein Gegenstand. Es läßt sich nicht auf Darstellung erhabener Charaktere, mächtige Leidenschaften und große Begebenheiten ein; doch vermeidet es auch Stoffe, die in das Gebiet der Posse gehören. Es ist zarterer Natur als diese, naiv lieblich und rührend, letzeres aber nur in so fern es das Drama sein darf ohne an die Grenzen der Tragödie zu streifen. Ich möchte sagen: die Idyllenwelt sey seine eigentliche Welt".

Diese Charakterisierung - von allen hier vorliegenden vielleicht die geglückteste - weist darauf hin, daß die "Idyllenwelt" nicht gestört werden darf: das Gebiet der Posse soll ausgeschlossen bleiben, aber gerade possenhafte Elemente

---

30 I. Fr. Edler v. Mosel, Versuch einer Aesthetik des dramatischen Tonsatzes, Wien 1813

31 George R. Cunningham, Franz Schubert als Theaterkomponist, Diss. Freiburg 1974, S. 108ff.

32 A. Liess, Joh. Michael Vogl, Graz 1954, S. 15 zit. nach Cunningham S. 108

33 Mosel, Sp. 683

34 ebenda, Sp. 682/683

hat Reichardt in seinem zweiten Liederspiel "Der Jubel" mit seinen "niedrigkomischen" Scenen bewußt eingesetzt, weil er nach dem "Sentimentalen" das "Komische" versuchen wollte[35], vielleicht auch deshalb, um mehr Bühnenwirksamkeit zu erzielen. Aber gerade das Possenhafte sollte in Zukunft das Liederspiel immer mehr beherrschen. Es ist in Ansätzen bereits in B. A. Webers Liederspiel "Der Kosak und der Freiwillige" anzutreffen gewesen - Blum vermeidet es im Gegensatz zu seinen Vaudevilles völlig -, und in der Ära des Königstädtischen Theaters gibt es schließlich zwei Typen von Liederspielen, die beide nicht der Definition Mosels entsprechen: ein "ernstes" Liederspiel bei K. v. Holtei, der gerade das einsetzt, was Mosel mit "erhabenen Charakteren" und "mächtigen Leidenschaften" aus der Gattung ausschließen will, und ein "komisches" Liederspiel bei L. Angely, das völlig ins Possenhafte abgleitet. Mosel wird noch deutlicher, wenn er die Musik der Liederspiele beschreibt[36]:

> "Diese ist, nach der Beschaffenheit des Textes, fröhlich, scherzend, zärtlich oder auch wehmüthig; doch darf sie in den beiden ersten Fällen nie ins Groteske oder Gemeine, in den zwey letzten nie in das Pathetische fallen. Eine leichte, gemüthliche Melodie, eine einfache aber angemessene Begleitung ist hier die Aufgabe des Tonsetzers".

Bei den Liederspielen am Königstädtischen Theater sind genau diese Verzerrungen "ins Groteske und Gemeine" - Parodie auf jiddische Lieder in "Das Abentheuer in der pohlnischen Schenke" (1825) von L. Angely - und "ins Pathetische" - in "Der alte Feldherr" (1825) und "Lenore" (1828) von K. v. Holtei - anzutreffen. Mosel, der vermutlich Reichardts Abhandlung über das Liederspiel kannte,

---

35 Reichardt, AMZ, III, 1801, Sp. 715

36 Mosel, Sp. 683

schließt sich in seiner Ästhetik weitgehend dessen Ausführungen an. Reichardt[37] geht es in seiner kleinen, nur auf "Einen angenehmen Eindruck" angelegten Komposition um die Erhaltung der Empfindungseinheit[38]: um den "sanften Charakter des Ganzen" um das "Rührende", was Mosel um die Epitheta "zart, naiv und lieblich" erweitert. Daß die ausschließliche Darstellung einer "Idyllenwelt" den Anforderungen der Bühne nicht genügen kann, haben die Theaterpraktiker am Königstädtischen Theater in der folgenden Zeit erkannt.

Was die Funktion der Lieder in den Liederspielen betrifft, so gibt Mosel eindeutige Hinweise: Er will, daß die Gesänge[39]

> "alle als das, was sie sind, nähmlich als L i e d e r , eingeführt werden, und nicht, wie es im Singspiel und in der Oper (ist, daß) ein Theil der Handlung in die Gesangstücke gelegt wird".

Mosel belastet das Liederspiel nicht wie seinerzeit Reichardt mit dem Anspruch, geschmacksbildend auf das Publikum einzuwirken[40], ebensowenig hält er es - wie später Biedenfeld - als "ächt deutsch" dem Vaudeville entgegen. Er betrachtet es eher als eine "leichte", aber dennoch niveauvolle Unterhaltung[41]:

> "denn außer dem, daß sie (die Gattung), gehörig behandelt und dargestellt, an und für sich vielfachen Reiz besitzt, würden auch diejenigen Theaterfreunde, welche eine entschiedene Vorliebe für solche Gesänge haben, die schon beim ersten Anhören vollkommen im Gedächtnis

---

37 Reichardt, AMZ, III, 1801, Sp. 711

38 W. Salmen, Joh. Fr. Reichardt, Freiburg 1963, S. 273

39 Mosel, Sp. 683

40 Reichardt, AMZ, III, 1801, Sp. 709/710

41 Mosel, Sp. 683

> behalten und im Nachhausegehen sogleich nachgeträllert werden können, ihre Richtung finden, ohne daß die gesunde Vernunft und der gute Geschmack etwas dagegen einwenden könnten, weil hier solche Gesänge an ihrem Platze sind".

Mit der Definition des Vaudevilles stimmt Mosel mit Treitschke überein[42]:

> "Sein Charakter ist fröhlich; sein Stoff ist entweder Parodie eines neuen auf irgend eines andern Bühne mit vorzüglich glücklichem oder unglücklichem Erfolge gegebenen Schauspieles; die Darstellung einer merkwürdigen Begebenheit des Tages, in so fern sie einer heitern Behandlung fähig ist; zuweilen auch satyrische Anspielung auf irgend eine Person. Das Vaudevillespiel besteht aus gesprochenem Dialoge und Gesange; denn da es hier mehr auf Scherz, Witz und Laune als auf künstlerische Wahrheit abgesehen ist, wirkt der Wechsel des Sprechens und Singens nicht so störend als er wohl sonst thut ... Melodien werden immer so gewählt, daß sie dem Sinne ihres neu unterlegten Textes nicht nur entsprechen, sondern durch die Erinnerung an die Worte, zu welchen sie ehemals gehörten, dessen Eindruck noch verstärken".

Mosel liefert - im Unterschied zu der später von Biedenfeld und Schletterer vertretenen Auffassung - eine sachliche und vorurteilsfreie Charakterisierung des Vaudevilles. Im Gegensatz zu Treitschke glaubt er jedoch nicht, daß sich diese Gattung außerhalb Frankreichs durchsetzen kann[43]:

> "Dass französische Schauspiele dieser Art, ins Deutsche übersetzt, uns nicht anzusprechen vermögen oder doch den größten Theil ihres Interesses durch diese Verpflanzung verlieren würden, weil wir weder die Anwendung der uns bekannten Melodien, noch die Bedeutung des Gedichts, das sich meistens auf einen uns fremden Gegenstand bezieht, zu würdigen wissen, folgt von selbst. So scheint es denn, daß wir auf diese Gattung musikalischer Schauspiele Verzicht leisten müssen".

---

42 Mosel, Sp. 682

43 ebenda, Sp. 682

Mosel sollte damit recht behalten. Die Suche nach Vaudevilles, die in den Jahren 1820 bis ca. 1845 in Wien aufgeführt worden sind, hat insgesamt wenig ergeben - mit Ausnahme der Stücke von Blum, Angely und Holtei, die in Wien "nachgespielt" wurden. Erst von 1842 an werden im Theater an der Wien unter der Leitung von Madame Brüning[44] u.a. Vaudevilles von Friedrich Blum mit der Musik von A. Müller (Senior) aufgeführt[45]. Hinter der Angabe "Singspiel" oder "Lustspiel" verbergen sich indessen eine große Zahl auf Wiener Verhältnisse umgearbeitete Vaudevilles - sehr viele von Scribe[46] - und es ist aufschlußreich, daß Blums "Schiffs-Capitain" 1825 sogar mit der Bezeichnung "Liederspiel"[47] aufgeführt wurde, die sonst in Wien kaum gebräuchlich war[48].

Von Karl von Holtei stammt die vielleicht umfangreichste Auseinandersetzung über Vaudeville und Liederspiel. Mit einem längeren Aufsatz "Flüchtige Betrachtungen über Vaudeville und Liederspiel"[49] - auf den nachfolgend noch eingegangen wird - versucht der Schauspieler, Regisseur und Theaterdichter am Königstädtischen Theater in Berlin 1827 für beide Gattungen Freunde zu gewinnen und deren Existenz am deutschen Theater zu rechtfertigen.

Auch Gustav Schilling behandelt 1838 in seiner "Aesthetik der Tonkunst" Vaudeville und Liederspiel gemeinsam in einem Artikel[50]:

---

44 Wiener Comödienlieder aus drei Jahrhunderten, hrsg. von Bl. Glossy und R. Haas, Wien 1924, XVII

45 Jürgen Hein, Das Wiener Volkstheater, Erträge der Forschung, Bd. 100, Darmstadt 1978

46 H. G. Ruprecht, Eugène Scribes Theaterstücke auf den Bühnen in Wien, Leipzig, Weimar und Berlin, Diss. Saarbrücken 1965

47 vgl. Theaterzettel v. 4.11.1825, Theater an der Wien (Anhang z. Notenteil)

48 L. Kraus, S. 19

49 s. Anm. 6

50 Schilling, Aesthetik..., S. 582

> "Eine untergeordnete Gattung des Schauspiels mit Gesang und Instrumentenspiel oder minder höhere Art der theatralischen Tondichtung bilden das Liederspiel und das Vaudeville, die sich von der kleinen Oper oder Operette hauptsächlich dadurch unterscheiden, daß alle darin vorkommenden und mit der dargestellten Handlung verwebten Gesangsstücke meist aus Liedern bestehen, die entweder dem Publikum schon bekannt sind, oder von dem Tonsetzer neu bearbeitet und mit einer dem Liede angemessenen einfachen Instrumentalbegleitung versehen werden".

Schilling greift wieder Reichardts anfechtbare "Verdeutschung"[51] von Vaudeville in Liederspiel auf, die dazu geführt hat, daß seine Idee vom Liederspiel verschiedentlich mißverstanden worden war: "Liederspiel ist das deutsche Vaudeville und Vaudeville das französische Liederspiel"[52]. Einen Unterschied sieht er allein im "national Charakteristischen", hält sich in seiner Beschreibung der nationaltypischen Lieder an Reichardts Abhandlung und konstatiert[53]:

> "so haben denn auch unsere Liederspiele mehr nur den Charakter des Sentimentalen und Naiven, als des wirklich Ergötzlichen und witzigen Spasses, welches die Elemente des französischen Vaudevilles sind. Der Franzose hat einen weit größeren Reichthum an satyrischen und oft höchst witzigen Chansons, als wir Deutsche; daher vermag er denn auch hundert wahrhaft komische Vaudevilles zu schaffen, ehe auch nur ein einziges gutes Liederspiel auf deutschem Boden ersteht".

Schilling ist bemüht nach den Ursachen zu suchen, warum es insgesamt so wenig gute Liederspiele gibt, in dieser Gegenüberstellung der Gattungen kommt aber auch ein wenig Kritik an der einseitigen Ausrichtung des Liederspieles zum Ausdruck, die erkennt, daß es dem Vaudeville, was Bühnenwirksamkeit betrifft, wenig entgegenzusetzen hat.

---

51 Reichardt, AMZ, III, 1801, Sp. 713

52 Schilling, Aesthetik..., S. 583

53 ebenda, S. 583

Bei aller Toleranz dem Vaudeville gegenüber, beginnt mit Schilling die Reihe der Autoren, die das Liederspiel - mit einer Ausschließlichkeit, wie es Reichardt mit dem "kleinen Geschlecht"[54] nicht beabsichtigt hatte - zum Träger einer national orientierten Kunstform machen wollen[55]:

> "Das Liederspiel tritt den Ueberbietungen in der Künstlichkeit und der pomphaften Eleganz im Opernstyle e n t g e g e n , und will, indem es den Geist auf das eigentlich Nationale in der Kunst und die innerste Tendenz des deutschen Charakters zurückführt, die Unnatur jener Ausartungen in ihren grellsten Farben hervorheben; das Vaudeville aber tritt n e b e n den Glanz der großen Oper und das Wohlgefallen an demselben, indem es den Beweis führt von der angeborenen Liebe des Franzosen zu solchem blendenden Prunk. Liederspiel und Vaudeville - beide sind Ausdrücke unsers eignen Ichs, wahre Hohlspiegel des nationalen Bodens, auf dem sie gewachsen; aber die Wirkung ihrer Bilder ist verschieden, negativ und positiv. Liederspiel und Vaudeville sind Anhaltspunkte der Exegesen unserer Geschmacksrichtung; nur tritt jenes verneinend, dieses bejahend auf..."

Schilling hält ebenso wie seinerzeit Reichardt[56] das Liederspiel dazu berufen, den Auswüchsen in der Opernkomposition entgegenzuwirken und in seinem Universallexikon stellt er sogar die Behauptung auf[57]:

> "Das Liederspiel, wie es war und nach Reichardts Idee seyn sollte, hat in der That dem unkünstlerischen Wesen, das man, in alberner Ueberbietung der italienischen Manier, auch in Deutschland mit und in der großen Oper zu treiben anfing, mächtig Einhalt gethan..."

---

54 Reichardt, AMZ, III, 1801, Sp. 713

55 Schilling, Aesthetik..., S. 584

56 Reichardt, AMZ, III, 1801, Sp. 709ff.

57 G. Schilling, Universal-Lexicon der Musik, Stuttgart 1936, Art. Liederspiel

Es ist nicht ganz begreiflich wie Schilling zu dieser Aussage kommen konnte: Von Reichardts Liederspielen war nur "Lieb' und Treue" ein Erfolg[58], und die wenigen Liederspiele, die es nach Reichardt überhaupt noch gab - sieht man einmal von denjenigen am Königstädtischen Theater ab - hatten zu wenig Resonanz, was die zum Teil sehr kritischen Rezensionen[59] beweisen. Schilling vertritt jedoch eine zum Nachdenken Anlaß gebende Meinung, die von keinem anderen Autor zum Thema Liederspiel geäußert wird: er glaubt, daß die "Idee", die von der Gattung Liederspiel ausgegangen ist, zu neuen Opernkompositionen geführt habe[60]:

> "so werden doch Operetten, wie Lindpaintners "Gewalt des Liedes", die offenbar entstanden sind aus jenem eigentlichen Liederspiele und gewissermaßen als eine in und durch die Kunst veredelte, höhere Gattung desselben erscheinen, immer noch das Wohlgefallen an ächt deutschem, einfach aber rührendem und tief ergreifenden Gesange, und den darin vorherrschenden gemüthlichen Charakter zu erhalten -, das w a h r e Lied, wie es ein Kunstwerk ist erster Art, in seiner ganzen Kraft und hohen Bedeutung zu erhalten wissen".

Die 1836 von Schilling geäußerte Klage über die Flut von Vaudevilles[61], wird von Biedenfeld[62] in seiner 1848 erschienenen Operngeschichte verstärkt aufgegriffen. Neu ist bei ihm nun die Ansicht, daß das Vaudeville das Liederspiel verdrängt habe, was von der Eingangs zitierten Meinung, daß das Liederspiel nach Einführung des Vaudevilles überflüssig geworden sei nur bestätigt wird[63]. In Biedenfelds Urteil über Carl Blum ist zu lesen[64]:

---

58 s. Kap. I,4

59 s. Kap. II,5

60 Schilling, Universal Lexicon, Art. Liederspiel, S. 390

61 ebenda, S. 390

62 Biedenfeld, S. 94f.

63 Theater-Lexicon, hrsg. v. Düringer u. Barthels, s. Anm. 1

64 Biedenfeld, S. 148

"... heute noch zuweilen gerngesehen sind seine Vaudevilles ... diese eigentlichen Vorboten jener Vaudeville-Periode, welche in ihrem aufdringlichen Uebermaße der Kritik so viel Herzeleid verursachte, den Sinn und Geschmack für Oper bei der Menge fast überall auf Abwege leitete, die komische Oper beinahe verdrängte, das deutsche Liederspiel nicht aufkommen ließ".

Biedenfeld, der sich ausführlich und engagiert zum Thema Liederspiel äußert, betont noch deutlicher als Schilling dessen nationalen Charakter[65]:

"... diese Form entspricht vollkommen dem deutschen Geiste und Sinne, der deutschen Liedesseligkeit, dem deutschen Liederreichthume, dem Aufschwunge und der tiefen Bedeutung, welche das deutsche Lied über alle gewonnen hat. Das Lied gehört ja zu den eigentlichen karakteristischen Wahrzeichen alles Deutschen!"

Er findet es unbegreiflich, daß das Liederspiel nach den auch finanziell erfolgreichen Reichardt'schen Spielen wie "Lieb' und Treue" und "Jery und Bätely" so vernachlässigt worden ist, hält den Vorwurf, es führe zu Monotonie, für unbegründet und macht selbst Vorschläge, wie ein Liederspiel komponiert werden könnte[66].

Biedenfeld klagt die "herz- und geistlose Fahrlässigkeit der deutschen Bühne" an, und macht die "Vielköpfigkeit Deutschlands" und die "Isolierung der deutschen Bühnen" dafür verantwortlich, daß ein nationales Liederspiel nicht entstehen konnte. Die Theater hätten aber auch aus "Bequemlichkeit" und weil sie der "Honorierungspflicht gegen Dichter und Tonsetzer" ausweichen wollten, lieber zu französischen Vaudevilles gegriffen[67].

---

65 Biedenfeld, S. 94/95

66 ebenda, S. 96

67 ebenda, S. 95

Biedenfeld richtet einen Apell an die Komponisten, die Zeit des Wartens auf eine Erneuerung der deutschen Oper zu nutzen[68]:

> "Meyerbeer ist nicht groß genug zum Vermittler zwischen der alten und der neuen Zeit, Deutschland hat einen Mozart oder Weber noch nicht wieder gefunden und alle Journalposaunen können unsre Oper des Augenblicks von einer gewissen Nervenschwäche nicht freiblasen, kein Genie steht an der Spitze. Wohlan denn, wir haben hunderte von trefflichen Liedern, welche in den Musikläden verschimmeln ... um welche uns alle Nationen beneiden ... belebt diese Lieder für die Nation, schafft das edle deutsche Liederspiel von Neuem, benutzt es zur Wiederbelebung und Veredelung der deutschen Bühne, die deren so bedürftig ist..."

Schletterer[69] schließt sich 1863 in seinen Ausführungen über das Liederspiel im Wesentlichen Biedenfeld an. Er stellt jedoch nun bedauernd fest, daß alle Apelle vergeblich waren und man noch immer auf "Die Entwicklung und Blüthe des ächten deutschen Liederspiels" warten würte[70]. Die Angriffe auf das Vaudeville sind gegenüber Biedenfeld noch schärfer formuliert, und schließen nun das ganze, der Unterhaltung dienende Genre mit ein[71]:

> "Leider begnügte man sich mit der von Reichardt angeregten ächt deutschen Form der Liederspiele nicht. Die unerträgliche Übersetzungswut, der der Deutsche von jeher gehuldigt hat ... bemächtigte sich zuletzt doch noch des französischen Vaudevilles, um es fast unverändert auf unsere Bühnen zu übersiedeln ... Weder die faden, witzelnden Erzeugnisse der Berliner Bühne, noch die trivialen, ohnmächtig-schwächlichen der Wiener ... am wenigsten aber die schmählichen und schändlichen Produkte der pariser Vorstadtbühnen ... werden bessere Zustände herbeiführen und unser

---

68 Biedenfeld, S. 96

69 H. M. Schletterer, Das deutsche Singspiel, Augsburg 1863, S. 133f.

70 ebenda, S. 133

71 ebenda, S. 133f.

> Theater zu heben vermögen. ... so dürfen wir die Hoffnung auf endliche Besserung trotzdem nicht aufgeben und gerade das Liederspiel dürfte es sein, das den meisten und vorteilhaftensten, ja einen wirklich veredelnden Einfluß auszuüben im Stande wäre,..."

Die Durchsicht der im Ganzen nicht sehr umfangreichen Literatur zu Vaudeville und Liederspiel im 19. Jahrhundert hat ergeben, daß Autoren des frühen 19. Jahrhunderts, wie Treitschke und Mosel noch eine klare und wertfreie Trennung der Gattungen vornehmen. Die Möglichkeit einer Vermischung oder Verwechslung von Vaudeville und Liederspiel wächst, je mehr sich das Liederspiel von seiner ursprünglichen Konzeption entfernt und in Lokalpossen und Liederpossen aufgeht. Bei Biedenfeld und Schletterer münden die Apelle zur Neubelebung der vernachlässigten Gattung in eine Stilisierung zum nationalen Liederspiel, die angesichts der begrenzten Möglichkeiten des "kleinen Geschlechts"[72] illusorisch anmuten.

---

72 Reichardt, AMZ, III, 1801, Sp. 715

2. Die Definition des Vaudevilles bei Carl Blum

Blum hat mit seinem Liederspiel "Fortunata" (1818) kein Glück gehabt: Die Rezension in der Spener'schen Zeitung[1] ist denkbar schlecht ausgefallen und muß ihn entmutigt haben, weiter auf diesem Gebiet etwas zu unternehmen. 1826 gibt er seinen Mißerfolg unumwunden zu[2]:

> "Zwei Versuche, die ich in dieser Art gemacht, waren ungünstig ausgefallen, und hatten nirgends Theilnahme erweckt..."

Der erwähnte zweite Versuch bezieht sich auf das bei Goedecke angeführte Liederspiel "Der Becher" (Königsberg 1811), das aber nicht mehr aufzufinden ist[3]. Blums Hinwendung zum Vaudeville ist daher nach seinen mit dem Liederspiel gemachten Erfahrungen nicht allein aus der Sicht des zunehmenden Interesses an französischen Stoffen zu verstehen[4].

Die Biographie von Carl Wilhelm August Blum (oft mit Carl Ludwig Blum angegeben, s. Goedeke) - er signierte nur mit Carl Blum - fehlt in den einschlägigen Musiklexika[5], obwohl ihm in musik- und literaturgeschichtlichen Nachschlagewerken aus dem 19. Jahrhundert eine theatergeschichtliche

---

1 Berlinische Nachrichten (Haude und Spener), Nr. 69, vom 9.6.1818, zit. in Kap. II/5

2 C. L. Blum, Vaudevilles für die deutsche Bühne und gesellige Cirkel, Bd. 2, Berlin 1826, IV (Vorwort)

3 K. Goedeke, Grundriß zur Geschichte der deutschen Dichtung aus den Quellen, Dresden 1910, XI, S. 467

4 Fr. Liebstoeckl, Das deutsche Vaudeville, Diss. Wien, 1923, S. 14

5 MGG, Riemann, Grove

Bedeutung durch die Einführung des Vaudevilles auf die deutsche Bühne zuerkannt wird[6].

Carl Wilhelm August Blum(e) - er schrieb sich im Unterschied zu seinem Bruder, dem Sänger Heinrich Blume, der in Berlin zu Anfang des 19. Jahrhunderts ein berühmter Don-Giovanni-Darsteller gewesen war, ohne e am Ende seines Namens - ist 1786 in Berlin geboren und 1844 dort verstorben. Er besuchte das französische Gymnasium in Berlin, lernte Klavier und Cello spielen, trat aber später als Virtuose auf der Gitarre auf. Zunächst studierte er an der Akademie der Künste in Berlin Malerei, wurde aber 1801 Schauspieler und trat zuletzt in Königsberg als Charakterdarsteller auf. Dort entschloß er sich zum Kompositionsstudium bei Ferdinand Hiller und wurde 1806 Musiklehrer der Prinzessin Wilhelmine von Preussen, als der preussische Hof wegen der napoleonischen Besetzung Berlins 1806 dorthin geflüchtet war. 1813 kehrte Blum nach Berlin zurück, war 1815 während der Kongresszeit in Wien und hatte dort mit 39 Aufführungen seiner Oper "Das Rosenhütchen" viel Erfolg. Zwei Reisen nach Paris, 1814/15 - er arbeitete dort u.a. für das Théâtre Feydeau - machten

---

6 Conversations-Lexicon der neuesten Zeit und Literatur, Leipzig (Brockhaus), 1832/34, Art. Carl L. Blum

G. Schilling, Universal-Lexicon..., Art. Carl L. Blum

Allgemeines Theater-Lexicon, hrsg. v. K. Herloßson, H. Marggraf, Altenburg und Leipzig 1846, Art. C. L. Blum

C. Freih. v. Ledebur, Tonkünstler-Lexicon Berlins, Berlin 1861, Art. C. L. Blum

Eine ausführliche Zusammenstellung biographischer Angaben liefert Liebstoeckl (s. Anm. 4), auf die in der Hauptsache zurückgegriffen wird

ihn mit dem Vaudeville bekannt. 1817 wurde er Schüler Salieris in Wien, kehrte aber 1818 nach Berlin zurück, wo er 1820 den Titel eines königlich preussischen Hof- und Kammerkomponisten erhielt. Von 1827-1829 war er technischer Direktor am neuerrichteten Königstädtischen Theater am Alexanderplatz in Berlin. 1830 übersetzte und bearbeitete Blum Fétis Werk "La musique". Von 1834 bis zu seinem Tode 1844 war er als Hofopernregisseur und Hofkomponist an der kgl. Oper in Berlin tätig, an der er 1843 Richard Wagners "Fliegenden Holländer" inszenierte.

Im "Nekrolog der Deutschen", erhält Blum 1844 eine Würdigung[7]:

> ..." Blum war kein Genius, aber reich an Talenten für alle Kunstzweige: er malte, komponierte, dichtete, spielte und sang ... (er) wußte sich auf höchst gewandte Weise mit seinem Talente den Forderungen des Tages und vorkommenden Gelegenheiten anzubequemen... Bleibenden Wert hat kein einziges seiner Werke ... Seine Instrumentalkompositionen und Gesangkompositionen übersteigen die Zahl Einhundert weit..."

Ledebur[8] gibt die Zahl seiner musikalischen Werke mit insgesamt 150 an, darunter befinden sich 20 Opern und Singspiele, 8 Vaudevilles, 3 Liederspiele, 7 Ballette, 7 Schauspielmusiken und eine große Anzahl Lied- und Instrumentalkompositionen, eine Reihe davon für Gitarre.

Das Werkverzeichnis bei Goedecke[9] enthält eine Aufstellung von Blums Lustspielen und Libretti (80 Titel), darunter sind eine Reihe Bearbeitungen von Scribe wie z.B. "Die Nachtwandlerin" und "Fra Diavolo". Blum hat sich nach 1828

---

7 Neuer Nekrolog der Deutschen, Bd. 1844, 1, Weimar 1846, S. 499

8 Ledebur, Art. Blum (s. Anm. 6)

9 Goedecke, XI, S. 467f. (s. Anm. 3)

von französischen Stoffen abgewandt und überwiegend italienische Autoren, z.B. Goldonis "Mirandolina" und "Der Fächer" bearbeitet.

Von Blums Werken sind seine Opern, Sing- und Liederspiele bald nach ihrer Aufführung vergessen worden, seine Vaudevilles dagegen wurden zum Teil noch bis zur Mitte des 19. Jahrhunderts gespielt[10]. Von seinen Vokalkompositionen ist das für die Sängerin Milder-Hauptmann komponierte Lied "Gruß an die Schweiz" zur Schweizer Nationalhymne geworden[11]. Im 19. Jahrhundert ziemlich verbreitet war sein vierstimmiges Männerquartett nach Goethes Gedicht "Kleine Blumen, kleine Blätter"[12].

Der Berliner Dichter und Kritiker Willibald Alexis nennt Blum ein "gefälliges Talent", der sich mit Leichtigkeit den Anforderungen des Tages gestellt habe, der aber auch zu den "Fabrikarbeitern" gehöre, "welche die deutsche Bühne mit raschen Übersetzungen aus dem Französischen" versehen habe: "Seine Bearbeitungen zeichnen sich indeß durch eine wirkliche französische Gewandheit aus"[13].

Schilling lobt Blums "gemüthvolle Musik", kommt aber insgesamt zu einem recht kritischen Urteil[14]:

> "Blum hat keinen eigenen Styl, kein besonderes Genre, in und nach welchem er schreibt und Töne dichtet; er läßt diese aus der Seele fließen, wie sie einmal die verborgene mächtig sprudelnde Quelle bringt. Dabei kann

---

10 Biedenfeld, S. 147

11 Goedecke, XI, S. 477 Nr. 6

12 Friedländer, Das deutsche Lied im 18. Jh..., II, 157

13 Conversations-Lexicon..., 1832/34, Art. Blum (s. Anm. 6), nach Angabe von Goedecke, Bd. 11, S. 468, stammt der Artikel von W. Alexis

14 Schilling, Universal-Lexicon..., Art. Blum

> es nun freilich kommen, daß er die strenge Schule verletzt, die Originalität vernachlässigt".
> "In mehreren seiner Compositionen (hat er) sich der Hülfe würdiger älterer Vorgänger bedient. Dies hat man ihm zum Vorwurf gemacht, allein nur in seinen Vaudevilles bringt er fremde Ideen und Einfälle, sie niemals auch für die seinigen ausgebend; ..."

Biedenfelds Urteil fällt gegenüber Schilling noch schärfer aus[15]:

> "Blum machte es sich eben so leicht und bequem, wie viele Andere es sich schwer gemacht haben. Unverkennbar ist sein natürlicher Beruf zum dramatischen Tonsetzer im Gebiete des Heitern und Komischen, aber auch unverkennbar, daß er viel Besseres in der Composition hätte leisten können, als er wirklich geleistet hat. Freundliche, gefällige, oft sehr pikante Melodien, ohne ängstliche Rücksicht auf Karakteristik im Ganzen und im Einzelnen; bisweilen sehr effectreiche Instrumentation, unbekümmert um Reinheit und Schönheit der Harmonie".

Friedländer[16] bezeichnet Blum - im Zusammenhang mit der Goethevertonung "Kleine Blumen, kleine Blätter" - als "überaus fruchtbar, aber wenig wählerisch".

Neben allen kritischen Äußerungen über Blum, wird immer wieder hervorgehoben, daß er 1817 mit dem "Schiffs-Capitain" als erster das französische Vaudeville auf die deutsche Bühne gebracht habe, was aber von einigen Autoren als zweifelhafter Verdienst angesehen wird. Neben Biedenfeld vertritt Goedecke[17] die Ansicht, daß Blum "dem deutschen Theater mit der Einführung des Vaudevilles keinen guten Dienst erwiesen" habe. Bei diesen und ähnlichen Formulierungen[18] ist zu beobachten, daß Autoren aus der Mitte und

---

15 Biedenfeld, S. 147

16 Friedländer, Das deutsche Lied im 18. Jh., II, 157

17 Goedecke, Bd. XI, 11, S. 467

18 Schletterer, Das deutsche Singspiel..., S. 133f.

zweiten Hälfte des 19. Jahrhunderts gegenüber der Theaterperiode der zwanziger und dreißiger Jahre mit ihrem Übermaß an "Amüsierstücken" eine äußerst ablehnende Haltung einnehmen.

Bei dem von Blum verwendeten Vaudeville-Typus handelt es sich nicht um die "comedie mêlee d'ariettes", in der neben Parodien neu komponierte Arietten hinzukommen, sondern um eine auf das "Theatre de la Foire" zurückgehende ältere, eher zu Sprechtheater gehörende Form des Vaudeville[19], die von Autoren wie Scribe, Mélesville, Théaulon, Dartois, Xavier und anderen in einer Art "Massenfabrikation"[20] hergestellt wurde. Dabei haben sich verschiedene Typen von Vaudevilles herausgebildet[21]: Neben der "comédie-vaudeville", die als "übliche Vorlage Gazettenstoff" verwendete, gab es einen zweiten Typ, das "folie vaudeville" oder "vaudeville féerie", mit "märchenhaft-fantastischem" Element. Das "folie-vaudeville", wie z.B. Scribes Farce oder Bouffonerie "L'ours et le Pascha", das Blum als Vorlage für sein Vaudeville "Der Bär und der Bassa" (Berlin 1821) diente, wurde mit Vaudeville-Burleske oder Vaudeville-Posse übersetzt obwohl die Handlung auch märchenhafte Züge aufweist. Daneben gab es noch die Bezeichnungen "drame-vaudeville", "vaudeville-comique" und "tableau-vaudeville", wie aus den Repertoireverzeichnissen des Königstädtischen Theaters (1824-1851)[22], und des Französischen Theaters (1828-1848) in Berlin hervorgeht[23]. Das Französische Theater hatte überwiegend Vaudevilles auf dem

---

19 MGG, Art. Vaudeville, Sp. 1328
und Donald J. Grout, The origins of the opera-comique, Diss. Harvard, 1939

20 H. G. Ruprecht, E. Scribes Theaterstücke auf den Bühnen in Wien, Leipzig, Weimar und Berlin, Diss. Saarbrücken 1965

21 ebenda, S. 21

22 W. Eylitz, Das Königstädtische Theater in Berlin, Diss. Rostock 1940

23 S. Söhngen, Das Franz. Theater in Berlin im 19. Jh., Schriften der Gesellschaft für Theatergeschichte, Bd. 49, 1937

Spielplan. Söhngen berichtet von ca. 2000 Titeln, die während des Bestehens des Theaters von französischen Schauspieltruppen geboten wurden[24]. So ist es leicht zu erklären, daß auch das Königstädtische Theater seinem teilweise kaum französisch verstehenden Publikum, das zum überwiegenden Teil aus gewerbebetreibenden Bewohnern der Königstadt bestand[25], bearbeitete Fassungen von Vaudevilles in großen Mengen anbot, wie das vor allem noch bei den Stücken von Louis Angely zu zeigen sein wird. Blums Vaudevilles sind jedoch zum größten Teil auf dem Kgl. Schauspielhaus aufgeführt worden, das nach Holtei[26] ein Repertoire mit einer "Ausdehnung über alle Gebiete des Dramatischen: Von "Iphigenia" zu "Bär und Bassa"; - von "Don Juan" zum "Hausgesinde"; - von "Wallenstein" zum "Hund des Aubry" ..." hatte, und auf "Kassenstücke" wie "Der Schiffs-Capitain" und "Der Bär und der Bassa" nicht verzichten wollte.

Blum hat 1824 und 1826 zwei Bände seiner Vaudevilles publiziert, allerdings nur die Texte - von einem Libretto kann man bei einem Vaudeville kaum sprechen, da die Musik in der Regel nicht mehr als ca. 1/6 Raum vom ganzen Stück einnimmt - und einige wenige Musikbeilagen. Beide Bände sind jeweils mit einem längeren Vorwort versehen, die für Blums Auffassung vom Vaudeville von großem Interesse sind.

Den ersten Band von 1824 widmet Blum "Freund Castelli"[27] und weiteren Mitgliedern der Wiener Künstlergesellschaft "Ludlam", die sich nach Castellis Memoiren regelmäßig in einem Gasthaus, der "Ludlamshöhle", getroffen hatte, bis sie

---

24 S. Söhngen, Das Franz. Theater in Berlin im 19. Jh., Schriften der Gesellschaft für Theatergeschichte, 1937, Bd. 49, S. 102

25 Eylitz, S. 7

26 K. v. Holtei, Beiträge f. d. Königstädter Theater, Wiesbaden 1832, Vorwort S. VII

27 I. Fr. Castelli (1781-1862), Dichter und Verfasser zahlreicher Libretti, z.T. für Fr. Schubert

wegen angeblicher politischer Umtriebe verboten wurde[28]. Blum und für kurze Zeit auch Karl von Holtei waren ebenfalls Mitglieder. Blum, der dort wegen seiner großen literarischen Bildung den Spitznamen der "Alleser" trug, sorgte neben Moscheles, Gyrowetz und Salieri für die "Ludlamsgesänge"[29]:

> "Die Ludlamsgesänge bestanden aus Chören und Liedern. Die Chöre wurden anfangs von den vier Sängern, welche die Ludlamskapelle bildeten, später aber, wenn sie einmal besser bekannt waren, von der ganzen Gesellschaft gesungen ... diese waren auf einzelne Zustände oder auf einzelne Mitglieder gedichtet..."

Castelli führt eine Liste von 43 Titeln an, auf der auch ein Vokalquartett und ein Gesellschaftslied von Blum, mehrere Lieder von Moscheles und Gyrowetz und sechs Kanons von Salieri verzeichnet ist. Ob die von Castelli erwähnte Tragikomödie "Wahnsinn und Stockfischfang", bei der Blum und Moscheles die Chöre, und Blum und Castelli den Text verfaßt haben, "in der Art des Vaudevilles" komponiert worden war, wie Liebstoeckl behauptet[30], geht aus der Liste nicht hervor. Castelli berichtet nur[31], daß "auch sogenannte B ä n k e l g e s ä n g e , satyrische Lieder in österreichischer Mundart, in welchen jedes Mitglied mit seinen Schwächen seinen Teil bekam" zu den Ludlamsgesängen gehörten, die mit der in den Vaudevilles ausgeübten Praxis in Verbindung gebracht werden könnte.

Blum berichtet in seinem Vorwort zum ersten Band[32] von der "günstige(n) Aufnahme, welche der Versuch, das französische

---

28 I.Fr. Castelli, Memoiren meines Lebens, Bd. 2, Wien 1913

29 ebenda, S. 44

30 Liebstoeckl, S. 28

31 Castelli, S. 46

32 Blum, Vaudevilles für die deutsche Bühne und gesellige Cirkel, Bd. 1, Berlin 1824

Vaudeville und leichte Singspiel auf die deutschen Bühnen zu verpflanzen gefunden hat", doch ist er der Ansicht, daß "was die Besetzung der Rollen" betrifft, die Theaterdirektion an auswärtigen Bühnen "wohl noch keine klare Ansicht vom eigentlichen Vaudeville haben mögen" und verweist auf die "treffliche Abhandlung" von Friedrich Treitschke[33] und meint "das treffenste Bild dieser Gattung" liefere Boileau's[34] Ausspruch:

"le François, né malin, créa le vaudeville".

Blum gibt präzise Anweisungen, wie ein Vaudeville aufgeführt werden soll[35]:

> "Das Vaudeville erfordert S c h a u s p i e l e r , welche singen können, - durchaus keine Sänger, denen des ernstere Studium des Gesanges nur Seitenblicke auf den mimischen Theil ihrer Kunst erlaubte.
>
> Der Vortrag der Gesänge sey, wie die Melodie und das Accompagnement derselben, leicht, gefällig; die beiden Schlußreime eines jeden Gesanges sehr deutlich in's Publikum geworfen. Aus diesem Grunde würde ich eine hübsch behandelte Quartettbegleitung allen Blasinstrumenten, welche schon der Operette angehören, vorziehen.
>
> Diese beiden Schlußzeilen eines jeden Gesanges sind es einzig und allein, die das Vaudeville scharf vom komischen Singspiel und von der Operette trennen, welche davon nichts wissen darf. Nur wenige Schauspieler legen Gewicht darauf, und versuchen im Gegentheil, bei dergleichen Gesangstücken, die ich mit möglicher Sorgfalt gewählt, ihr Heil in eingelegten Fermaten. Die Mitglieder der Berliner Bühne haben, den richtigen Vortrag betreffend, es bereits zu einer bedeutenden Vollkommenheit gebracht".

---

33 Treitschke, Über Vaudeville..., (s. Anm. 5 in Kap. III,1)

34 Nicolas Boileau (1636-1711)

35 Blum, Vaudevilles..., Bd. 1, VIf.

Blums Anweisungen liefern ein genaues Bild der damaligen Aufführungspraxis, die sich ganz am Pariser Vorbild orientiert und von der bereits der Rezensent von "Lieb' und Treue" berichtet hat[36]. Bei Blum ist die Trennung von Liederspiel und Vaudeville mit seinen genauen Anweisungen zur Instrumentierung der Gesangsnummern - im Vergleich zu den Verfassern, die sich in beiden Gattungen versucht haben - am deutlichsten vollzogen worden. Seine Liederspiele weisen im Gegensatz zu Reichardts "Kammerbesetzung" einen vollen Orchestersatz mit Holz- und Blechbläsern auf, seine Vaudevilles dagegen haben lediglich eine Quartettbegleitung (meist Streichquartett), die dem "singenden Schauspieler" ermöglicht, sich dagegen zu behaupten. Holtei fordert hingegen auch für das Liederspiel eine kleine Besetzung und hält es für einen "Irrtum des Publikums", wenn es "im Liederspiele S ä n g e r " zu hören verlangt[37]:

> "Anstatt sich Schauspieler zu wünschen, welche die Worte rhythmisch sprächen und von einem kleinen, diskreten, nachgiebigen Orchester begleitet würden, will man, dass die Melodien gesungen werden ... Vaudeville-Lieder und Liederspiel-Kouplets vortragen, heißt dem Sinne der Worte seine Bedeutung geben, heißt in Melodien s p r e c h e n , heißt: sich den Takt selbst machen und sein eigner Kapellmeister sein".

Blum steht mit seinen Liederspielen - was die Bestimmung für Opernsänger betrifft - in der von Reichardt begründeten Tradition, dem die damals führenden Sänger des Nationaltheaters zur Verfügung standen[38]. Reichardt ließ sich zwar mit seiner kleinen Orchesterbesetzung und den kurzen Liedeinlagen vom Vaudeville anregen, verzichtete aber

---

36 Allgemeine Theaterzeitung, Berlin 1800, Nr. XIII, s. Kap. III,1

37 K. v. Holtei, Flüchtige Betrachtungen..., S. 47f.

38 Reichardt, AMZ, III, 1801, Sp. 713

auf den "acteur chantant", den es seit den Tagen des "Théâtre de la Foire" gegeben hatte[39]:

> "Der ideale Darsteller dieser Theater war der "acteur chantant", den später Offenbach wiederentdeckte. Aber auch die "chanteurs-acteurs" der Zeit Monsignys, Philidors und Grétrys pflegten die Tradition des raffiniert-eleganten und natürlichen Sprechens und Spiels weiter, das im völligen Gegensatz zum pathetischen Stil und der Bewegungslosigkeit der Sänger der damaligen großen Oper stand".

Wenn Holtei auch für das Liederspiel den singenden Schauspieler fordert und sogar von "Liederspiel-Kouplets" spricht - seine "ernsten" Liederspiele sind davon nicht betroffen - hat er sich zwar von Reichardts Konzeption sehr seit entfernt, schließt aber damit an eine ältere Tradition an.

Blum setzt sich mit seinen Vaudevilles entschieden für ein "Amüsiertheater" ein, das ohne moralischen Anspruch - anders als noch bei den bürgerlichen Rührstücken unter Ifflands Direktion, bei der das Theater "als Sittenschule, oder allenfalls (als) ein Vermittler moralischen Vergnügens"[40] fungierte - einzig der Unterhaltung dienen soll[41]:

> "Dem Vaudeville seinen Stachel, seine Polissonnerie nehmen, heißt, es tödten. Dadurch soll es ergötzen, und durch treffenden Witz für die Zeit gebildet, mag

---

39 H. Schneider, Zur Gattungsgeschichte der frühen Opéra-comique, in: Kongreßbericht Bayreuth 1981, Beilage zu "Die Musikforschung", 36. Jg., 1983, Heft 1, S. 109

40 R. Weil, Das Berliner Theaterpublikum unter A. W. Ifflands Direktion, Schriften der Gesellschaft für Theatergeschichte, Bd. 44, Berlin 1932, S. 85

41 C. Blum, Vaudevilles..., Bd. 1, VII

> es leicht verwunden. Denjenigen Theaterliebhabern, welche aus dem Schauspielsaale gern frömmelnde Andachtsübungen schaffen wollen, bietet es seine kurze, leichtfertige Blütenzeit nicht; entweder verbanne man die Gattung ganz, oder man lasse sie im Besitze der Rechte, welcher sie sich bei unsern Nachbarn erfreut. Ein längerer Aufenthalt in Paris hat mich von der Wahrheit dieser Behauptung überzeugt".

Das beim Vaudeville übliche Parodieverfahren bewirkt, daß "oft aus dem Kontrast zwischen Inhalt und Melodie viel Komisches entspringt", wie bereits der Rezensent von "Lieb' und Treue" festgestellt hatte"[42]. Blum will sich auch diesen Kontrast zu Nutze machen und verspricht sich durch die gelegentliche Vernachlässigung des Versbaus und der korrekten Deklamation eine zusätzliche Steigerung der Wirkung[43]:

> "Die Melodie und ihre Wahl ist beim Vaudeville die Hauptsache; sie darf entweder mit den Worten h a r m o n i e r e n , oder g a n z im W i d e r s p r u c h stehen. Die Stellung der Worte, rücksichtlich der Eleganz und Richtigkeit des Versbaues, ist hier ganz Nebensache, und während man Recht hat, bei der Oper streng darauf zu halten, gereicht es dem Vaudevillegesange zu Nutzen und Frommen, in Hinsicht des theatralischen Effekts, wenn sein gestörter Versbau durch Einschaltungssilben sich auf drollige Art, selbst abgestoßen und schnell mit Sechzehntheilen der gewählten Melodie, zweckmäßig bewegt. Der musikalische Leser wird mich verstehen".

Bei Blum, Holtei und Angely ist im Textbuch über den Liedeinlagen stets vermerkt - gelegentlich steht bei Holtei auch nur "nach bekannter Melodie" - nach welcher Melodie das folgende Lied gesungen werden soll, indem eine Zeile

---

42 Allgemeine Theaterzeitung, Berlin 1800, Nr. XIII, (s. Kap. III,1)

43 Blum, Vaudevilles, Bd. 1, IXf.

des ursprünglichen Textes zitiert wird. Das entspricht einer alten Praxis der Bänkelsänger in Frankreich, die weit vor den Tagen des "Théâtre de la Foire" ihre Vaudevilles verkauften[44]:

> "Man benannte die Melodien durch ihren "timbre", d.h. indem man die ersten Worte ihres ursprünglichen Textes zitierte. Allmählich erhält dieser "timbre" auch einen Inhaltscharakter, eine Art programmatischer Bedeutung, die dann auch die feststehende Bedeutung der Vaudevilles auf dem Theater regelt. Ihre Wirkung ist daher nie eine unmittelbar musikalische, sondern immer eine mittelbar-assoziative".

Eine derartige "programmatische Bedeutung" der Vaudevilles ist weniger bei Blum zu finden, der - wie noch zu zeigen sein wird - oft ganz willkürlich aus dem Reservoir gängiger Opernmelodie schöpft, sondern eher bei Holteis Liederspielen "Der alte Feldherr" (1825) und "Lenore" (1828) und vor allem bei Lortzings Vaudeville (auch mit "Liederspiel" bezeichnet) "Der Pole und sein Kind" (1832), bei dem durch die Übertragung polnischer Nationallieder ein Bezug zum politischen Geschehen (Der Polnische Aufstand 1830) unmittelbar zum Ausdruck kommt.

H. Schneider macht in einer "Untersuchung zur Gattungsgeschichte der Opéra-Comique" auf die große Wirksamkeit der Vaudevilles aufmerksam und bedauert, daß die Gattung bislang noch so mangelhaft erforscht sei[45]:

> "Die theoretische und literarische Auseinandersetzung mit dem Vaudeville im 18. Jahrhundert macht generell deutlich, daß von diesen schlichten Melodien eine große Wirkung ausging, die nachzuvollziehen heute kaum möglich ist. Es handelt sich um ein Kommunika-

---

44 H. Wichmann, Grétry und das musikalische Theater in Frankreich, Halle 1929, S. 27f.

45 Schneider, S. 112 (s. Anm. 39)

> tionssystem des Theaters im 18. und 19. Jahrhundert, dessen Funktionieren höchst aufschlußreich ist und eine Offenheit von Interaktion zwischen Darstellern und Zuschauern offenbart, die inzwischen längst verloren ging".

Auf diese Interaktion wird auch von Treitschke 1818 hingewiesen[46]:

> "Endlich bezahlte man sogar Sänger, die mitten unter dem Publikum die Lieder zur Musik laut anstimmten. Von beliebten Couplets wurde gewöhnlich die Wiederhohlung verlangt und von allen Zuschauern im Chore mitgesungen..."

Blum verwendet in beiden Veröffentlichungen seiner Vaudevilles stets die Bezeichnung "frei nach dem Französischen" wenn es sich um Bearbeitungen handelt. Eine Angabe des französischen Verfassers ist nicht bei allen Stücken vermerkt, sie fehlt z.B. bei seinem ersten Vaudeville von 1817 "Der Schiffs-Capitain", bei dem es sich um eine Bearbeitung von Théaulon und Dartois "Le marin, ou les deux ingènues" handelt, das in der Originalfassung am Französischen Theater in Berlin 1836 aufgeführt worden ist[47]. Scribe wird von Blum bevorzugt bearbeitet, aber auch ältere Autoren wie Favarts "La chercheuse d'esprit", das Blum als Vorlage für das Vaudeville "Gänserich und Gänschen" dient. Nach Ruprecht[48] sind die Vaudevilles von Blum, Holtei und Angely "die ersten publizierten deutschsprachigen Fassungen Scribe'scher Lustspiele in Norddeutschland". Holtei urteilt über Scribe[49]:

---

46 Treitschke, Sp. 392

47 Söhngen, S. 199

48 Ruprecht, S. 36

49 Holtei, Flüchtige Betrachtungen..., S. 52f.

"Scribe namentlich ist ein so siegreiches Talent, ein so gewandter Schriftsteller, ein so unerschöpflich reicher und fruchtbarer Geist, producirt eine solche Fülle von Witz, Ironie, Humor und phantastischem Scherze, dass er gar Manchem seiner Geringschätzer etwas davon abgeben und immer noch genug behalten würde..."

Die von Schletterer verurteilte "Übersetzungswut"[50] sieht Blum durchaus kritisch[51]:

..."Die Uebersetzer machen sich die Sache gar zu leicht; unter der Rubrik der "Lustspiele" senden sie Verarbeitungen französischer Vaudevilles in die Theaterwelt, und berauben sie ihres schönsten Schmuckes, welcher in den witzigen Gesängen besteht, in Gesängen die sie oft in holprige Prosa aufgelöst, oder deren Sinn sie, aus Furcht irgend eine Equivoque niederzuschreiben, ganz weggelassen haben".

Die Auflösung von Couplets in Prosa entspricht einer weitverbreiteten Praxis, die u.a. auch in Scribe'schen Bearbeitungen von Blum ("Der Oberst", 1821) und Castelli ("Yelva", 1829) ausgeübt wurde[52]. Bei "Yelva" wurde der ursprünglich tragikomische Charakter der Vorlage in eine dem Wiener "Gemüt" angepaßte, melodramatische Züge aufweisende Fassung umgewandelt. Holtei lehnt es ab "Kouplets in flache, breite Prosa" umzuschreiben und richtet an jüngere Übersetzer die Bitte, sie "im Deutschen nachzuahmen"[53].

Liebstoeckl bezweifelt, ob es Blum, Holtei und Angely gelungen sei, den Stil französischer Vaudevilles ins Deutsche zu übertragen[54]. Das deutsche Vaudeville habe "niemals das

---

50 Schletterer, Das deutsche Singspiel..., S. 133

51 Blum, Vaudevilles, Bd. 1, IX

52 Ruprecht, S. 11ff. u. S. 150

53 Holtei, Flüchtige Betrachtungen..., S. 53

54 Liebstoeckl, S. 25

Französische an Qualität, an Leichtigkeit, Witz und satirischer Kraft" erreicht. Er führt dazu die fehlende Entwicklung der Gattung, - sowohl als Spiel wie als Lied - die Unterschiede in der Mentalität und das Fehlen der politischen und gesellschaftlichen Voraussetzungen an, was dazu geführt habe, daß das deutsche Vaudeville "zu einer Art Posse", oder "zu einer Art Lustspiel mit Gesang" wurde, das "von Tagesaktualitäten abgesehen ... allgemeine Anekdoten zum Inhalt nehmen, oder solche französischen lokalisieren" müßte. Blum habe lediglich "die Technik des Vaudevilles in Deutschland eingebürgert". Dennoch ist Liebstoeckl der Ansicht, daß das deutsche Vaudeville "nicht eines gewissen Liebreizes" entbehre und ebenso wie die Wiener Lokalposse "ein getreues Bild des Geschmacks und der Sitten" in der ersten Hälfte des 19. Jahrhunderts abgeben könnte[55].

Von Blums überlieferten 8 (?)[56] Vaudevilles, sind die meisten Bearbeitungen französischer Stoffe, das Vaudeville "Ein Stündchen vor dem Potsdamer Tor" (1823) hingegen ist eines der frühen Berliner Lokalpossen, "deren kulturgeschichtliche Bedeutung vor allem für Berlin nicht gering ist"[57]. Aus diesem Vaudeville ist das populäre Lied "Untern Linden auf und ab...", von Angely und anderen häufig parodiert worden.

Von Blums Vaudevilles soll nur das erste, "Der Schiffs-Capitain" eingehender besprochen werden, weil es als Modell für alle folgenden - auch für die Vaudeville-Burleske "Der Bär und der Bassa" - gelten kann. "Der Pole und sein Kind" von Albert Lortzing gehört auch noch in die Reihe der "deutschen Vaudevilles", zeigt aber gleichzeitig noch Nachwirkungen der Liederspiel-Tradition.

---

55 Liebstoeckl, S. 25f. u. 32

56 Verzeichnis aufgeführt bei Goedecke, Bd. XI, S. 467, einige unter der Bez. Lustspiel und Liederspiel

57 Liebstoeckl, S. 37

3. Das "deutsche" Vaudeville bei Carl Blum:

"Der Schiffs-Capitain oder die Unbefangenen"(1817)
"Der Bär und der Bassa"(1821)

"Der Schiffs-Capitain oder die Unbefangenen[1]"

Vaudeville in einem Act[2],

frey nach dem Französischen, des Théaulon
bearbeitet und komponiert
von
Carl Blum

Personen:

Julie Henriette	zwei junge Waisen
Brandor	ein junger Schiffs-Capitain unter dem Namen Waller

(Die Handlung geht auf einem Landgute, in der Nähe einer großen Seestadt vor)

Die Schwestern Julie und Henriette können die Erbschaft ihres Onkels nur unter der Bedingung antreten, daß eine von ihnen dessen Neffen, den Kapitän Brandor heiratet. Aber keine von den Schwestern möchte einen rauhen Seemann zum Ehemann. Da bekommen sie Besuch von einem unbekannten Kavalier, der ihnen einen Brief von Brandor überreicht, in dem ihnen die baldige Ankunft des Kapitäns angekündigt wird. Der Kavalier ist jedoch Brandor selbst, der sich den Damen als dessen Vetter unter dem Namen Waller vorstellt. Nun

1 Auff. am Kgl. Theater in Berlin vom 8.6.1817 - 29.9.1828 84 mal. Der Doppeltitel steht nur im Textbuch. In der Partitur ist nur der Titel "Die Unbefangenen" aufgeführt

2 Das Stück ist erschienen in: C. L. Blum, Vaudevilles für die deutsche Bühne und gesellige Zirkel nach dem französischen bearbeitet, Bd. 1, Berlin 1824, S. 1-56

beginnt unter den Schwestern ein Wettstreit um die Gunst des angeblichen Cousins. Waller stellt jedoch die Schwestern auf die Probe, indem er beiden verspricht, sie zu entführen. Als die leichtsinnige jüngere Henriette darauf eingeht, entscheidet er sich für Julie und gibt sich dann erst als Kapitän Brandor zu erkennen.

Diese kleine Dreiecks-Komödie lebt von der Situationskomik und dem charmanten, der französischen Sprache nachempfundenen Plauderton der beiden Schwestern. Trotz aller, mitunter leicht frivolen Bemerkungen siegen Tugend und Moral. Im Dialog wird eine Reihe Anspielungen auf das Militär und politische Ereignisse gemacht, wie z.B. auf den Wiener Kongress. Diese Anspielungen werden jedoch ohne satirische Schärfe und unter Vermeidung aller heiklen Themen vorgetragen, wie das in den Jahren der Restauration auch nicht anders möglich war. So wird das Thema Militär nur angeschnitten um zu sagen, daß in Friedenszeiten das "Avancement" - die Beförderung zum Leutnant - sehr langsam vonstatten gehe, eine Bemerkung, die vermutlich das Offizierspublikum in den Logen zum Lachen bringen sollte[3]. Dem Wiener Kongress wird im Vaudeville ein "Congreß über Liebesangelegenheiten" gegenübergestellt. Die karikierende Absicht wird jedoch nur deutlich, weil dabei der Streit um die Sitzordnung aufs Korn genommen wird[4]. Weniger anfechtbar, und daher weit ausführlicher, werden damals aktuelle literarische Themen, wie z.B. die "mystische Dichtung", "Damen-Dichter" und "Deutschtümelei" in der Sprache angeschnitten[5]. Ebenso dankbar sind Anspielungen auf die Damenmode und auf die damals in Berlin offenbar grassierende

---

3 Textbuch S. 54, vgl. dazu: R. Weil, Das Theaterpublikum unter der Direktion von Iffland, in Schriften der Gesellschaft für Theatergeschichte, Bd. 44, Berlin 1932, S. 115

4 Textbuch, S. 26

5 Textbuch, S. 14, 24

Anglomanie und Ablehnung französischer Lebensart[6]. Auf diese Weise gibt dieses erste "deutsche Vaudeville" Einblick in die damals in der Berliner Gesellschaft diskutierten Themen.

Der Unterschied zum Liederspiel ist bei Blum, der sich im Abstand von nur einem Jahr an beiden Gattungen versucht hat, sehr deutlich zu sehen: Das Vaudeville ist bis in Details hinein zeitbezogen und zeitgebunden, weshalb der Dialog auch immer wieder aktualisiert werden muß. Im Liederspiel sollte der Dichter nach Blums Definition "Zeit und Ort im Gedichte selbst etwas entfernt nehmen", damit das "Romantische des Liedes" zur Geltung kommen könne[7]. Während im Liederspiel die Lieder im Mittelpunkt stehen oder stehen sollten, sind sie im Vaudeville nur amüsantes Beiwerk. Diese unterschiedliche Funktion der Musik ändert sich erst in den Liederspielen am Königstädtischen Theater, bei denen eine deutliche Abgrenzung vom Vaudeville oft nicht mehr möglich ist.

Blums Kriterien für die Zusammenstellung der musikalischen Einlagen im "Schiffs-Capitain" sind offensichtlich. Die Melodien sollen bekannt, beliebt, leicht zu bearbeiten - Blum verwendet nur Streichquartett - und zu singen sein, damit sie von Schauspielern mit etwas Stimme aufgeführt werden können. Außerdem müssen sie sich zur Umtextierung eignen. Aber gerade in diesem Punkt hat Blum keine glückliche Hand: Die beiden Zauberflöten-Parodien ("Der Vogelfänger" (Nr. 43), "Bei Männern welche Liebe fühlen") sind derartig ungeschickt umtextiert, daß man sich wundern muß, daß so ein Verfahren selbst bei einem Vaudeville toleriert worden ist. Die damals offenbar widerspruchslos hinge-

---

6 Textbuch, S. 14

7 Blum, Vaudevilles..., Bd. 2, Vorwort, VI (s. Kap. II,5)

nommene Nebeneinanderstellung von Kompositionen von Mozart und Wenzel Müller ("Ich bin der Schneider Kakadu" aus "Die Schwestern von Prag", 1794, und "O Du lieber Augustin") hat Blum wahrscheinlich vom Wiener Volkstheater übernommen. In den Wiener Zauberpossen Wenzel Müllers u.a. stehen an den Aktschlüssen sog. Quodlibets[8], in denen in bunter Folge Volkslieder, Tänze und Opernzitate mit neuen Texten versehen wurden. Gegenüber diesen, musikalisch zum Teil anspruchsvollen Ensembles, die auch ein großes sängerisches Können voraussetzen[9], sind Blums Bearbeitungen wesentlich einfacher. Er kombiniert nicht verschiedene Zitate - was diese Quodlibets so witzig macht - sondern beschränkt sich jeweils auf eine Parodie, die er gelegentlich auf einfache Weise mehrstimmig aussetzt. Das Original wird von Blum - bei den Zauberflöten-Parodien ist es nachprüfbar - wesentlich vereinfacht und verkürzt, und im Falle des Duettes auch erheblich verändert.

Interessant ist bei diesem Vaudeville vor allem, welche Melodien um 1817 beliebt waren. Dazu gehört Hillers nun schon fast fünfzig Jahre altes Lied "Als ich auf meiner Bleiche"[10] aus dem Singspiel "Die Jagd" (Leipzig 1770) und ein "Arie" aus dem Singspiel "Adolph und Clara" von Nicolas d'Alayrac (1753-1809), das 1801 zusammen mit Fr. H. Himmels Liederspiel "Frohsinn und Schwärmerey" aufgeführt worden ist[11]. Leider lassen sich eine Reihe von Blums Melodien nicht mehr identifizieren, weil er nicht bei allen Nummern Angaben gemacht hat.

---

8 s. Kap. IV, 2

9 vgl. die Quodlibets in: Neueste Sammlung komische Theater-Gesänge, Wien b. Ant. Diabelli, ÖNB Wien S.A.79.D.32, 17 Bde, o.J., ca. 1820-1830

10 vgl. Abdruck bei Friedländer, Das dt. Lied im 18. Jh., I,2 S. 140

11 Louis Schneider, Geschichte der Oper und des kgl. Opernhauses, Berlin 1852, S. 290, Auff. am 9. März 1801

Neben diesen Singspiel- und Opernparodien verwendet Blum nur zwei Volkslieder, das französische "Marlborough s'enva-t'en guerre" und eine nicht näher bezeichnete "Steuermanns-melodie". Sie wird vom Kapitän, auch schon in seiner Verkleidung als "Cousin" gesungen, und hat am Ende des Stückes eine Funktion als Erkennungsmelodie. Darin unterscheidet sich das Vaudeville nicht vom Liederspiel. Eine zweite Parallele ergibt sich bei dem Schäferlied "Als einst nach Floras Hügeln" (Nr. 44). Vermutlich hat dieses Lied, dessen Melodie in der dritten Strophe variiert wird, seinen Originaltext behalten, denn es ist nicht unmittelbar auf die Handlung bezogen, sondern dient gegenüber den Mitwirkenden und dem Publikum gleichermaßen als Liedvortrag, also als ein Vortrag nur um des Liedes willen, wie es schon Reichardt praktiziert hat.

Blum hat in seinem Vaudeville auch Tänze textiert: einen Ländler mit der Bezeichnung "Böhmerschleifer", und einen zweiten im Schlußvaudeville, den er mit Wenzel Müllers Lied "O du lieber Augustin" zu einem Quodlibet - im herkömmlichen Sinn - vereinigt. Die letzte Strophe richtet sich traditionsgemäß an das Publikum[12]:

"Diese leichten Melodien,
Nehmt sie fröhlich mit nach Haus,
Und sie mögen Euch umziehen
Noch bei Tanz und Lust und Schmaus.
Habt in diesen Abendstunden
Unterhaltung Ihr gefunden,
So gedenkt in heit'rer Stille
Dieses kleinen Vaudeville!"

Noch erfolgreicher als der "Schiffs-Capitain" war Blums Vaudeville-Burleske "Der Bär und der Bassa", die sich von

12 C. L. Blum, Vaudeville für die deutsche Bühne und gesellige Zirkel nach den Französischen bearbeitet, Bd. 1, Berlin 1824. Darin: Der Schiffs-Capitain oder die Unbefangenen, S. 56

1821 bis 1847 auf dem Spielplan halten konnte[13]. Das Stück ist eine Bearbeitung des folie-vaudevilles "L'ours et le pascha" von Eugène Scribe, eine turbulente Geschichte um einen, um seinen Lieblings-Bären betrogenen Pascha, der sich bei Blum in Anlehnung an Mozarts "Entführung aus dem Serail" am Ende großmütig erweist. Blum verwendet wieder eine Reihe Parodien aus der Zauberflöte ("Seid uns zum zweiten Mal willkommen", "Das klinget so herrlich" und "Schnelle Füße, rascher Mut") und - ganz aktuell - für die Berliner Aufführung 1821 eine Umtextierung von "Wir winden dir den Jungfernkranz" aus dem "Freischütz". Auch dieses Vaudeville ist musikalisch wieder nach dem gleichen Schema wie "Der Schiffs-Capitain" angefertigt. Zum Teil erscheinen die gleichen Melodien wie in Blums erstem Vaudeville (Der Schneider Kakadu, Marlborough), ein Beleg dafür, daß es bei dieser Gattung überhaupt nicht auf Abwechslung und Originalität in der Wahl der Parodien ankommt. Originell soll jedoch der neue Text sein, und Blum hat in "Der Bär und der Bassa" versucht, diesen französischen Stil zu imitieren. Im Schlußvaudeville - auch hier wieder ein Ländler - singen die Mitwirkenden[14]:

"Einen richt'gen Takt in ihren Tatzen,
Giebt es heute musikal'sche Katzen;
Es giebt Hund' als Mathematiker,
Große Esel als Politiker.
Von bezahlten Journalisten
Bis zu hohen Pietisten,
Wie viel Narren auf zwei Beinen,
Wie viel Gelehrte mit vier Pfoten".

---

13 Erstauff. in Wien, Theater a.d.Wien am 5. Aug. 1820 (vgl. Goedecke, Bd. XI, S. 469
Auff. in Berlin am Kgl. Theater vom 15. Dez. 1821 (Charlottenburg) bis 30. Okt. 1847, 100 Auff.

14 C. L. Blum, Vaudevilles für die deutsche Bühne und gesellige Zirkel nach dem Französischen bearbeitet, Bd. 1, Berlin 1824. Darin: "Der Bär und der Bassa", S. 259
In der Partitur: Mus.ms. 1955, Staatsbibl. preuß. Kulturbesitz Berlin (West) ist diese Strophe durchgestrichen, vermutlich hat sie die Zensur nicht passiert

4. Albert Lortzing (1801-1851):

"Der Pole und sein Kind" (1832)

Das immer wieder mit "Liederspiel" bezeichnete[15] Vaudeville "Der Pole und sein Kind"[16] von Albert Lortzing gehört auch in die von Carl Blum begründete Tradition des "deutschen Vaudevilles", weil der überwiegende Teil der musikalischen Einlagen aus Opern- und Singspielparodien besteht: u.a. aus Aubers "Fra Diavolo", Boieldieux "Weißer Dame" und Weigl's "Schweizerfamilie". Nur die Ouvertüre, in der Lortzing die polnische Nationalmelodie "Noch ist Polen nicht verloren" verarbeitet hat, und das "einst populäre Lied vom legendären 4. Regiment"[17], sind eigene Kompositionen. Lortzing hat dieses und noch drei weitere Vaudevilles[18] für die "bescheidenen Detmolder Theaterverhältnisse" geschaffen[19].

Die Handlung[20]

"Mit seinem Sohn zieht der hungernde Polenflüchtling Janicky zur Gitarre singend von Hof zu Hof. Ein reicher Pächter gewährt im Obdach und hier findet er schließlich seine in den Kriegswirren verlorene und totgesagte Frau wieder".

---

15 Hans Christoph Worbs, A. Lortzing, Rowoldts Bildmonographien Nr. 680, Hamburg 1980, S. 27f.; Heinz Schirmag, A. Lortzing, ein Lebens- und Zeitbild, Berlin (Ost) 1982, S. 54f.

16 Auff. am 11. Okt. 1832 in Osnabrück

17 Worbs, Lortzing, S. 29

18 Irmlind Capelle, A. Lortzing und das norddeutsche Singspiel: Zu Lortzings Bearbeitung von J. A. Hillers Singspiel "Die Jagd" (1829/30) in: Mf 2, 1986, S. 138: "Der Weihnachtsabend" (1832), "Szenen aus Mozarts Leben" (1832, nicht aufgeführt), und "Andreas Hofer" (1833, Zensurverbot)

19 Capelle, S. 138

20 nach Worbs, Lortzing, S. 29

"Der Pole und sein Kind" ist ebenso wie Karl von Holteis zweite Fassung des Liederspieles "Der alte Feldherr"[21] als Zeichen der Sympathie für die Aufständischen des polnischen Freiheitskampfes 1832 zu betrachten. Das Stück wurde deshalb - ebenso wie "Der alte Feldherr" - bald nach der Uraufführung von der Zensur verboten[22].

Die Bezeichnung Liederspiel rührt vermutlich daher, daß ein Teil der Lieder, z.B. auch das polnische "In Warschau schwuren tausend auf den Knien" (Nr. 45) durchaus diese Einordnung nahelegt. Darin unterscheidet es sich nicht von einem Liederspiel wie "Der Kosak und der Freiwillige" (1813), in dem Lieder mit aktuellem politischen Bezug - im Rahmen einer Siegesfeier[23] - verwendet worden sind. Der ernste Hintergrund des Sujets in "Der Pole und sein Kind" erschwert außerdem die Einordnung in die Vaudevilles: Das Nebeneinander von Opernparodien und den auch von Text her bewegenden polnischen Liedern befremdet den heutigen Betrachter und ist nur mit der damals üblichen Theaterpraxis zu erklären. Der große Bedarf an Stücken aus dem leichten Genre ließ sich vermutlich nur durch die Anwendung des Parodieverfahrens decken.

Die Unsicherheit in der Gattungszuweisung von Lortzings "Der Pole und sein Kind" ist symptomatisch für alle in den zwanziger und beginnenden dreißiger Jahren des 19. Jahrhunderts entstandenen Vaudevilles und Liederspiele, wie die Behandlung der Ära am Königstädtischen Theater in Berlin noch zeigen wird.

---

21 s. Kap. IV,3

22 Schirmag, Lortzing, S. 60

23 s. Kap. II,3

IV Vaudevilles, Liederspiele und Liederpossen am Königstädtischen Theater in Berlin

1. Das Königstädtische Theater (1824-1848)

Mit der Eröffnung des Königstädtischen Theaters 1824 greift die von Wien ausgehende Volkstheaterbewegung[1] etwas verspätet auch auf Berlin über und sollte dem Liederspiel noch eine kurze Zeit des Überlebens sichern. Diese Epoche wird von L. Kraus[2] als die Zeit des "Verfalls" der Gattung Liederspiel bezeichnet. In diesem Zusammenhang erfahren die Autoren Karl von Holtei und Louis Angely eine ausschließlich negative Bewertung, die nicht berücksichtigt, daß vor allem Holtei in seiner Zeit die Beachtung maßgeblicher Kritiker gefunden hat, wie es z.B. ausführliche Rezensionen im "Berliner Conversations-Blatt"[3] beweisen. Kraus hat es auch versäumt, sich mit Holteis ästhetischen Betrachtungen über die Gattung Vaudeville und Liederspiel[4] auseinanderzusetzen, einer Schrift, die im Zusammenhang mit einer gattungsgeschichtlichen Untersuchung von großer Bedeutung ist.

Das Theater und alles, was damit zusammenhing - z.B. das Privatleben der Schauspieler -, sollte nach Max von Boehns[5] Darstellung der Epoche des "Biedermeiers" eine große Rolle spielen, denn nach den "Karlsbader Beschlüssen" 1819, die eine Reaktion auf die Ermordung August von Kotzebues durch den Jenaer Burschenschaftler Karl Ludwig Sand waren, konnte von einer echten politischen Betätigung des Bürgers nicht

---

1 Sengle, Biedermeier, 2, S. 341f. und W. Alexis, Erinnerungen, hrsg. v. M. Ewert, Berlin 1900, S. 359f.

2 Kraus, S. 78ff.

3 Berliner Conversations-Blatt für Poesie, Literatur und Kritik, hrsg. v. Fr. Förster und W. Häring (W. Alexis), Berlin, Jg. 1828

4 K. v. Holtei, Flüchtige Betrachtungen..., (s. Anm. 7 in Kap. III,1)

5 M. v. Boehn, Biedermeier, Berlin 1911

mehr gesprochen werden[6]:

> "Das Theater beherrschte das Leben, weil es der einzige Gegenstand allgemeiner Teilnahme war, den die Angst der Regierungen der Öffentlichkeit nicht vorenthielt. Von einer praktischen Betätigung in politischen Angelegenheiten durfte in der Mehrzahl der deutschen Staaten keine Rede sein, so mußte das Theater dem Volke als Ersatz für die verbotene Teilnahme an den ernsten und wichtigen Beschäftigungen der Verwaltung und der Politik dienen".

Die in Berlin schon lange vor der Eröffnung des Königstädtischen Theaters einsetzende Diskussion um die Errichtung eines zweiten Theaters neben den Kgl. Bühnen macht deutlich, wie stark, trotz der Entfernung, das Vorbild der Wiener Vorstadttheater (Theater an der Wien, Theater in der Leopold- und Josephstadt) gegenwärtig war. Aus einer Untersuchung von Eylitz[7] geht hervor, daß der Wunsch nach einem neuen Theater bereits 1798, 1803 und 1806 geäußert wird. Man wollte der Bevölkerung in der Königstadt, die vom Hoftheater weit entfernt war und überwiegend aus Handwerkern und Kleingewerbetreibenden bestand, ein eigenes Theater geben, das hauptsächlich "Posse und Parodie" pflegen sollte, ein Theater für den einfachen Mann, "der nicht das Pathos der Tragödie und der großen Oper zu würdigen vermag, aber für die Marktschreyerbuden zu gut ist"[8]. Dieser Wunsch wurde in der Folge auch vom Hof unterstützt, denn Friedrich Wilhelm III. war ein häufiger Theaterbesucher, der das leichte Genre bevorzugte, sich aber damit in Übereinstimmung mit dem Publikumsgeschmack befand[9]. Dem Publikum wurden durch scharfe Zensur-

---

6 M. v. Boehn, Biedermeier, Berlin 1911, S. 469, Boehn bezieht sich auf eine Äußerung Rahel v. Varnhagens

7 W. Eylitz, Das Königstädtische Theater in Berlin, Diss. Rostock 1942

8 aus dem Jahrbuch und Repertorium des Königstädtischen Theaters, Bd. 106, zit. nach Eylitz, S. 7

9 Boehn, S. 475

bestimmungen sogar Schillers "Tell" und "Die Räuber" vorenthalten, was dazu führte, daß aus "Angst vor der öffentlichen Meinung" das leichte Genre begünstigt wurde, "weil es politisch nicht gefährlich schien"[10]. Die Zensur hat jedoch gelegentlich - wie noch zu zeigen sein wird - auch nicht vor einem Liederspiel halt gemacht. Boehn führt jedoch noch eine andere Ursache für das Überhandnehmen des leichten Genres an[11]:

> "... gerade in den Jahren, welche dem Sturz Napoleons folgten, war das Bedürfnis nach einem geistigen Ausruhen besonders stark, und dieser Wunsch der Erholung beschwor die Hochflut aller Arten von Lustspielen herauf..."

Die Berliner Schriftsteller F. W. Gubitz, W. Alexis und K. v. Holtei setzten sich nachhaltig für die Errichtung eines Volkstheaters ein, und 1824 wurde zunächst unter der Direktion eines Aktienverbandes[12], von 1829 an unter der Leitung des Kaufmannes Rudolph Cerf, des klassizistische, heute nicht mehr existierende Gebäude[13] am Alexanderplatz eröffnet. Das Repertoire unterlag jedoch von Anfang an Einschränkungen, die das Hoftheater unter der Intendanz des Grafen Brühl der neuen Bühne auferlegte. Holtei berichtet darüber[14]:

> "das Verhältnis der neuen Bühne, zur gesammten dramatischen Literatur, war durch ihr Verhältniß zum Königlichen Hoftheater auf eine bedenkliche Spitze gestellt worden. Der Konzession zu Folge, darf die Bühne in der Königstadt ein für allemal nicht auf ihren Brettern erscheinen lassen: a) Große Oper, b) Die eigentliche ernste Oper, c) Tragödie, d) Großes Schauspiel.

---

10 Boehn, S. 477

11 ebenda, S. 474

12 Eylitz, S. 93ff.

13 vgl. Abbildung bei O. Weddigen, Geschichte der Berliner Theater, Berlin 1899, S. 44

14 K. v. Holtei, Beiträge für das Königstädter Theater, Wiesbaden 1832, IV

> Wenn ihr nun dagegen Lustspiel, Posse, komische Oper und Melodrama vergönnt sind, so dürfen dieselben doch nie aus dem Repertoir des Königlichen Hoftheaters gewählt seyn, bevor nicht zwei volle Jahre seit ihrer letzten Aufführung verflossen sind".

Den Hauptanteil des Repertoirs bildeten neben komischen Opern, u.a. von Rossini, Auber und Boieldieu (in denen zeitweise Henriette Sontag auftrat), Vaudevilles, Wiener Zaubersingspiele und Possen, Berliner Lokalpossen, Parodien und Melodramen[15]. Hin und wieder traten auch Seiltänzer und Akrobaten auf. Sehr beliebt war der Affendarsteller "Jocko", für den auch Angely Stücke verfaßte[16]. Das Liederspiel nimmt, abgesehen von Holteis Spielen keinen großen Raum ein. Vereinzelt tauchen aber noch bis ca. 1845 Liederspiele anderer Verfasser auf. Aus dieser im Ganzen geringen Anzahl von Liederspielen wird ersichtlich, daß Holteis Aufforderung an junge Dichter, sich mit dieser Gattung zu beschäftigen[17], nicht unbegründet war.

Die Idee eines Volkstheaters stellte sich bald nachdem das neue Theater aus "Kassenrücksichten"[18] gezwungen war, Unterhaltung der leichtesten Art anzubieten, als Illusion heraus, wie sich W. Alexis 1841 aus der Rückschau erinnert[19]:

> "der Begriff Volk war mit den Befreiungskriegen plötzlich aus dem Schlummer erwacht. Das Volksthümliche spukte in ehrenwerter Absicht, aber in wunderlicher Weise. ... Ein Volkstheater! Es war ein schönes Modewort, ein Ding, für das der Name fertig war, aber sonst nichts. ... Giebt es ein deutsches Volkstheater? Vielleicht hat es ehedem eins gegeben, in den Puppenspielen. Das ist längst todt. Von daher war keine Er-

---

15 vgl. Repertoirverz. bei Eylitz

16 Goedeke, IX, 1, S. 451

17 K. v. Holtei, Flüchtige Betrachtungen, s. Kap. IV,2

18 ebenda, S. 34

19 W. Alexis, S. 359, 360 u. 384

> fahrung einzuholen. In Wien gab es eines. Dies schwebte allerdings den dunklen Vorstellungen ... bei uns vor. ... Unser Verlangen nach einem Volkstheater war nicht aus dem Volke hervorgegangen, sondern aus dem Kreise der Gebildeten, der Gelehrten. Das Volk wußte nichts davon. Es war zufrieden, was man ihm gab..."

Die Hoffnung auf ein Berliner Volkstheater war auch von den Romantikern mitgetragen worden. Ludwig Tieck gehörte nach Devrient[20] gleichfalls dazu, indem dieser gefordert hatte, daß "die deutsche Kunst sich wieder aus den Komödiantenbuden verjüngen solle". Tieck äußert sich 1827 zum Königstädtischen Theater[21]:

> "Alles hat nun originell sein sollen, die Farce, das Grelle und das Gemeine hat den Sieg davongetragen..."

Diese bitteren Urteile geben indes nur die Ansicht der Intellektuellen des damaligen Berlin wieder. Das Theater hatte in seiner ersten Periode fast jeden Abend "ein volles Haus" und ein Bericht im Berliner Conversationsblatt 1828 liefert ein freundlicheres Bild[22]:

> ..."zu Freunden der neuen Anstalt wurden Dichter und Kritiker. Es fühlt sich herunter bis zum untersten Theaterbesucher: hier ist Leben, Wahrheit, nicht bloß ein Abspielen, ein Repräsentieren; Publikum und Schauspieler wirken zusammen, die Munterkeit hier weckt sie dort. Die Kritiker sind milde, nicht aus Partheilichkeit, sondern weil sie Lust und Liebe, die Dichter, weil sie die Möglichkeit sehen, daß sich hier etwas Eigenthümliches bildet. Es ist ein guter Boden, ein günstiges Klima..."

Das Theater bestand bis 1848. Es hatte in den vierziger Jahren immer weniger Zulauf[23]. Das Gebäude wurde 1851 abgerissen.

---

20 L. Devrient, Geschichte der deutschen Schauspielkunst, Bd. 2, S. 116, hrsg. von R. Kabel und Chr. Trilse, München-Wien, 1967

21 zit. nach Devrient, S. 115

22 Berliner Conversationsblatt, Nr. 121 u. 122, v. 23./24.6. 1828, Art. "Königstädtisches Theater", S. 467

23 Eylitz, S. 285f.

2. Die Definition des Liederspiels und des Vaudevilles bei Karl von Holtei (1798-1880) und sein "Spiel mit Liedern": "Das Liederspiel, oder Der schottische Mantel" (1834)

Die Liederspiele und Liederpossen Holteis nehmen in der ersten Periode - im Zeitraum zwischen 1824 und 1829 - des Königstädtischen Theaters mit ihren zahlreichen Aufführungen einen besonderen Platz ein. Holtei war von 1825 bis 1834 (mit Unterbrechungen) an dieser Bühne als Theaterdichter, Sekretär, Schauspieler und Regisseur tätig. Er gilt als Erneuerer des Liederspiels[1], und die Ausführlichkeit mit der über seine Stücke berichtet wird, belegen die Resonanz, die sie gefunden haben. Der sonst so kritische W. Alexis findet - bei seiner im übrigen vorsichtigen Beurteilung von Holteis Gesamtwerk - zu seinen Liederspielen anerkennende Worte[2]:

> "Wie viel Talent zersplitterte in seinen zahlreichen Produktionen, von denen verhältnismäßig nur wenige sich auf dem deutschen Theater erhalten haben. Seine Schöpfungsgabe hat sich nicht objektiv genug durchgebildet. Daher der ganz verschiedene Erfolg seiner Stücke ... Nur in gewissen Dramen ... oder in den Liederspielen, wo er Töne traf, die zu dem Sinne sprechen, siegte er ohne Beihilfe seiner Persönlichkeit (als Schauspieler). So viel er auch für die komische Bühne gearbeitet, sein Talent ist doch mehr sentimentaler Art, wie er denn zum Liederdichter, den ein Impuls hinreißen muß, geschaffen scheint".

Biedenfeld nennt im Zusammenhang mit Reichardt Holteis Liederspiele "gelungene Dichtungen", die "sogar in unserer blasierten Zeit (1848) noch bedeutender Wirkung fähig sind"[3].

---

1 Goedeke, IX, S. 497

2 W. Alexis, Erinnerungen, S. 376

3 Biedenfeld, S. 95f.

Bei Holtei steht zum erstenmal nicht mehr der Komponist, sondern der Dichter eines Liederspiels im Mittelpunkt der Betrachtung. Über den Komponisten Karl Eberwein, der die Musik zu Holteis "Lenore" besorgte, ist in den Rezensionen oft nur ein kleiner Absatz zu finden und bei einigen Liederspielen ist nicht immer bekannt, von wem die Musik stammt. In Holteis Liederspielen gibt es keine Originalkompositionen - hier wird auch nicht mehr komponiert, sondern nur arrangiert - und das Parodieverfahren des Vaudevilles ist fast vollständig übernommen worden. Liebstoeckl ist der Ansicht, Holtei habe zu Unrecht seine Stücke Liederspiele genannt, denn "weder vom Inhalt, noch vom 'Gefühlsinhalt' her, wären sie anders als Blums Vaudevilles"[4].

Liebstoeckl hat recht, wenn man Holteis Liederpossen, z.B. "Die Wiener in Berlin" heranzieht, aber bei näherer Betrachtung seiner "ernsten" Liederspiele muß man feststellen, daß sie weder vom Sujet noch vom Typus der Lieder - Liebstoeckls Arbeit ist eine literaturwissenschaftliche Untersuchung - einem Vaudeville entsprechen. Holtei verwendet "empfindsame" Liebeslieder, Trink- und Soldatenlieder wie sie in Reichardts Liederspielen zu finden sind und mit seinen deutschen "Volksweisen" und preußischen Marschklängen in "Lenore" sind sie "deutscher" als jedes Liederspiel zuvor. Bei Mendel findet sich dazu der wieder Verwirrung stiftende Hinweis, Holtei habe "das Vaudeville in Form des deutschen gemüthlichen Liederspiels in Deutschland" eingebürgert[5].

Angaben zur Biografie Holteis werden bereits in Brockhaus' Conversations-Lexicon von 1832/34 gemacht[6]. Dort wird be-

---

4 Liebstoeckl, S. 41

5 Musikalisches Conversations-Lexikon..., hrsg. v. H. Mendel, Berlin 1880, Art. Holtei

6 Conversations-Lexicon der neuesten Zeit und Literatur, Leipzig (Brockhaus), 1832/34, Art. Holtei

hauptet, Holtei habe mit seinen Liederspielen "ein neues Genre in Deutschland geschaffen", demnach müssen Reichardts Liederspiele - obwohl sich Holtei 1828 auf sie beruft[7] - vom Publikum vergessen worden sein.

Karl Eduard von Holtei (1798-1880) ist als Sohn eines österreichischen Rittmeisters in Breslau geboren[8]. Er diente 1815 kurze Zeit als Freiwilliger, begann anschliessend ein Jurastudium, das er wegen seiner Theaterleidenschaft bald aufgab. Als Schauspieler kam er über Breslau und Dresden 1824 nach Berlin, zunächst an das Hoftheater und von 1825-1829 an das Königstädtische Theater. Dort war er als Theaterdichter, Schauspieler, Regisseur und Sekretär angestellt und trat selbst in seinen Stücken auf. Nach einer kurzen Zeit am Darmstädter Hoftheater (1830/31) kehrte er nach Berlin zurück, fand aber dort keine feste Anstellung mehr und lebte von Gastrollen und Auftritten als Deklamator. Von 1837-1839 war er Direktor am Theater in Riga, wo er mit Richard Wagner zusammentraf, der dort als Kapellmeister engagiert war. Nach dem Tod seiner zweiten Frau, der Schauspielerin Julie Holzbecher, mit der er 1834 in Wien am Theater in der Josephstadt in einigen seiner Stücke aufgetreten war, reiste er wieder als Deklamator und in Gastrollen umher. 1847 zog er zu seiner Tochter nach Graz und 1865 nach Breslau, wo er von 1876 an die letzten Jahre seines Lebens im Kloster der Barmherzigen Brüder verbrachte.

Holtei veröffentlichte 1832 seine Liederspiele und "Schauspiele mit Gesang" in der zweibändigen Ausgabe "Beiträge für das Königstädter Theater"[9] und noch einmal 1845 zu-

---

7 Holtei, Flüchtige Betrachtungen..., S. 35

8 Biographische Angaben nach Goedecke, IX, S. 496f.

9 K. v. Holtei, Beiträge für das Königstädter Theater, 2 Bde., Wiesbaden 1832

sammen mit anderen Bühnenstücken in der Sammlung "Theater"[10]. Sein achtbändiger autobiografischer Roman "Vierzig Jahre"[11], in dem er ausführlich über seine Jahre am Königstädtischen Theater erzählt, ist ein lesenswertes Zeitdokument. In seinem Schauspiel "Ein Trauerspiel in Berlin" (1837) kreierte er das Vorbild für die Figur des "Eckenstehers Nante" (Adolf Glaßbrenner), die später in unzählingen Varianten zum Inventar der Berliner Witze gehörte[12]. Bekannt - und noch im 20. Jahrhundert gelesen - wurde er vor allem durch seine Gedichte in schlesischer Mundart.

Richard Wagner, der in Riga von Holtei - nachdem dieser nach Wagners Bericht seiner Frau Avancen gemacht hatte[13] - in bitterster Feindschaft schied, schildert ihn in seinen Memoiren als einen Mann "der um jene Zeit bereits" einer "verschwindenden Tendenz des Theaterwesens" angehörte. Wagner konnte Holteis Ansichten vom Theater nicht teilen[14]:

> "Dieser fand sich nämlich bald zu der offenen Erklärung veranlaßt, daß unser Theater einen für seinen Geschmack bereits viel zu soliden Charakter angenommen hatte, und suchte mich darüber zu belehren, daß gute theatralische Leistungen eigentlich eine liederliche Bande voraussetzten. Wie er den Begriff der Würde der theatralischen Kunst geradewegs für einen pedantischen Unsinn erklärte, erkannte er für das Genre ihrer Leistungen eigentlich nur das halb rührend, halb frivol anregende Vaudeville als beachtenswert an. Die ernste große Oper, besonders das reiche musikalische Ensemble waren ihm entschieden verhaßt und meine Anforderungen hierfür reizten ihn zu wirklichem Hohn und hämischer Zurückweisung. ..."

---

10 K. v. Holtei, Theater, Breslau 1945

11 K. v. Holtei, Vierzig Jahre, 8 Bde., Berlin 1843-50

12 L. Richter, Der Berliner Gassenhauer, Leipzig 1971

13 R. Wagner, Mein Leben, Hrsg. v. M. Gregor-Dellin, München 1983, (1963), S. 163

14 ebenda, S. 153

Die von Wagner 1837 mit einer "verschwindenden Tendenz des Theaterwesens" bezeichnete Epoche, meint dieses Übermaß an Unterhaltungsstücken, die in einer Zeit, wo "das leichte Genre immer leichter"[15] wurde, vor allem am Königstädtischen Theater dem Publikum geboten wurde[16]. Holtei hingegen verstand sich als durchaus seriöser Theaterdichter, der stolz betonte, daß er als erster[17] "das ernste Liederspiel auf deutscher Bühne" versucht habe.

Die Entstehungsgeschichte dieser "ernsten" Liederspiele stellt indes ein Kuriosum dar, das nur aus den, dem Königstädtischen Theater auferlegten Repertoireinschränkungen[18] zu erklären ist. Holtei berichtet selbst darüber, wie er das Verbot, an dieser Bühne Dramen aufzuführen, umgehen konnte[19]:

> "Möchte jeder Beurtheiler dabei erwägen wollen, daß ich immer die K r ä f t e , die M i t t e l , und die durch unsere Konzession gezogenen G r e n z e n , bei meinen Arbeiten im Auge haben und behalten mußte. Ich konnte den Ernst nur einschwärzen; ich konnte ihn nur unter der Firma eines Melodramas, oder eines Liederspiels auf die Bretter bringen. Dieser Zwang hat meinen Arbeiten, wenn ihre Aufführung anderswo gewagt worden ist, immer sehr geschadet. Von allen Seiten hör' ich, sind mir bittere Vorwürfe über meine Liederspiele gemacht worden. Man hat es gar nicht genug tadeln können, daß ich die Leute, selbst in tragischen Situationen, singen lasse! - ..."

Aus dieser anfänglichen Verlegenheitslösung hat Holtei, nachdem er damit Erfolg gehabt hatte[20], eine Tugend ge-

---

15 M. v. Boehn, Biedermeier, Berlin 1911, S. 376

16 s. Kap. IV,1

17 Holtei, Beiträge für das Königstädter Theater, XVI

18 s. Kap. IV,1

19 Holtei, Beiträge..., XVI

20 vgl. Berliner Conversations-Blatt, Rez. über "Lenore", v. 3. u. 5.7.1928, Nr. 129 u. 130

macht, indem er im Laufe der Jahre - die nicht "ernsten" Liederspiele miteingerechnet - ungefähr 13 davon verfaßt hat. Die genaue Anzahl läßt sich nicht feststellen, da Holtei selbst manche Stücke einmal Liederspiel und dann wieder Liederposse oder "Schauspiel mit Gesang" nennt. Warum er bei seinen "heiteren" Spielen sowohl die Bezeichnung Liederspiel als auch Liederposse verwendet, ist nicht einzusehen: "Die Wiener in Berlin" soll ein Liederspiel sein, das Gegenstück dazu "Die Berliner in Wien" dagegen eine Liederposse[21]. Trotz dieser ungenauen Gattungszuweisung, fällt auf, daß Holtei, was die Bestimmung des Stückes angeht, eine auffallende Differenzierung vornimmt: "Der alte Feldherr" nennt er ein "heroisches" Liederspiel, "Lenore" ist ein "vaterländisches" Liederspiel oder auch Schauspiel mit Musik, und das die Wiener "Staberl"-Figur verwendende Stück "Staberl als Robinson" ist ein "melodramatisches" Liederspiel[22]. Diese Differenzierung hat Holtei vermutlich in Analogie zu der Typenvielfalt bei den Vaudevilles vorgenommen (s. Kapitel über Carl Blum). Vor allem aber wollte er damit klarstellen, daß er mit seinen "ernsten" Liederspielen die bisherige Domäne der Gattung, das "Idyllische", endgültig verlassen hat.

Der Erfolg von Holteis Liederspielen läßt sich nicht nur an Hand von Rezensionen, sondern auch durch die Verbreitung der darin enthaltenen Lieder nachweisen. Diese wurden durch

---

21 vgl. Inhaltsverz. der Sammlung "Theater" (s. Anm. 10)

22 Adolf Bäuerle (1786-1859) erfand in "Die Bürger in Wien" (1813) die Figur des Parapluimachers "Staberl", die eine Flut von "Staberl"-Stücken hervorgerufen hat. Vgl. dazu: J. Hein, Das Wiener Volkstheater, in: Erträge der Forschung, Bd. 100, Wiss. Buchgesellsch. Darmstadt 1978, S. 38ff.

Einzeldrucke oder Klavierauszüge vertrieben und sind verschiedentlich bearbeitet worden[23]. Karl Czerny verfaßt ein "Rondoletto" für Klavier über das Lied des Thadaeus "Fordre niemand, mein Schicksal zu hören" aus dem Liederspiel "Der alte Feldherr"[24].

Aus Anlaß eines Preisausschreibens, das neben anderen dramatischen Arbeiten auch für ein Liederspiel veranstaltet worden ist, schreibt Holtei eine engagierte Abhandlung zum Thema Liederspiel und Vaudeville[25]. Darin nennt er das Liederspiel eine "vernachlässigte" Gattung, aber anstatt das nur zu bedauern macht er, als ein in dieser Hinsicht erfahrener Theatermann, auch finanzielle Gründe dafür verantwortlich[26]:

> "Der Lohn steht im besten Falle mit der Bemühung und Unsicherheit des Erfolgs in keinem Gleichgewichte ... So lange aber ein Liederspiel, welches Tausende einbringt, mit Funfzig Thalern bezahlt und mit dieser Summe der Verfasser ein für allemal abgefunden wird - so lange werden die Konkurrenten sich nicht drängen. Und so kommt es, dass wir Deutsche, bei unserer Fülle von Liedern, noch immer kein nationales Liederspiel haben".

Holtei rät trotzdem jungen Dichtern, es anstelle von großen Dramen einmal mit einem Liederspiel zu versuchen[27]:

> "Bei jungen Anfängern, die nur zu gewinnen haben und die noch dazu ihren Mangel an dramatischen Geschick hinter hübsche Lieder verstecken können, muß es nur an Unkunde der Bühnenwelt liegen, wenn sie nicht Liederspiele zu machen versuchen. Die der Jugend so eigenthümliche Lyrik, kann in keiner theatralischen Form so gern entschuldigt, ja so gut benutzt werden, als eben in dieser".

---

23 u.a. von Louis Anger, Op. 5, Theodor Oesten, Op. 107,11, und Op. 343, Guitarrenbearb. v. F. Mehrwald

24 Karl Czerny: Rondolettos fac.et brill.p.le.Pfte. Op. 538, Nr. 2

25 Holtei, Flüchtige Betrachtungen über Vaudeville und Liederspiel, Berlin 1827 (s. Anm. 7 in Kap. III,1)

26 Holtei, Flüchtige Betrachtungen..., S. 34

27 ebenda, S. 37

"Das Liederspiel oder Der schottische Mantel" (1835):

In Holteis "Spiel mit Liedern" mit dem Titel "Das Liederspiel oder Der schottische Mantel", das auf dem Theater in der Josephstadt in Wien (1834) aufgeführt worden ist[28], wird das Pro und Contra für die Gattung Liederspiel auf amüsante Weise in den Dialog eingearbeitet[29]:

Rosalie:	... der arme Student... er lebt von Gelegenheitsgedichten ... der meinte, ich solle ein Liederspiel schreiben.
Gründlich: (Professor der Aesthetik)	Pfui! pfui ... Das Liederspiel ist eine abscheuliche Aftergattung ... weil es gar nicht in eine Rubrik gebracht werden kann. Es ist keine Tragödie, kein Lustspiel, keine Oper, keine Operette. Es ist ein hors d'oeuvre, es ist ein Nichts! giebt es etwas unnatürlicheres als wenn die Leute mitten im Gespräch zu singen anfangen wie die Narren? ... Ich wüßte wahrhaftig nicht, wo ich es in meinem Handbuch der Aesthetik placieren sollte ...
	(..........)
Feder: (Student)	Ich bitte Sie ... warum soll das Lied von der Bühne verbannt werden? Man muß es nur nicht singen wollen, wie eine große Opernarie. Man muß es einfach vortragen, mehr sprechen als singen. Nicht mit Spontinischem Orchester ... Nein, mit einer dünnen Reihe discreter Violinen, so schmal, daß der Sänger darüber hinweg den Hörern gleichsam die Hand reichen könne.

Rosalie, die ehrgeizige, dichtende Witwe gehört zur "guten Gesellschaft" und vertreibt sich die Langeweile, indem sie Unterricht in Prosodie bei Professor Gründlich nimmt. Sie beherrscht schon die Anfangsgründe der Metrik und denkt daran, eine Tragödie zu schreiben. Das "kleine" Genre des Liederspiels erscheint ihr nicht attraktiv genug[30]:

---

28 Aufführungen am 2.12.1834 und 1.1.1835

29 zit. nach der Sammlung "Theater", Breslau 1845, S. 88f.

30 "Theater", S. 89

"Ich muß mich in den größeren Styl werfen, wenn mein Name künftig leben soll". Sie hofft einstmals ebensoviel Erfolg zu haben wie die Bühnenschriftstellerin Charlotte Birch-Pfeiffer[31] und die Wienerin Franul von Weißenthurn[32], auch die Romanschriftstellerin Johanna Schopenhauer[33] beneidet sie glühend. Doch dem Studenten Feder, der sie heimlich liebt, gelingt es, sie für das Liederspiel zu erwärmen. Er widerlegt Professor Gründlichs Ansichten, dessen "Kategorien und Schemata" er für pedantischen Unsinn erklärt, indem er dafür plädiert, daß der Dialog sehr wohl durch Lieder unerbrochen werden dürfe[34]. ... "Giebt es nicht Scenen, wo man mit gesprochenen Worten gar nicht mehr ausreicht?" Feder will Rosalie bei der Abfassung eines Liederspiels behilflich sein und beschreibt ihr seine Methode[35]: "Ich habe die Gewohnheit, meine Lieder zu singen, indem ich sie niederschreibe", und singend trägt er ihr in vier Strophen eine "Aesthetik" des Liederspiels vor[36]:

"Es vereine dem Wort sich der Klang,
Und die Töne begrüßen sich freundlich und schnell,
Von der Lippe fließt leichter Gesang,
Wie durch blumige Wiesen der Quell.
Keine schleppende Rede der Handlung genügt,
Nein, melodisch sey Silbe zu Silbe gefügt,
So ertöne vertraulicher Klang
Und die Sprache wird bald zum Gesang".

---

31 Charlotte Birch-Pfeiffer (1800-1868), Schauspielerin und Schriftstellerin, benutzte Romane und Erzählungen als Vorlage zu Familienstücken, Künstlerdramen, hist. Dramen, Volksstücken und Possen (vgl. D. Maurer, A. v. Kotzebue, Ursachen seines Erfolges, Diss. Bonn 1979, S. 286f.)

32 Johanna Franul von Weissenthurn (1772-1847), Schriftstellerin, "trat auf dem Gebiet des sentimentalen Schauspiels das Erbe Kotzebues an" (vgl. D. Maurer, S. 270f.)

33 Johanna Schopenhauer, Mutter von Arthur Schopenhauer (1766-1838), schrieb Romane u. Novellen, unterhielt in Weimar einen lit. Salon

34 Theater, S. 89

35 ebenda, S. 88

36 ebenda, S. 90

Biedenfeld erinnert in seinem Apell an deutsche Komponisten, Liederspiele zu schreiben[37], daran, daß Tausende von Liedern in den Musikläden "verschimmeln". In Feders klingend vorgetragener "Aesthetik" heißt es:

"Welche Schätze gewahren wir nun:
Ach an Liedern so reich ist das Vaterland ja:
Süße Lieder, die schlummern und ruhn;
Hebt vom Grabe den Stein,- sie sind da!"

Die Verwendung populärer Melodien rechtfertigt das Parodieverfahren des Vaudevilles auch im Liederspiel:

"Alte Weisen, jedwedem bekannt,
An Erinnerung reich, dringen tief in das Herz
(..........)
Wechselwirkend erzeugt sich das Lied:
Was im Volke erschollen, benützt es für Euch
Was I h r sangt, wenn's der Himmel will, zieht
Von der Bühn' in der Wirklichkeit Reich"

Feder will Affekte nicht im Dialog, sondern nur musikalisch zum Ausdruck bringen und "wo nur ein lyrischer Anklang durch das Stück weht, trete das Lied ein":

..."Nur im Liede sey Liebe genannt,
Nur im Lied' klage Trauer und Schmerz,
Nur im Liede bewege sich jubelnde Lust" ...

Auf den Einwand Rosalies, warum sich denn im Liederspiel alles um Liebe drehen müsse, antwortet Feder, Holteis Erfahrungen wiedergebend[38]:

---

37 Biedenfeld, S. 96

38 "Theater", S. 90

> "Aber um was soll sich ein Liederspiel drehen? Die Liebe ist noch das Einzige, was die Censur passiert. Andere Seiten zu berühren, klingt gefährlich. Ich hab' es einmal versucht... "Denkst Du daran?" - ich werd' es nie vergessen".

Feder meint das Lied "Denkst Du daran, mein tapferer Lagienka" aus Holteis Liederspiel "Der alte Feldherr", das 1825 von der Zensur in Berlin verboten wurde, weil es mit seiner Glorifizierung des polnischen Freiheitskämpfers Kosciuszko der preußischen Regierung nicht genehm war[39].

Aus dem gemeinsamen Liederspiel-Projekt von Feder und Rosalie sollte indes nichts werden. Ein Verehrer Rosalies, "Lieutenand Reinhard", macht ihr einen Heiratsantrag, unter der Bedingung, daß sie das Dichten für die Öffentlichkeit sein lassen solle; für ihn hingegen dürfe sie Lieder schreiben. Holtei, der mit diesem Einakter wohl auch eine Parodie auf dichtende Damen geschrieben hat, läßt Rosalie ihre ehrgeizigen Pläne zu Gunsten ihrer Rolle als Ehefrau aufgeben. Feder tröstet sich mit den ans Publikum gerichteten Versen (Nr. 46):

> ..."Ja, frische Blumen läßt der Lenz uns finden,
> Ja, frische Lieder keimen täglich viel; -
> Darf man zum Strauß die kleinen Blumen winden,
> Warum die Lieder nicht zum Liederspiel?"

Holtei schreibt im Vorwort zu "Das Liederspiel"[40]:

> "Mancherlei eben so feindselige, als unbegründete Aeußerungen gegen meine Liederspiele und gegen die Gattung überhaupt, veranlaßten mich zu dieser halb polemischen, halb lyrischen Arbeit. ... Da es im Ganzen des Stückes bedingt ist, daß die Lieder sich als ein Element der Entwicklung aus dem Dialog, der fast unmerklich in Gesang übergehen soll, gestalten,

---

39 s. Kap. IV,3

40 "Theater", S. 86

> da sie gleichsam in die fortschreitende Handlung gehören, so mußten sie auch, ohne Orchesterbegleitung, welche zu sehr ans Singspiel erinnert haben würde, vorgetragen werden. Dies setzte die Hörer in Erstaunen, weil es ihnen etwas Fremdartiges war ... In Wien dagegen, wo man niemals fragt, ob die Form neu und unbekannt sey, wenn nur der Inhalt zu Herzen spricht ... in Wien machte das "Liederspiel" mit seiner einfachen Handlung, seinen vier Personen, seinen kleinen Liedern viele, viele volle Häuser..."

Eine Wiener Rezension bestätigt Holteis Angaben[41]:

> ..."in den Debatten pro und contra entwickelt sich eine recht sinnige Analyse der Natur und Erfordernisse des Liederspiels ... das eingeflochtene Liebesverhältnis ... bildet die Intrige des Stückchens, das voll Geist, Witz und interessanter Einzelheiten ist, die dem Publikum entschieden wohlgefielen ... das übervolle Haus spendete den werthen Gästen (Holtei und seiner Frau, der Schauspielerin Julie Holzbecher in der Rolle der Rosalie) und dem Stücke den lebhaftesten Beyfall..."

Holtei betont in seiner Vorrede, daß die Lieder "als ein Element der Entwicklung aus dem Dialog ... gleichsam in die fortschreitende Handlung gehören". Das ist gegenüber früheren Liederspielen neu, denn Mosel hatte in seiner Definition des Liederspiels[42] noch darauf hingewiesen, daß die Lieder "alle als das, was sie sind, nähmlich als Lieder eingeführt werden", und er will nicht daß - wie im Singspiel und in der Oper - "ein Theil der Handlung in die Gesangsstücke gelegt wird". In Holteis Einakter, der ganz und gar kein Singspiel sein will - dazu ist auch die Faktur der Lieder viel zu einfach - haben die Gesangsnummern dennoch eine neue Funktion erhalten: sie werden nicht als

---

41 Wiener Zeitschrift für Kunst, Literatur, Theater und Mode, Rez. von K. v. Holteis "Das Liederspiel oder der schottische Mantel", Dez. 1834, S. 1175

42 s. Kap. III,1

vorher schon existierende Produkte in die Handlung eingebaut, sondern der Zuschauer soll unmittelbar am Prozeß ihres Entstehens beteiligt sein. Das wird besonders in Feders Bemühen um die geeignete Formulierung eines Liebesgedichtes deutlich: aus dem anfänglichen Stottern und Stammeln, und durch den gleitenden Übergang vom Sprechen ins unbegleitete (!) Singen, entwickelt sich eine Liedstrophe[43]:

Feder: "Du ... die ich liebe,... Du, die ich vergöttere,...
o Du, die nicht fühlt, wie bang und glühend ...
Du...o......Du....

(singt)

Mel: Vom ergrauten Mütterchen..

"O du, auf deren Rosenwangen
Ein immer junges Leben glüht
So geb' ich freudig nun gefangen
Dir Herz, Geist, Seele und Gemüth"
(.........)

und so ist es auf einmal heraus, bloß weil er es singen durfte"

Feder imitiert einen um Worte ringenden Dichter, will damit aber auch zum Ausdruck bringen, daß sich die Vermittlung einer Botschaft - sei sie noch so trivial ausgedrückt - singend besser bewältigen läßt. Die Wirkung der Persiflage soll durch den Kontrast zwischen dem "timbre"[44], der ursprünglichen Textierung, die den Zuschauern bekannt gewesen sein wird, und dem neuen Text gesteigert werden, was bekanntlich alter Vaudevillepraxis[45] entspricht. "Das Liederspiel" behandelt die Entstehung eines Liederspiels, was von Holtei raffiniert durch Ausnutzung aller bühnenwirksamen Tricks - die gelegentlich an "Klamotte" erinnern -

---

43 "Theater", S. 89

44 s. Kap. III,2

45 s. Kap. III,1

mit einer Handlung verquickt wird, die den trockenen Stoff einer ästhetischen Auseinandersetzung schmackhaft machen soll.

In der Abhandlung "über Vaudeville und Liederspiel" hat Holtei die Diskussion - "Das Liederspiel" entstand 1834 - bereits 1827 aufgenommen[46]. Holtei ist indes kein Autor, der systhematisch seine Theorien entwickelt. Sein Gedankengang ist sprunghaft, sein Stil polemisch und von impulsiven Äußerungen durchzogen; vermutlich ist der Aufsatz rasch niedergeschrieben worden, worauf zahlreiche Wiederholungen und widersprüchliche Aussagen hindeuten. Dennoch ist die Abhandlung wichtig, weil hier über die Frage Aufschluß zu bekommen ist, auf welche Weise das Vaudeville Einfluß auf das Liederspiel genommen hat.

Holtei beruft sich darin auf Reichardt, dessen "Lieb' und Treue" er ein "Muster-Liederspiel" nennt, "welches allen Anforderungen genügt, und recht dazu geeignet ist, Vergleiche anzustellen"[47]. Holtei legt bei seiner Definition des Liederspiels besonderes Gewicht auf die Tatsache, daß Reichardt "die Lieder andrer, älterer Dichter" verwendet hatte, was seiner Ansicht nach "die lyrische Productionslust und Kraft jüngerer Schriftsteller ganz zurückschieben" würde. Reichardt hätte dieses als Komponist dieser Dichtungen tun können, er könne keinem dazu raten. Holtei plädiert dafür, das ganze Liederspiel, und nicht nur den verbindenden Dialog dazwischen neu zu schreiben, was Kotzebue in keinem seiner

46 K. v. Holtei, Flüchtige Betrachtungen über Vaudeville und Liederspiel, in: Monatl. Beiträge zur Geschichte dramatischer Kunst und Literatur, hrsg. v. K. v. Holtei, Berlin 1827, S. 32-58

47 Holtei, Flüchtige Betrachtungen..., S. 35

Liederspiele getan hatte[48]. Die Texte von Holteis Liedern in seinen Liederspielen sind indes nicht allein seine Erfindung, denn häufig paraphrasiert er Volkslieder oder fremde Gedichte, wie z.B. in "Lenore", wo er nicht nur den Stoff, sondern auch ganze Passagen aus Bürgers Ballade verarbeitet.

Holtei warnt davor "Quodlibet, Vaudeville und Liederspiel in einen Topf zu werfen" und erwähnt seine Posse "Die Berliner in Wien" (1824), bei der er zum Teil selber in diesen Fehler verfallen sei[49]. Dennoch zeigt er am Beispiel von Fr. H. Himmels "Fanchon" (1804)[50]. die er weder ein Singspiel, noch eine "Operette", sondern "eher ein glückliches Gemisch von Vaudeville und Liederspiel" nennt[51], daß eine Kombination der Gattungen möglich ist. Himmel hatte mit diesem Stück, das von 1804 bis 1853 137 Aufführungen erlebte[52], einen ungeheuren Erfolg, sein Liederspiel "Frohsinn und Schwärmerey" (1801) blieb dagegen ohne Resonanz[53]. Der gefürchtete Kritiker Saphir[54] schrieb noch 1830 über Himmels "Fanchon"[55]:

> ..."In dieser Operette kann man recht sehen, wie viel durch einfache Mittel, wenn sie gehörig angewendet werden, bewirkt werden kann; denn diese so leicht verständlichen, himmlischen Himmel'schen Melodien sprachen in ihrer rührenden Innigkeit gewiß zu jedem Herzen..."

---

48 s. Kap. II,2

49 Holtei, Flüchtige Betrachtungen..., S. 38

50 "Fanchon, das Leyermädchen", Libretto v. A. v. Kotzebue Auff. am 16.5.1804 am Nationaltheater in Berlin

51 Holtei, Vaudeville..., S. 37

52 Angaben nach C. Schäfer u. C. Hartmann, Hrsg., Die kgl. Theater in Berlin, Berlin 1886

53 s. Kap. II,1

54 vgl. Fehde der Berliner Schriftsteller gegen den jüdischen Kritiker Moritz M. Saphir, dem Herausgeber der Berliner Schnellpost, bei Eylitz, Das Königstädtische Theater, Diss. Rostock 1941

55 Der Berliner Courir, Nr. 1025, v.3.7.1830

Himmel verwendet in seiner "Fanchon" bereits Couplets, die dann erst viel später in Blums Vaudevilles eingesetzt werden. Holtei lobt an der "Fanchon" die "reizenden Anklänge" an "Pariser Vaudevilles, die Kotzebue und Himmel mehr benutzt haben, als man gewöhnlich glaubt"[56].

Die ganze Diskussion um die Frage, ob das Vaudeville das Liederspiel verdrängt habe, und das Problem einer Verwechslung der Gattungen[57], läßt sich nach Holteis Aussagen damit beantworten, daß am Königstädtischen Theater eine Stilvermischung stattgefunden hat, die ein Resultat der Bühnenpraxis gewesen war. Holtei berichtet[58]:

> ..."Es konnte daher gar nicht anders kommen, als daß, wie es in Blum's Arbeiten schon geschehen war, sich aus Liederspiel und Vaudeville eine dritte Gattung bilden mußte, die wir nun bald Posse mit Gesang, bald Vaudeville-Posse, bald wieder Liederspiel oder Vaudeville nannten, die aber doch nichts anderes ist, als ein auf deutschen Grund und Boden versetztes französisches Gewächs. Seine Abstammung soll uns so wenig hindern, es mit Liebe und Fleiß zu pflegen ..."

Obwohl sich Holtei an anderer Stelle ein "nationales Liederspiel" gewünscht hatte[59], geht er doch nicht so weit, deshalb das Vaudeville zu verurteilen. Das sollte erst durch Biedenfeld und Schletterer geschehen[60], die in der Rückschau auf diese vom französischen Geschmack völlig beherrschte Epoche einen Überdruß empfinden mußten. Holtei

---

56 Holtei, Flüchtige Betrachtungen..., S. 37

57 Grove, Art. Liederspiel (s. Kap. III,1)

58 Holtei, Flüchtige Betrachtungen..., S. 40

59 ebenda, S. 34

60 s. Kap. III,1

hält jedoch das Vaudeville "im strengen Sinne des Wortes" auch nicht für ein deutsches Publikum geeignet[61]:

> "Unsre Sprache ist, wegen ihres Reichthums eben, arm an feinen Wortspielen und Kalembourgs, welche eigentlich die Würze des französischen Vaudevilles sind; auch das lebendige Auffassen zarterer Pointen liegt nicht im Charakter unseres Publikums. Durch ein blos geistreiches und pikantes Stück, ohne alles Gemüth, ohne herzliche Anregung, wird sich auf Deutsche nur dann wirken lassen, wenn es auf der niedrigen Stufe des ganz Possenhaften oder Karikirten steht. Und auch dann noch werden wir den Anklang einer gewissen innigen Treuherzigkeit wünschen..."

Holtei will also "Gemüth" und "innige Treuherzigkeit", Eigenschaften, die bereits Reichardt seinen Liederspielen verliehen hatte, und darum versucht er in einer "dritten Gattung"[62] französischen "Esprit" mit deutschem "Gemüth" zu verbinden. Wie indes so eine "dritte Gattung" beschaffen sein soll, zeigt Holtei, der im gleichen Aufsatz noch vor einer Vermischung der Gattungen gewarnt hatte[63], am Beispiel des Liederspiels "Die Wiener in Berlin"[64]:

> "Man wird es mir nicht für Eitelkeit auslegen ..., wenn ich die "Wiener" als Beispiel citire, wie in einem s e l b s t e r f u n d e n e n d e u t s c h e n S t ü c k e die Uebergänge aus dem Liederspiel ins Vaudeville und aus dem Vaudeville ins Liederspiel zu nehmen sind. Ich habe hier ganze Gesänge fast unverändert aufgenommen; bekannten Melodien sind aber auch manchmal neue Texte untergelegt, - und die Schlußform nähert sich durchaus dem Pariser Vaudeville".

---

61 Holtei, Flüchtige Betrachtungen..., S. 39f.

62 ebenda, S. 40

63 ebenda, S. 41

64 Auff. am 14.6.1824 am Kgl. Schauspielhaus in Berlin, von 1824-1842 41 Auff., Wiederauff. mit Tilla Durieux am 27.11.1915 im Kgl. Schauspielhaus in Berlin

Hieraus wird deutlich, daß in den zwanziger Jahren des 19. Jahrhunderts tatsächlich eine Vermischung der Gattungen - wovor im Artikel "Liederspiel" im Grove gewarnt wird - stattgefunden hat, denn beide Verfahren: Übernahme alter Lieder mit ihren ursprünglichen Texten und Neutextierungen finden nebeneinander statt. Man könnte einwenden, daß "Die Wiener in Berlin" kein "echtes" Liederspiel sei, wenn man Reichardts Konzeption zugrunde legen will, aber im Verständnis der Zeit wurde dies nicht angezweifelt. Das kann auch durch eine Äußerung Blums über dieses Stück belegt werden[65]:

> ..."Dieses Liederspiel (warum Liederposse?) in Entwurf und Ausführung neu, vielleicht das Resultat einer glücklichen Stunde, wird meines Dafürhaltens, lange unerreicht bleiben".

Blum zögert nicht "Die Wiener in Berlin" (1824) - ein Stück, das wir heutzutage eindeutig als Liederposse einstufen würden - ein Liederspiel zu nennen. Gattungszuordnungen spielen in den zwanziger Jahren des 19. Jahrhunderts offenbar nicht mehr die Rolle, wie sie noch 1801, als Reichardt um die Definition seiner Neuschöpfung bemüht war, gespielt haben. Was Blum an den "Wienern in Berlin" als "neu" und für lange Zeit als "unerreicht" empfunden hatte, war im Grunde nicht nur die von Holtei beschriebene Vermischung von Vaudeville und Liederspiel, sondern auch die Adaption der Wiener Posse in Berlin. Diese zwei unterhaltsamen Genres aus Paris und Wien hatten dafür gesorgt, daß aus Reichardts Konzeption - sicher nicht mit seiner Billigung - eine bühnenwirksamere neue Gattung, die Liederposse, entstanden ist.

---

65 C. Blum, Vaudevilles für die dt. Bühne, Bd. 2, Berlin 1826, VI

3. Karl von Holteis Liederpossen und Liederspiele:

"Die Wiener in Berlin" (1824)
"Staberl als Robinson" (1828)
"Der alte Feldherr" (1825)
Lenore (1828)

Holteis Erfahrungen mit dem Berliner Publikum brachten ihn zu der Erkenntnis, daß sich die Wiener Possen nicht so ohne weiteres nach Berlin importieren ließen[1]:

> "Wir sind einmal keine Wiener, unser Publikum will in jedem Scherz eine ernste Tendenz"

Das nur "Possenhafte und Karikierte"[2] - wie noch an Holteis gescheitertem Versuch mit der Wiener "Staberl"-Figur zu sehen sein wird[3] - hatte in Berlin keinen Erfolg. Das was Holtei an den Vaudevilles vermißte, "den Anklang einer gewissen innigen Treuherzigkeit", wird in seinem Einakter "Die Wiener in Berlin", der am 14. Juni 1824 am Königlichen Schauspielhaus aufgeführt worden ist, spürbar. Das Stück lebt von der "komischen Sprachspannung"[4] und der liebevoll gezeichneten Darstellung der gegensätzlichen Mentalität.

"Die Wiener in Berlin"

Liederspiel in einem Akt

Scene: ein kleiner Garten

Ein in Berlin lebender Wiener Privatmann und sein Sohn Franz halten sich Wiener Personal, weil sie auf die

---

1 Holtei, Vorwort zum Jahrbuch deutscher Bühnenspiele, hrsg. v. K. v. Holtei, Bd. 5, Breslau 1826, IV

2 Holtei, Flüchtige Betrachtungen..., S. 39

3 Figur aus Adolf Bäuerles "Die Bürger in Wien" (1813) s. Kap. IV,2 Anm. 22

4 Sengle, Biedermeier, II, S. 458

heimatlichen Laute nicht verzichten können. Franz liebt die junge Berliner Witwe Louise, aber Franz' Vater will sie als Schwiegertochter nicht akzeptieren, weil sie keine Wienerin ist. Louise hat jedoch während eines längeren Aufenthaltes in Wien "wienerisch" gelernt und bietet sich - höchst unwahrscheinlich - dem Hause als "Stubenmadl" an. Das echte Stubenmadl Kathi entdeckt jedoch die Maskerade, aber Franz, entzückt darüber, daß Louise den Dialekt beherrscht, macht ihr mit dem Einverständnis seines Vaters einen Heiratsantrag.

Holtei mischt geschickt Berliner und Wiener Melodien, die er zum Teil aus Adolf Bäuerles "Aline"[5] mit der Musik von Wenzel Müller ("Was macht denn der Prater", und das Duett "War's vielleicht um eins") entlehnt, was ihm von Bäuerle den Vorwurf des Plagiats[6] eingetragen hat. Holtei verteidigt sich gegen Vorwürfe dieser Art im Namen "aller Vaudeville-Macher"[7]:

> "Darin besteht ja das Hauptverdienst solcher Liederpossen, den beliebten Weisen neue Kouplets mit pikanten Wendungen unterzulegen"

---

5 "Aline, oder Wien in einem anderen Weltteile", Volks-Zauberoper v. A. Bäuerle und W. Müller. Nachgespielt in Berlin am Königstädtischen Theater am 25.5.1826, vgl. Repertoirverzeichnis bei Eylitz.
Holtei schreibt im Vorwort zu "Die Wiener in Berlin" in der Sammlung "Theater", Breslau 1845, S. 109f.: Von unserem vorjährigen (1823) Besuch in Wien schwirrten mir noch immer die heitern Wenzel Müller'schen Melodien im Gedächtnis nach, die ich dort vernommen, und ich bildete um zwei reizende Duettchen aus Ad. Bäuerles anmuthiger "Aline" meinen kleinen, flüchtig erfundenen, rasch (über Nacht) ausgearbeiteten Scherz, der in Berlin, sodann auf allen norddeutschen Bühnen... gewissermaßen Epoche machte"

6 Wiener allgemeine Theaterzeitung, hrsg. v. A. Bäuerle, Nr. 78, vom 22.6.1828, S. 312

7 Holtei, Vorwort zu Jb. deutscher Bühnenspiele, Bd. 5, 1826, V

Als "Berliner" Lied soll ein Ländler auf den Text "In Berlin, sagt' er, mußt du fein, sagt' er..." (Nr. 47) gelten. Die Melodie ist ein Beispiel für den Einfluß alpenländischer Musik in Berlin, die durch viele in Berlin "nachgespielte" Produkte der Wiener Vorstadtbühnen auch in die Vaudevilles und Liederspiele aus den zwanziger Jahren des 19. Jahrhunderts gedrungen ist. Dazu gehört die Ländlermelodie im Schluß-Vaudeville von Blums "Der Bär und der Bassa" (1821)[8] und Tiroler Lieder in Karl Eberweins Liederspiel "Der Teppichhändler" (1829)[9]. Holtei hat die Melodie "In Berlin, sagt' er" in seinen Liederpossen mehrmals verwendet, und sie wird noch eine Generation später von David Kalisch in der Bearbeitung durch Alexander Conrady - leicht abgewandelt und mit neuem Text versehen - in der Berliner Posse "Der Aktienbudiker" eingesetzt[10].

Holteis "Wiener in Berlin" orientieren sich musikalisch[11] an den Wiener Volksstücken, wie sie zu Beginn des 19. Jh. die Vorstadttheater beherrschten[12]. Volkslieder wie "Kommt a Vogerl geflogen" und ein Tirolerlied "Da bin i auf d' Berg aufi gang'a" - Reichardt läßt schon das Zithermädchen in "Der Jubel" das Tiroler Volkslied "Du host gesagt du wollst mich nemma" singen - wechseln mit Ländlern und Jodeleinlagen. Holtei hat indes auf das in Wien übliche Quodlibet, ein musikalisch recht anspruchsvolles Potpourri aus

---

8 s. Kap. III,3

9 vgl. Kraus, S. 83f., Eberweins Liederspiel war 1987 nicht mehr auffindbar

10 vgl. Sammlung von Couplets aus Berliner Possen in der Theatersammlung Eduard Bloch, ohne Nr. und Jahr, da das Titelblatt verloren (Ex. der DSB (Ost))

11 Musikal. Bearbeiter nach der Partitur in der ÖNB Wien, S.m. 6199, Carl Blum

12 dazu J. Hein, Das Wiener Volkstheater, Darmstadt 1978

Opernparodien, das gute Sänger erforderte, verzichtet, vermutlich weil er in seinen Liederspielen und Possen grundsätzlich Schauspieler verwendet hat. Eines der seltenen Wiener Liederspiele "Die musikalische Schneidersfamilie" von Adolf Bäuerle mit der Musik von Wenzel Müller[13] verwendet auch die Form der Quodlibets, das hier eine lustige Mischung aus Opernrezitativen, Partien aus der "Zauberflöte" (Sarastro: "Zur Liebe kann ich dich nicht zwingen.."), Tirolerliedern, einem Lied auf Tschechisch, Ländlern und Jodlern bringt. Quodlibets sind eine Gattung, die seit Anfang des 19. Jahrhunderts an Boden gewann und "ein Wiederaufleben des Parodiestils der Komödienlieder" (gemeint sind u.a. die von Kurtz-Bernadon (1717-1784))mit sich brachte und vielleicht durch das "neuere französische Vaudeville" angeregt worden sind[14]. Diese Quodlibets konnten nur dann ihre Wirkung haben, wenn die Musik schon "in die weitesten Schichten der Zuschauer gedrungen war"[15].

Holtei wird von Friedrich Sengle als ein Dichter beurteilt, der "eine wichtige Brücke zwischen Wien und Berlin" gebildet habe und die Kaiserstadt besser verstanden hätte, als die Berliner. Als "virtuoser Theaterkenner" habe er "systhematisch von der Lokal- und Nationalspannung Gebrauch gemacht"[16]. Holtei wollte den Erfolg seiner "Wiener in Berlin" - die 1915 in Berlin eine Reprise erlebten - mit dem Gegenstück "Die Berliner in Wien" (1824) verlängern, aber die Kritik bemängelte die Wiederholung einiger schon

---

13 Kl. A in: Neueste Sammlung komischer Theater-Gesänge, Wien b. Ant. Diabelli, ÖNB Wien S.A.79.D32, 17 Bde., Bd. 3, Nr. 86

14 Wiener Comödienlieder aus drei Jahrhunderten, hrsg. v. Bl. Glossy u. R. Haas, XVII

15 M. Enzinger, Die Entwicklung des Wiener Theaters vom 16. zum 19. Jh., in: Schriften der Gesellsch. f. Theatergeschichte, Bd. 28 u. 29, Berlin 1919, Bd. 29, S. 430

16 Sengle, II, S. 421 u. 457

im ersten Stück benutzten Melodien. Anläßlich eines Gastspielaufenthaltes in Wien 1734/35 entstand das Lustspiel "Die Wiener in Paris" und 1840 noch "Die Pariser in Wien".

"Staberl als Robinson"

Melodramatisches Liederspiel in einem Akt

Mit dem "melodramatischen" Liederspiel "Staberl als Robinson" sollte Holtei 1828 einen totalen Mißerfolg erleben. Das lag aber weniger an der Wiener Figur des "Staberl"[17] - Eylitz verzeichnet eine ganze Reihe "Staberliaden", die auf der Königstädter Bühne aufgeführt worden sind - als daran[18],

> "daß die Gattung parodischer Scherze, welche auf dem Leopoldstädter Theater in Wien so viel Glück und gewissermaßen den Hauptbestandtheil seines Repertoirs ausmacht" in Berlin nicht "kultiviert" wurde"

Holteis Liederspiel "Staberl..." gehört zur Gattung der Parodien und Travestien, die bereits von den Vorgängern Nestroys, Adolf Bäuerle (1786-1859), Josef Alois Gleich (1772-1841) und Karl Meisl (1775-1853) verwendet wurde. Enzinger unterscheidet Parodie und Travestie folgendermaßen[19]:

> "Die Parodie behält im allgemeinen den Ton und die Form des Kunst- oder Dichtwerkes bei welches sie verspottet, schiebt ihm aber einen trivialen Gegenstand unter" ... "Die Travestie ist gerade das Kehr-

---

17 Figur aus A. Bäuerles Stück "Die Bürger von Wien" (1813), (s. Kap. IV,2, Anm. 22)

18 Holtei, über "Staberl als Robinson" in Monatl. Beiträge zur Geschichte dramatischer Kunst und Literatur, hrsg. v. K. v. Holtei, Berlin 1828, S. 42

19 Enzinger, S. 450

bild der Parodie. Sie behält den erhabenen Gegenstand des Dicht- oder Kunstwerkes bei, behandelt denselben aber möglichst trivial".

Holtei hat die Veröffentlichung dieses Liederspiels mit einer Betrachtung über "theatralische Persiflage, Parodie und Ironie" verbunden[20]. Darin äußert er die Ansicht, daß sich "nur ganz vortreffliche Stücke" parodieren lassen und es für einen Dichter die größte Ehre sei, wenn seine Werke travestiert werden[21]. Anlaß für die Entstehung des "Staberl" war eine Persiflage auf das Melodrama "Robinson Crusoe", das am Kgl. Schauspielhaus gegeben wurde, von Holtei aber - entgegen seiner o.g. Behauptung - als "jämmerliches" Werk bezeichnet worden ist[22]. Er läßt "Staberl" in der Maske des Robinson auftreten und legt ihm, vermischt mit Zitaten aus der Vorlage, A. Bäuerles Sätze aus "Die Bürger in Wien"[23] in den Mund. Staberl, nach Goedecke das "personifizierte Volkselement des Wieners"[24] wird von Bäuerle mit den immer wiederkehrenden Sätzen charakterisiert: "Ich kenn' alles, weiss alles, versteh' alles, begreif alles, beurtheil' alles, wenn ich nur was davon hätt'[25].

Holtei wollte nicht nur eine Parodie auf "Robinson Crusoe" verfassen, der zweite Anlaß war - und das wurde ihm vom Publikum, einer Rezension zufolge[26], übel genommen - eine

---

20 s. Anm. 18

21 Holtei, über "Staberl", S. 47

22 ebenda, S. 47

23 s. Anm. 17

24 Goedecke, IX, S. 517

25 zit. nach H. Franzelin, Geschichte der Münchner Vorstadttheater, Diss. München 1928, S. 63

26 Rez. über "Staberl als Robinson", in: Berliner Conversations-Blatt, Nr. 15 v. 21.1.1828

Persiflage auf den am Königstädtischen Theater auftretenden Affendarsteller "Jocko"[27], der außerordentlich beliebt war, was die Liste der bei Goedecke abgedruckten "Affenstücke" beweist[28]. Holtei läßt Freitag als Affen auftreten und legt ihm ein verballhorntes Deutsch in den Mund. Der dritte Anlaß war - das ist aber nur eine Vermutung des Rezensenten[29] - eine "Persiflage und Anfechtung der Dichter für das Hoftheater (nämlich Shakespeare, Schiller, Lessing) und der Hofschauspieler, die in den Rollen glänzen". Holtei läßt nämlich Figuren aus klassischen und zeitgenössischen Dramen auftreten, u.a. Iphigenie, Julia, Minna v. Barnhelm, Käthchen von Heilbronn und Marquis Posa, dem "Staberl" gern Gedankenfreiheit geben würde, wenn er -, nach seiner bekannten Phrase -"nur etwas davon hätt'"[30].

Dieser Aufmarsch der Dramenfiguren ist geschickt und auf amüsante Weise mit der Handlung verwoben, es nur ist bedauerlich, daß diesem Aufwand an literarischer Parodie kein entsprechend musikalischer gefolgt ist. Die Parodien auf den "Freischütz" ("Jungfernkranz" und Jägerchor) und auf "Die Zauberflöte" ("Bei Männern welche Liebe fühlen") und "Don Giovanni (aus dem Finale: "Also stirbt wer Böses tut") sind, auch was die Umtextierungen betrifft, im Vergleich zu den Wiener Quodlibets denkbar plump ausgefallen. Auf das Duett aus der "Zauberflöte" wird folgender Text gesungen[31]:

---

27 s. Kap. IV,1

28 "Affenstücke" schrieb u.a. Louis Angely und Johann Nestroy ("Der Affe als Bräutigam", Wien 1836); vgl. Goedecke, XI, S. 451

29 Rez. zu "Staberl" (s. Anm. 26)

30 zit. nach Rezension zu "Staberl" (s. Anm. 26)

31 zit. nach der Sammlung "Theater", Breslau 1845, S. 126

Staberl: "Bei Affen welche Liebe fühlen,
fehlt auch ein gutes Herze nicht.

Freitag: Mit Aeffin ich in Bäumen spielen
Doch Liebe weichet jetzt der Pflicht

Beide: Mann und Aff' und Aff' und Mann
Einer schaut den Andern an."

Ob die Bezeichnung "melodramatisches" Liederspiel auf irgend eine Weise musikalisch realisiert worden ist, läßt sich, da eine Partitur nicht auffindbar war, aus dem Textbuch nicht erschließen. Es mutet heute seltsam an, daß sich 1828 ein Rezensent ernsthaft - auf drei Seiten! - mit diesem Stück auseinandersetzt und umständlich die Ursachen seines Mißerfolges analysiert. Die Hauptursache lag, auch nach Holteis Meinung, daran, daß der überwiegende Teil des Publikums die vielen literarischen Anspielungen gar nicht verstanden hatte. Holtei behauptet, daß seine "kecke Posse... für das feine Publikum zu grob und für das grobe Publikum zu fein"[32] gewesen sei. "Niemals ist ein Stück so vollständig ausgezischt, -gepocht, -gepfiffen, -gehöhnt worden, als dieses bei seiner ersten - und letzten Aufführung"[33].

In der 1845 erschienenen Sammlung "Theater" ist im Vorwort ein aufschlußreicher Satz Holteis zu lesen, der geeignet ist, gerade dieses Stück, aber auch die ganze hier dargestellte Epoche am Königstädtischen Theater zu erklären[34]:

> "Niemals vielleicht ward der traurige Zustand unserer Bühne in ihrem Schwanken, Streben, Irren, Nachahmen, Versuchen und Umhertappen, durch eine lange Reihe warnender Beispiele so deutlich vor Augen gestellt, wie hier durch meine Stücke: eben weil ich kein Genius bin, welcher mit schaffender Gewalt ... der

---

32 Holtei, Holtei über "Staberl" in monatl. Beiträge 1828, (s. Anm. 18)

33 Holtei, Vorwort zu "Staberl" in "Theater", S. 125

34 Holtei, Vorrede zu "Theater", X

> poetischen Richtung des vaterländischen Drama's Gesetze zu geben vermag; sondern weil ich als secundäres Talent an secundäre Bühnen nach Wien oder Berlin verpflanzt..."

Das Königstädtische Theater war eine solche "secundäre" Bühne. Dennoch haben die dort aufgeführten "ernsten" Liederspiele das Interesse weiter Kreise gefunden, was - wie oben zitiert - von W. Alexis damit erklärt wird, daß Holtei "in den Liederspielen ... Töne traf, die zu jedem Sinne sprachen"[35].

"Der alte Feldherr"

Das "heroische" Liederspiel "Der alte Feldherr" wurde 1825 bereits nach der dritten Aufführung von der Zensur verboten[36]. Das Liederspiel schildert eine Anekdote aus dem Leben des polnischen Revolutionärs Thaddäus Kosciuszko, der als Führer der patriotischen Partei 1794 im Kampf gegen Rußland die Rückeroberung der nationalen Unabhängigkeit versucht hatte[37]. Die darin offen bekundete Sympathie für einen polnischen Aufständischen, der noch gegen den Vater Friedrich Wilhelm III gekämpft hatte[38], konnte nicht toleriert werden. Holtei berichtet in seinem autobiographischen Roman "Vierzig Jahre" wie er seit diesem Liederspiel von dem als "Demagogenjäger" gefürchteten Geheimrath Tzschoppe[39] verfolgt wurde[40]:

---

35 W. Alexis, Erinnerungen..., S. 376

36 vgl. Holtei, Vierzig Jahre, Bd. 4, Berlin 1844, S. 236ff.

37 Fischer Weltgeschichte, Bd. 26: Das Zeitalter der europäischen Revolutionen 1780-1848, hr. v. L. Bergeron, Fr. Furet u. R. Koselleck, Frankfurt 1969, S. 124f.

38 Arnold, R. Fr.: Holtei und der deutsche Polenkultus, in: Festgabe für Richard Heinzel, Weimar 1898, S. 473

39 M. v. Boehn, Biedermeier, Berlin 1911, S. 476

40 Holtei, Vierzig Jahre..., Bd. 4, S. 247

"Der üble Wille, mit dem Herr Geheimrath Tzschoppe mich bis zu seinem Tode beehrte, und dessen Wirkungen ich bei späteren Unternehmungen überall nachtheilig empfand, datiert von jenen Abenden. Er bezeichnete mich als einen 'unruhigen Kopf, weil ich einen Rebellen gefeiert'!"

Holtei hatte indes nicht die Absicht mit dem Liederspiel revolutionäre Ideen zu verbreiten, denn der Dialog ist in der ersten Fassung von 1825 völlig frei von irgendwelchen politischen Anspielungen, er wollte nur seine Sympathie für Polen zum Ausdruck bringen, weil er seit seiner Studentenzeit in Breslau und auch noch später in Berlin mit polnischen Freunden verkehrte[41].

"Der alte Feldherr"

Heroisches Liederspiel[42]
in einem Akt
von Karl von Holtei

Das Stück spielt auf dem Landschlosse der Frau von Schönenwerd.

Polnische, aber als Söldner in russischen Diensten stehende Soldaten bedrohen das Landschloß der Frau von Schönenwerd, einer Nachbarin des im Exil lebenden ehemaligen Revolutionärs Kosciuszko. Als dieser ihr helfen will, wird er von einem der älteren Soldaten, Lagienka, als dessen ehemaliger Feldherr Kosciuszko erkannt. Die Plünderung wird verhindert, und im Gedenken an die einstigen gemeinsam vollbrachten Heldentaten - im "Wechselgesang 'Denkst du daran, mein tapferer Lagienka'" - schließen sich beide ehemaligen Waffenbrüder versöhnt in die Arme.

---

41 Arnold, Holtei..., S. 469f.

42 Bezeichnung auf dem Titelblatt des Klavierauszuges, Vollständiger Klavierauszug von C. W. Henning, Berlin o.J. (ca. 1825) bei T. Trautwein

Das Liederspiel hat in der Spenerschen Zeitung keinen uneingeschränkten Beifall gefunden[43]:

> "Wenn das Stück nur ein Ganzes wäre, es ist ein Zusammenstücken von glänzenden Szenen, ohne einen wahren geistigen Zusammenhang; es ist soviel darin nicht notwendig. Die Gesangstücke sind übrigens sehr melodisch, auch zum Theil recht brav arrangiert, die Ouvertüre so kräftig sie auch auftritt, ist doch arm..."

Die Gesangseinlagen stammen zum größten Teil aus der französischen Liedersammlung "Clef du Caveau"[44], die "das unentbehrliche Vademecum französischer Vaudeville- und deutscher Liederspieldichter war"[45]. Der Wechselgesang "Denkst du daran" - Kosciuszco und Lagienka singen abwechselnd jeweils eine Strophe - ist eine fast wörtliche Übertragung des "berühmten oppositionellen Chansons der französischen Restaurationszeit" von Emile Debraux (1796-1831) mit dem Titel "Te souviens-tu, disait un capitaine", das Erinnerungen an die ruhmreichen napoleonischen Feldzüge wachruft und dessen Melodie von Joseph Denis Doche[46] stammt. Das Lied wurde nach dem Polnischen Aufstand von 1830 "polonisiert" und galt in Galizien als "original heimisches Volkslied"[47]. Das zweite sehr populär gewordenen Lied "Fordre Niemand mein Schicksal zu hören" (Nr. 48), wurde - wie oben erwähnt - u.a. auch von Karl Czerny bearbeitet[48] und ist gleichfalls eine Parodie der französischen Melodie "D'un héros, que la France revère". Die "kräftige", aber dennoch

---

43 Rezension über "Der alte Feldherr" von K. v. Holtei, in: Berlinische Nachrichten (Haude und Spener) Nr. 291, v. 13.12.1825

44 P. Capelle, La Clef du Caveau, Paris 1811

45 Arnold, Holtei, S. 490

46 dazu Goedecke, IX, 517

47 Arnold, Holtei, S. 488

48 Karl Czerny: Rondolettos facile et brillante pour le pianoforte, Op. 538 Nr. 2

"arme" Ouvertüre besteht aus einem Marsch mit anschließender Polonaise[49], die im Verlauf des Stückes noch einmal vom Chor gesungen wird. Sie ist die einzige "polnische" Melodie, die dem Sujet auch musikalisch etwas Kolorit verleiht. Insgesamt ist es erstaunlich, mit wie wenig musikalischem Aufwand das Liederspiel auskommt. Holtei muß die Erfahrung gemacht haben, daß gerade die allereinfachsten Lieder vom Publikum des Königstädtischen Theaters am meisten geschätzt wurden, denn seine anderen "ernsten" Liederspiele, "Lenore" (1828) und "Erinnerung" (1829) arbeiten mit den gleichen Mitteln.

Holtei hat die erste, 1825 entstandene Fassung des "Feldherrn" 1831 unter dem Eindruck des Polnischen Aufstandes von 1830 erweitert und Kosciuczco Worte in den Mund gelegt, die einen aktuellen Bezug auf die Ereignisse in Warschau hatten[50]:

Thaddäus: ...Polen, dennoch habt Ihr ein Vaterland!
Nie darf es untergehen. Es soll dauern, bis
daß der letzte Pole fällt...

Als die erste Fassung aufgeführt wurde, war das allgemeine Interesse an Polens Schicksal nicht sehr stark gewesen, denn "die Griechen[51] und Spanier[52] absorbierten völlig die Sympathien der deutschen Gebildeten"[53]. Die zweite Fassung,

---

49 als "Kosciuszko-Polonaise" bezeichnet. Nach Fr. M. Böhme, Geschichte des Tanzes in Deutschland, Leipzig 1886, S. 215, "zu Anfang des 19. Jh. eine beliebte und berühmte Polonaise"; vgl. Einzeldruck bei Simrock, o.J. für dreistimmigen Männerchor mit Pfte.

50 zit. nach "Theater", S. 76

51 Griechischer Freiheitskampf gegen die türkische Herrschaft, 1821-1829

52 Eindringen französischer Truppen bis Cadiz um die bourbonische Herrschaft wieder einzurichten (1823)

53 Arnold, Holtei, S. 479

die 1833 u.a. auch in Hamburg und Leipzig gespielt wurde, ist ebenso wie Lortzings Vaudeville "Der Pole und sein Kind" (1832) im Zusammenhang mit der starken Anteilnahme an den Ereignissen in Warschau zu sehen. Die "Polenlieder" von Grillparzer, Lenau, Uhland, Chamisso und Platen sind gleichfalls durch den polnischen Freiheitskampf veranlaßt worden[54].

Lenore

Schauspiel mit Gesang in drei Akten

In Holteis Schauspiel "Lenore" - von ihm auch "Liederspiel, Melodrama" oder "vaterländisches Schauspiel" genannt - wird der Stoff von Bürgers gleichnamiger Ballade zu einem Dreiakter verarbeitet. Holtei hatte mit diesem Stück sehr viel Erfolg[55], der aber nicht allein durch die melodramatisch gesteigerte Wirkung der Schauerballade veranlaßt wurde. Eine sich über elf Spalten erstreckende Rezension betont[56]:

> "Der Grund der großen Wirkung dieses Stücks liegt in seinem w a h r h a f t n a t i o n a l e n Gehalt".

Holteis ursprüngliche Verlegenheitslösung, nämlich "ernste" Stoffe nur unter der "Firma eines Melodrams oder Liederspieles" anbieten zu können[57] erwies sich im Fall von "Lenore" geradezu als ein ideales Verfahren, denn die

---

54 Arnold, Holtei, S. 488

55 vgl. Eylitz, Repertoirverzeichnis: von 1828-1866 wurde Holteis "Lenore" 88 mal aufgeführt

56 Rez. über Holteis "Lenore" in: Berliner Conversations-Blatt, Nr. 129 u. 130 vom 3. u. 5.7.1828

57 Holtei, Beiträge für das Königstädter Theater, Wiesbaden 1832, Vorwort, XVI

Lieder - durchweg Prototypen "deutscher" Lieder und textierte preußische Märsche - bekamen über den Rahmen der Handlung hinaus eine "programmatische Bedeutung"[58]: sie appellierten an das "echtpreußische Herz", wie der Rezensent des "Conversations-Blattes" bemerkt[59].

Es ist zu beobachten, daß sich nur dann, wenn ein Liederspiel den genrehaften Bereich verläßt - wie z.B. in der Schlußszene von B. A. Webers "Der Kosak und der Freiwillige" (1813) mit Karl Müchlers Wehrmannlied "Die Hörner und Trommeln erschallen" - ein wirklich durchschlagender Erfolg feststellen läßt. Was von jeher dem Liederspiel eigen war, die Betonung des "Sentimentalen", wird nun bei Holtei mit einem Appell an das vaterländische Empfinden verbunden, hinzu kommt noch der melodramatische Effekt des Kirchhofschauders im dritten Akt. Hier ist nun ein "nationales" Liederspiel entstanden, nach dem im weiteren Verlauf des 19. Jahrhunderts immer wieder vergeblich gerufen werden sollte[60] und Biedenfeld, der sonst die Produktionen am Königstädtischen Theater sehr kritisch beurteilt, findet zu Holteis Liederspielen anerkennende Worte[61], ohne aber direkt auf die "Lenore" einzugehen. Es scheint so, als bedürfe das Liederspiel eines außermusikalischen Bezugs, um als Gattung bestehen zu können, weil die blose Aneinanderreihung von kleinen Liedern ohne eine programmatische Bedeutung den durch die Bühne bedingten größeren Rahmen sonst nicht ausfüllen kann.

---

58 s. Kap. III,2

59 Berliner Conversations-Blatt v. 3. u. 5.7.1828

60 s. Kap. III,1

61 Biedenfeld, S. 96

Die Auswahl der zwölf Lieder in "Lenore" hat Holtei vermutlich an Hand von Liederbüchern selbst vorgenommen und dem Komponisten Karl Eberwein[62] lediglich das Arrangement überlassen. Darauf deutet die dramaturgisch geschickt getroffene Auswahl der Melodien hin, deren rhythmische Struktur der Dichter bei der Neutextierung zu berücksichtigen hatte. Holtei hat eine raffinierte Mischung aus gemütvollen, elegischen und anfeuernden patriotischen Liedern und textierten preußischen Märschen (u.a. Dessauer Marsch) zusammengestellt, die ihn gegenüber Reichardt, der in seinen Liederspielen zu viele Lieder ähnlichen Charakters aneinanderreihte, als versierten Theaterpraktiker ausweist. Holtei hat sich mit seinen kurzen Strophenliedern zwar ganz an Reichardts Konzeption gehalten - so eng wie kein Liederspielverfasser vor ihm - aber er hat es als Theaterdichter verstanden, dieser eine bühnengerechtere Form zu geben.

Bei Erk/Böhme[63] sind einige der von Holtei für die "Lenore" neutextierten Lieder in der zu Beginn des 19. Jahrhunderts gebräuchlichen Textversion aufgeführt:

1. Erk/Böhme[64]:
"O du Deutschland, ich muß marschieren..." (1809-1814)
(Mel. "Weißt du wieviel Sternlein stehen")

Holtei:
"So viel Blumen, als da stehen, so viel Stern' am Himmel gehen..."

2. Erk/Böhme[65]:
"Auf, auf, ihr Krieger, auf zum Streit
Für Gott und Vaterland"

---

62 Karl Eberwein (1784-1868) Hofmusikus und ab 1826 herzogl. Musikdirektor in Weimar, vgl. MGG, Art. Eberwein

63 Deutscher Liederhort, hrsg. v. Ludwig Erk und Franz M. Böhme, Leipzig 1894

64 Erk/Böhme, Bd. 3, S. 244 Nr. 1375

65 Erk/Böhme, Bd. 2, S. 155 Nr. 46

(aus Österr. Heerlieder Nr. 46, 1809, Erzherzog Karl an seine Soldaten)

Holtei:
"Der große Fritz war zwar noch klein,
doch ein gar kecker Geist..."

3. Erk/Böhme[66]:
"O Straßburg, o Straßburg, du wunderschöne Stadt
Darinnen liegt begraben so mannicher Soldat..."

Holtei: (mit leicht abgewandelter Melodie)
"Er zählte drei Jahre, da lag die Mutter schon
entseelt auf der Bahre, getrennt vom lieben Sohn!..."

Erk/Böhme gibt zum "Straßburg"-Lied an, daß sich die älteste Lesart der Melodie in Holteis "Lenore" befände, vermutlich war Holteis Quelle nicht bekannt.

Holtei und Eberwein haben sogar der Erzählung vom "großen Fritz" ein österreichischen Kriegslied untergelegt; vermutlich war die Melodie während der Befreiungskriege nach Preußen gekommen.

Der Dessauer Marsch erhält folgenden Text:

"Die Trommel ruft, Drommete klingt,
wir ziehen fort zum Streite,
wo uns König Friederich den Sieg verspricht:
Wenn der ganze Erdenkreis
sich auch mit ihm entzweite,
bleiben seine Preußen treu,
so fürcht' er sich nicht"

---

66 Erk/Böhme, Bd. 3, S. 259 Nr. 1392

Die Wiederholungen werden vom Chor gesungen. Die Instrumentierung Eberweins (Fl., Ob., Clar., in B, Fag., Hörner u. Tromp., Pauken u. Streichern) sprengt den Rahmen der von Reichardt vorgesehenen sparsamen Instrumentierung in seinen Liederspielen. Aber auch Reichardt hatte in seinem zweiten Liederspiel "Der Jubel" nicht auf ein reichhaltiger instrumentiertes Marschlied als Schlußnummer verzichtet.

Auch die "Lenore" enthält mit dem sog. "Mantellied" (Nr. 49): "Schier dreissig Jahre bist du alt" eine Melodie - Eberwein soll sie aus mehreren älteren Vorlagen zusammengesetzt haben[67] - die noch weit in das 19. Jahrhundert hinein gesungen wurde. Holtei hat dieses "Zugstück" ebenso wie seine anderen besonders erfolgreichen Lieder mehrfach in seinen Liederspielen und Possen, u.a. auch als "komisches" Lied in "Das Liederspiel, oder der schottische Mantel" eingesetzt.

Eberwein hat in der Ouvertüre, in der bereits der Dessauer Marsch anklingt, und in den Vorspielen zum zweiten und dritten Akt mehr Gelegenheit zu kompositorischer Entfaltung. In den beiden Vorspielen verarbeitet er jedoch nicht die in den drei Akten vorkommenden Lieder, sondern bringt neues Material: u.a. das Prinz Eugen-Lied und einen Trauermarsch, um die Friedhofszene anzudeuten. Die Wahnsinnszene Lenores - Lenore hat unter den zurückkehrenden Soldaten Wilhelm nicht entdeckt, sie stürzt als Braut gekleidet auf den Kirchhof in ein offenes Grab um sich sterbend mit dem Bräutigam zu vermählen - bietet Eberwein in einem kurzen Melodrama Gelegenheit zu tonmalerischen Effekten. In kurzen ein- und zweitaktigen Einschüben - während des Textes pausiert die Musik - ertönt noch einmal leicht abgewandelt als Reminiszenz der Dessauer Marsch. Mit der Imitation von Windessausen und Pferdegetrappel zwischen

---

67 MGG, Artikel Eberwein

paraphrasierten Partien aus Bürgers Ballade hat Eberwein in einer weiteren melodramatischen Einlage die entsprechende musikalische Kulisse bereitgestellt. Mit diesem, - wenn auch kurzen Melodrama - ist der Rahmen des in einem Liederspiel Erlaubten überschritten, aber die "Lenore" ist eine Mischform zwischen Liederspiel, Melodrama und Schauspiel mit Gesang, die uns heute durch die Paraphrasierung der Bürger'schen Ballade als ein Kuriosum erscheinen mag. Dennoch kann die "Lenore" von Holtei und Eberwein nicht als isoliert dastehendes Werk betrachtet werden, denn 1858 komponiert Franz Liszt das Melodrama "Lenore" gleichfalls nach Bürgers Ballade. Holteis "Lenore" hatte seinen Erfolg letztlich allein dem "nationalen Gehalt" zu verdanken, der durch die Verherrlichung der friderizianischen Zeit erzielt worden ist. In Bürgers Ballade, die zwar zur Zeit des siebenjährigen Krieges spielt, ist aber davon nichts zu bemerken.

Das Verlangen nach Theaterstücken mit patriotischem Gehalt entspricht der Situation nach dem Wiener Kongreß. Der Rezensent von "Lenore" bringt auch das zur Sprache[68]:

> "dem vaterländischen Gefühl, dem was man Nationalität nennt, sind in den deutschen Landen enge Grenzen gezogen".

Umso empfänglicher war man, wenn sich auf der Bühne die Möglichkeit bot, diesen Gefühlen nachzugeben. Holtei muß das selbst so empfunden haben, so sehr er sich auch in seinen künstlerischen Ansichten - was seine Einstellung zum Vaudeville betrifft - als "Weltbürger" gezeigt hatte.

---

68 Berliner Conversations-Blatt v. 3. u. 5.7.1828

4. Vaudevilles, Lokalpossen und Komische Liederspiele von Louis Angely (1788-1835):

Das Abentheuer in der pohlnischen Schenke	(1825)
Sieben Mädchen in Uniform	(1825)
Das Fest der Handwerker	(1828)

Wenn in der ersten Hälfte des 19. Jahrhunderts vom Verfall des Theaters die Rede ist, wird von den am Königstädtischen Theater tätigen Autoren der Name Louis Angely am häufigsten genannt, denn "er überschwemmte die Bühne mit seinen kleinen französischen Stücken bis zum Überdruß"[1]. Noch zu Lebzeiten Angelys schrieb Willibald Alexis, der auch einst zu den Befürwortern dieses "Volkstheaters" gehört hatte[2], über ihn[3]:

> "Als Bühnendichter bezeichnet sein Name eine Epoche des deutschen Theaters, aber eine des Verfalls. An Übersetzerschnelligkeit alle seine Vorgänger übertreffend, bürgerte er, durch unterlegte populäre Melodien sie gefällig machend, die gehaltlosesten Kleinigkeiten der Pariser Theater auf den deutschen ein..."

Jean Jacques Louis Angely (1788-1835) stammte aus der französischen Kolonie in Berlin[4]. Er war zunächst Schauspieler, u.a. in Stettin und Petersburg, bis er 1824 an das neuerrichtete Königstädtische Theater in Berlin kam, an dem er bis 1830 als Schauspieler, Regisseur und Bühnendichter tätig war. Als an dieser Bühne immer häufiger Stücke von Ferdinand Raimund (1790-1836) aufgeführt wurden, zog sich Angely zurück[5].

---

1 W. Alexis, Erinnerungen, hrsg. v. M. Ewert, Berlin 1900, S. 367

2 s. Kap. IV,1

3 Conversations-Lexikon der neuesten Zeit und Literatur, Leipzig (Brockhaus, 1832/34, Art. L. Angely (verfaßt von W. Alexis))

4 Conversations-Lexicon, Leipzig (Brockhaus) 1832/34, nach Goedeke, XI,1, S. 448 stammt der Art. Angely von W. Alexis

5 Curt Meyer (Hrsg.): Julius von Voß "Damenschuhe im Theater" und Louis Angely "Die Schneider-Mamsells". Theaterpossen aus dem alten Berlin. Einleitung, Berlin 1971, S. 9

Angely ist der Verfasser oder Bearbeiter von über hundert Vaudevilles, Lustspielen, Liederpossen und Lokalpossen, von denen viele ungedruckt geblieben sind[6]. Den größten Anteil davon bilden Vaudevilles "frei nach dem Französischen", die meist ohne Angabe des französischen Verfassers erschienen sind. Das hatte seinen Grund in den, dem Königstädtischen Theater auferlegten Repertoireeinschränkungen[7]: um nicht in Konflikt mit dem Königlichen Schauspielhaus zu geraten, hatte Angely häufig ein bereits dort aufgeführtes französisches Stück nur mit einem anderen Titel herausgebracht[8].

Angely hat einige seiner Liederpossen, z.B. "Das Abentheuer in der pohlnischen Schenke" (Berlin 1825 (s. Titelblatt, Notenteil, Anhang Q)), "Die Rückkehr der Kosacken" (Berlin 1825) und "Der hundertjährige Greis oder die Familie Rüstig" (Berlin 1828) als "komisches Liederspiel" bezeichnet, vermutlich um den Gegensatz zu Holteis "ernsten" Liederspielen ("Lenore", Berlin 1828) zu betonen.

Angely hat vermutlich die Bezeichnung "komisches Liederspiel" immer dann angewendet, wenn es sich nicht um eine Bearbeitung eines französischen Stückes handelte: "Die Rückkehr der Kosacken" ist ein russischer Stoff und enthält "Gesänge aus lauter Klein-Russischen Nationalliedern und Tänzen"[9]. Ebenso verhält es sich bei einer anderen Bearbeitung aus dem Russischen: "Das Abentheuer in der Juden-Schenke" (Petersburg 1819), das 1825 unter dem Titel "Das Abentheuer in der pohlnischen Schenke" am Königstädtischen Theater

---

6 K. Goedeke, Grundriß zur Geschichte der dt. Dichtung aus den Quellen, IX, Dresden 1910, S. 447-459

7 s. Kap. IV,1

8 W. Eylitz, Das Königstädtische Theater in Berlin, Diss. Rostock 1942, S. 134

9 Goedeke, Bd. XI,1, S. 449 Nr. 5

aufgeführt worden ist. Dieses "komische Liederspiel" enthält neben Chören, - einer davon ist eine textierte Polka - Arien und einer Ariette als Besonderheit zwei Lieder und eine Arie auf jiddisch und ein "Cracoviaque" betiteltes Lied, das wahrscheinlich gleichzeitig getanzt und gesungen wurde (Nr. 50 u. 51). Der Name des musikalischen Bearbeiters ist im Klavierauszug[10] nicht angegeben. Ob es sich bei den "Arien" und der "Ariette", deren Melodie ursprünglich ein russisches Volkslied gewesen sein könnte, um Parodien handelt, läßt sich nicht feststellen. Leider ist auch der Dialog nicht mehr auffindbar. Die Handlung muß jedoch stark antisemitische Tendenzen enthalten haben, denn Karl von Holtei schreibt über dieses Stück[11]:

> "... Die pohlnische Judenschenke ... hat mich immer angewidert, weil die Misshandlungen eines armen Juden durch viele Soldaten kein Vorwurf für einen heitern Scherz seyn können; ... jedes gebildete Publikum müsste diese Gräuel auspfeifen, wenn nicht in den pohlnischen Melodien und der ganzen Gattung etwas Phantastisches läge, was die mit Füssen getretene Poesie nicht gänzlich untergehen lässt".

Angelys erfolgreichstes Vaudeville war "Sieben Mädchen in Uniform" (Berlin 1825), eine "Vaudeville-Posse" nach Théaulon, die an vielen Bühnen aufgeführt wurde und allein in Wien mit Nestroy in der Rolle des "Sansquartier" etwa hundert Vorstellungen erlebte[12]. Als das Stück auch in Weimar aufgeführt worden war, schreibt Goethe mißbilligend an Zelter[13]:

---

10 Ouvertüre und Gesänge aus dem komischen Liederspiel "Das Abentheuer in der pohlnischen Schenke". Aus dem Russischen übertragen von Louis Angely. Vollständiger Clavierauszug von C. H. Henning. T. Trautwein in Berlin (o.J. ca. 1825)

11 K. v. Holtei, Flüchtige Betrachtungen über Vaudeville und Liederspiel, in: Monatliche Beiträge zur Geschichte dramatischer Kunst und Literatur, Hrsg. von K. v. Holtei, Berlin 1827, S. 43

12 Goedeke, Bd. XI,1, S. 454

13 Briefwechsel zw. Goethe und Zelter, hrsg. v. Wilhelm Riemer, Berlin 1833/34, Brief v. 25.12.1825

> "Sieben Mädchen in Uniform machen auch hier das Publikum glücklich, denn so etwas ist zeitgemäß. Das Soldatengespiele, zu einer halblüsternen Posse verwandt, lässt sich Jedermann gefallen, wenn unter dem Druck eines Shakspeare'schen Alps das Publikum seufzt und sich sehnt, aus einem schweren Traum des Ernstes in die freye Luft der Torheit".

Diese Posse bringt, vergleichbar mit Blums Vaudevilles, in buntem Wechsel Opernparodien (u.a. aus Webers "Preziosa" und Cherubinis "Wasserträger"), Volkslieder und textierte Märsche, wie z.B. den Dessauer- und Alexandermarsch. Zu diesem Potpourri der damals beliebten Melodien gehört auch ein Couplet aus Friedrich Heinrich Himmels "Fanchon, das Leyermädchen" (Berlin 1804), dieses frühe Beispiel einer Vaudeville-Rezeption in Berlin[14]. Seine Wirkung erhält der Einakter vor allem durch die sieben, als Soldaten verkleidete Mädchen, die ihre, wegen eines Karnevalscherzes verhafteten Geliebten - allesamt Offiziere aus guten Familien - aus dem Gefängnis befreien. Karl von Holtei beurteilt Angelys Erfolgsstück ziemlich kritisch[15]:

> "... es trägt zu sehr den Stempel seines französischen Ursprungs, ist in Form und Haltung so wenig umgearbeitet worden - dazwischen jedoch wieder mit preussischen Soldaten-Melodien, heimischen Anspielungen durchwebt, dass man gar nicht zu einer innerlichen Stimmung kommt. Nur die unterhaltenden äußerlichen Erscheinungen haben diesem Stücke den Weg auf a l l e deutsche Theater gebahnt. Ich habe ... es in Beziehung auf die Bildung eines nationalen Liederspiels für den traurigsten Rückschritt gehalten..."

Eine auch heute noch beachtete Leistung sind Angelys Lokalpossen, jene ins Berlinische umgearbeitete Vaudevilles,

---

14 s. Kap. II,1

15 Holtei, Flüchtige Betrachtungen..., S. 43f.

die maßgeblich an der Entwicklung der Berliner Posse beteiligt waren[16]. Dazu gehört vor allem "Das Fest der Handwerker" (Berlin 1828)[17], ein "Komisches Gemälde aus dem Volksleben in Einem Akt als Vaudeville behandelt"[18].

Seit mit Julius von Voß ("Damenhüte im Theater", 1818) die erste Berliner Lokalposse aufgeführt worden ist, wurde in der Presse über die Verwendung des Dialektes auf der Bühne diskutiert[19]. Nachdem "Das Fest der Handwerker" erschienen war, kam das Für und Wider erneut zur Sprache[20]:

> "Das gemeine Berliner Idiom ist mir zuwider, scheint mir so allem zu widerstreben, was an Poesie, Kunst, Humor und Laune nur im entferntesten gränzt, daß mich in allen echt Berliner Vaudevilles (auch in Holteis witzigen Berlinern in Wien) ein unangenehmes Gefühl überkommt..."

Im gleichen Artikel erscheint als Fußnote die gegenteilige Ansicht:

> "Das Berliner Plattdeutsch ist das einzige Deutsch, welches g e l ä u f i g gesprochen wird und dabei verständlich bleibt ... wohlklingender sind die schwäbischen und östreichischen Mundarten, allein viel gedehnter als das witzige und schnippische Berlinisch..."

Karl von Holtei betont im Zusammenhang mit seiner Liederposse "Der Kalkbrenner" (Berlin 1825, in schlesischer Mundart) die Bedeutung des Dialektes auf der Bühne[21]:

---

16 Volker Klotz, Bürgerliches Lachtheater: Komödie, Posse, Schwank, Operette, München 1980, S. 106f.

17 Goedecke, Bd. XI,1, S. 454; nach Eylitz, Das Königst. Theater. Auff. am 4.1.1828, 125 Auff.

18 Bez. im Kl.A, hrsg. von Bogumil Zepler, Leipzig (Reclam), o.J.

19 Curt Meyer, Julius v. Voß ..., Einleitung, S. 6

20 Berliner Conversations-Blatt, Nr. 122, v. 24.6.1828, S. 481

21 Holtei, Flüchtige Betrachtungen..., S. 46f.

> "Ich halte es für wünschenswerth, das Feld des Komischen auf der Bühne, durch die Einführung verschiedener Dialekte zu benutzen ... (sie geben) besonders Lieder-Possen, ein buntes Leben, weil mit ihnen die eigenthümlichen Volks- L i e d e r so nahe zusammen hängen. In diesem Felde steht noch reiche Ernte".

Die Gegenüberstellung verschiedener Dialekte hatte bereits Reichardt in "Der Jubel" (Berlin 1800) versucht[22], aber das Stück hatte nur sehr geringen Erfolg, denn die Zeit für ein "Volkstheater" war damals - zumindest in Berlin - noch nicht gekommen. Es waren damals gerade die possenhaften Elemente, die zum Mißerfolg des Liederspieles beigetragen hatten, denn das Publikum verband mit der Gattung den Charakter des Idyllischen und Sentimentalen.

Inzwischen hat das durch die "Befreiungskriege gestärkte Selbstbewußtsein der unteren Schichten" auch die Verwendung des Berlinischen auf der Bühne ermöglicht[23]. Die von Holtei als "dritte Gattung"[24] - eine Vermischung von Liederspiel und Vaudeville - bezeichnete Liederposse, wird nun in ihrer Erscheinung als Lokalposse sogar aesthetisch legitimiert[25]:

> "... Die Straßen liefern die Bilder zu unserer l a t e r n a m a g i c a ... Der Dichter schöpft nur aus Gegebenem ... Alles was ihr zeigt, damit es gesehen werde, womit wollt Ihr ihm das Recht bestreiten, es auch vom Theater herunter zu zeigen? ... Auch in der Posse ist nothwendig eine völlige poetische Wiedergeburt ... Die guten Köpfe dürfen nicht verschmähen ihr Scherflein zur Lokalposse beizutragen..."

Angely hatte jedoch für "Das Fest der Handwerker" wieder eine französische Vorlage, "les ouvriers"[26], verwendet.

---

22 s. Kap. I,4

23 Curt Meyer, Julius v. Voß ..., Einleitung, S. 6

24 s. Kap. IV,2

25 "Ueber Localposse" in: Berliner Conversations-Blatt, Nr. 116 u. 117, v. 16./17. Juni 1828, S. 461

26 Der Autor läßt sich nicht ermitteln

Ein Rezensent bemerkt dazu, die Pariser Vorlage wäre "der Grund, daß es so echt berlinisch" geworden sei[27].

Die Handlung:

Das Theater stellt den Garten einer Bürgertabagie im Voigtlande[28] vor.

Die Berliner Wirtstochter Lene liebt den Zimmermann Wilhelm, aber ihre Mutter möchte sie mit einem wohlhabenden Mann verheiraten: Wilhelm ist nämlich vor zwei Monaten vom Gerüst gefallen und hat sich dabei den Arm verletzt. Die Kollegen Wilhelms, der Maurer Kluck und der Tischler Hähnchen, beides Berliner, der Stettiner Schlosser Puff und der Klempner Stehauf, ein Breslauer, feiern in der "Tabagie" ein Fest, auf dem sie für den verletzten Wilhelm Geld sammeln. Der Bauunternehmer Wohlmann stiftet den größten Betrag, denn er vertritt die Ansicht, daß die Opfer von Arbeitsunfällen die gleiche Achtung verdienten, wie verwundete Soldaten auf dem Feld. Als Wohlmann Wilhelm noch die Holzlieferung für alle seine Bauten anbietet, ist Lenes Mutter mit der Heirat einverstanden.

Angely hat in diesem Stück von Holteis Empfehlung, verschiedene Dialekte einzusetzen, reichlich Gebrauch gemacht: nicht nur die Handwerker, sondern auch noch deren Ehefrauen - unter denen sich noch eine Wienerin befindet - sorgen dafür, daß eine "komische Sprachspannung" entsteht[29]. Diese "sich treuherzig gebende Biedermeier-Posse" betrachtet Friedrich Sengle jedoch als "skrupellose Propaganda für die offizielle patriarchalische Volkskultur"[30], die in dem wohlmeinenden Arbeitgeber Wohlmann - schon der Name deute darauf hin[31] - zum Ausdruck komme. Das Fest,

---

27 "Königstädtisches Theater" in: Berliner Conversations-Blatt, Nr. 121 u. 122, v. 23./24. Juni 1828, Anm. v. Friedrich Förster, S. 482

28 Kleinbürgerliches Stadtviertel Berlins zu Beginn des 19. Jh.

29 Fr. Sengle, Biedermeierzeit, Bd. 2, Stuttgart 1972, S. 458

30 Sengle II, S. 463

31 Ähnlich wie Sengle äußert sich Volker Klotz, Bürgerliches Lachtheater..., S. 106f.

das die Handwerker feiern, sei "nur die Parodie eines Oberschicht-Festes", darauf deute der zum Schluß getanzte "komische Contretanz" (Regieanweisung im Textbuch) hin. Der Untertitel "Komisches Gemälde aus dem Volksleben" weise darauf hin, daß "das komische naive Volk zur genußvollen Betrachtung für die Herrschenden und Wissenden" diene[32].

Diese literatursoziologische Betrachtungsweise könnte jedoch Angelys Fähigkeit zur detaillierten Charakterzeichnung und zur realistischen Schilderung des "Milieus" nicht ganz gerecht werden: An dieser Posse wird als besonders positiv herausgestellt, daß hier "nicht die Haupttendenz desselben ein Spott, eine dem Volksleben selbst ganz fremdartige Ironie" wäre[33]. Bei Angely, der selber aus dem Kleinbürgertum stammte[34], wird die verbale Unbeholfenheit des Handwerkers auf gutmütig-humoristische Weise, ohne eine satirische Absicht dargestellt, und das Selbstbewußtsein des Berliners gehörig zum Ausdruck gebracht[35]:

Hähnchen: "Man ist Berliner - man hat Raffinemang - man hat seinen Pli - man besucht Herig und Wisotzky Wittwe - man geht in's Königstädtische Theater auf den sechs Groschenplatz - Bildung kann nich fehlen. - Is man in de Werkstatt - allabunnöhr - da is man ein Discher (Tischler), und o b ich da ein Kerl auf'n Fleck bin - da fragen Se alle Meisters - ..."

Welche Funktion haben nun die musikalischen Einlagen in dieser Lokalposse? Der Zusatz "als Vaudeville behandelt"

---

32 Sengle, II, S. 454

33 Berliner Conversations-Blatt, ..., S. 482 (s. Anm. 27)

34 Ludwig Devrient, Geschichte der deutschen Schauspielkunst, Bd. 2, hrsg. von R. Kabel und Chr. Trilse, München-Wien 1967, S. 248

35 Textbuch, S. 50

scheint zunächst irreführend, denn er läßt vermuten, es handle sich wieder um eine Zusammenstellung von Opernparodien. Aber im Gegensatz zu "Sieben Mädchen in Uniform", wo das Vaudeville-Ensemble - das immer streng vom Opernpersonal getrennt war[36] - siebzehn zum Teil stimmlich recht anspruchsvolle Nummern (darunter eine Gesangsvariation!) zu bewältigen hatte, beschränkt sich Angely hier auf Lieder, textierte Tänze und auf ein musikalisch sehr einfach gearbeitetes Quartett. Diese Lieder sind keine Volksliedparodien, sondern gehören bereits zum Typus der Couplets, wie sie später in den Berliner Possen von David Kalisch üblich werden. Die Couplets der Lene richten sich - ebenso wie viele Singspiellieder - direkt ans Publikum und behandeln Allgemeinplätze wie (Nr. 52):

> "Ach die Männer die sind alleweile sehr rar
> Nur wo Geld is, da kloppen sie an ...

oder:

> "Ei, was braucht man um glücklich zu seyn
> Das wird ja den Hals noch nicht kosten...

Wienerisches wird - vielleicht in parodistischer Absicht? - eingesetzt, wenn es darum geht, besondere Komik zu erzielen: Die schon in die Jahre gekommene Wiener Ehefrau des Breslauer Klempners führt einen gesungenen und gleichzeitig getanzten Ländler mit Dui-Dui-Refrain vor.

Den Höhepunkt bildet das Handwerkerquartett, bei dem die gegensätzlichen Dialekte und Charaktere in einem Strophenlied vereint werden. Natürlich dominiert das Berlinische (Nr. 53):

---

36 Holtei, Flüchtige Betrachtungen..., S. 51

"Es is doch ein Glück ein Berliner zu seyn!
Berliner seyn zierlich und pfiffig und fein
Es geht ihn'n die Arbeit so flink wie das Maul.
Auch seynd sie beim Essen und Trinken nicht faul.

Etwas seltsam ist, daß auch hier wieder - bei all dem Lokalpatriotismus - der Refrain ein auf La-la-la gejodelter Ländler ist. Aber das hat schon seit Blums "Schiffs-Capitain" und "Bär und Bassa" (in beiden Schlußvaudevilles) Tradition, und zeigt nur den großen Einfluß der Wiener Posse, für die es in Berlin kein eigenständiges Pendant gab.

Bei diesem Handwerkerfest dürfen natürlich Tänze nicht fehlen: Der gesungene und auch hier wieder gleichzeitig getanzte "Galopp-Walzer" - ein Paartanz in geradem Takt(2/4) und hier in dreiteiliger Form - war damals (um 1820) gerade in Mode gekommen[37]. Der höfische, aber auch in der bürgerlichen Gesellschaft des 18. Jahrhunderts getanzte "Contretanz" dagegen wird nicht gesungen. Er wird auch hier mit vier Paaren, die sich vorher aufstellen (s. Regieanweisung) im "Carrée" getanzt[38].

Die Posse endet mit einem ganz einfachen einstimmigen "Schlußgesang", bei dem der Text das Wichtigste ist: In vier Strophen bietet jeder der Handwerker seine Dienste an und in der letzten wird das Publikum nach Vaudeville-Manier um "Nachsicht" gebeten.

Die Musik dient in dieser Posse als zusätzliches, aber dennoch unentbehrliches Reizmittel, weil sie den beabsichtigten komischen Effekt noch stimuliert. Die Tänze

---

37 Riemann-Lexikon, Art. Galopp-Walzer

38 Riemann-Lexikon, Art. Contredanse

bewirken noch mehr Publikumsnähe als Opernparodien, weil sie, wie z.B. der "Galopp-Walzer", vermutlich auch in volkstümlichen Vergnügungsstätten erklungen sind. Im Handwerkerquartett entsteht durch den hier demonstrierten Lokalpatriotismus ein erhöhtes Zusammengehörigkeitsgefühl zwischen Schauspielern und Publikum, das noch durch die anspruchslose Melodie "zum Mitsingen" gesteigert wird. Dieses Quartett war so populär, daß es von Nestroy - in Wien wurde eine "verwienerte" Fassung aufgeführt[39] - im "Lumpazivagabundus" (1833) parodiert worden ist[40].

Die Vaudevilles gelten zu Recht als Vorläufer der Operette und des Musicals[41], und Angelys "Sieben Mädchen in Uniform" ist wegen seiner paradierenden weiblichen Soldaten als erstes Beispiel moderner Revuen angesehen worden[42]. Die Liederposse wurde in ihrer Version als Lokalposse nicht nur in Berlin, sondern auch in Frankfurt von Carl Malss (1792-1848) und in Darmstadt von Ernst Elias Niebergall (1815-1843) gepflegt[43].

---

39 Das Fest der Handwerker. Komisches Gemälde in 1 Akt. Aus dem Volksleben als Vaudeville behandelt von L. Angely - für die österreichischen Bühnen eingerichtet von Wilhelm Just. ÖNB M 1145 (Theatersammlung) Partitur der Wiener Fassung: ÖNB Suppl. Nr. 25375

Das musikalische Arrangement besorgte der ab 1830 am Königstädtischen Theater wirkende Joseph Franz Glaeser (1798-1861)

Für Frankfurt hat Carl Malß (1792-1848) eine lokalisierte Fassung erstellt, s. Goedecke, XI,1, S. 454

40 im Quodlibet am Ende des 2. Aktes (II,17): Terzett mit Chor, vgl. Reclams Universal-Bibliothek Nr. 3025, S. 49

41 Grove, Art. Vaudeville: "At the turn of the century (um 1900) in the USA vaudeville achieved great popularity with its combination of songs, dances, pretty girls, rapid-fire comics, skits and acrobatics. Such variety shows are still popular, though less common"

42 Peter Hacks, Das Theaterstück des Biedermeier, Diss. München, S. 129

43 V. Klotz, Bürgerliches Lachtheater ..., S. 89-151

Den überwiegend abwertenden Urteilen aus der ersten Hälfte des 19. Jahrhunderts sei abschließend eine Würdigung Angelys aus dem Jahr 1875 gegenübergestellt[44]:

> "Es ist Mode geworden, auf Angely's Thätigkeit mit Geringschätzung herabzublicken. Der aufmerksam beobachtende Theaterfreund hat keine Ursache, in diesen wegwerfenden Ton einzustimmen. Im Gegentheil darf man ihm echte Heiterkeit, harmloses Gemüth und bescheidene Naturtreue nachrühmen. Seine Arbeiten stehen hoch über den Produktionen ähnlicher Richtung aus neuerer und neuester Zeit, ja einige davon, wie das bekannte "Fest der Handwerker" dürfen als Genrebilder aus dem Volksleben einen gewissen Werth in Anspruch nehmen..."

---

44 Allgemeine Deutsche Biographie, Leipzig 1875, Bd. 1, S. 457

V Felix Mendelssohn-Bartholdy (1809-1847):

"Heimkehr aus der Fremde" (1829)

Zu der Zeit als Mendelssohn "Heimkehr aus der Fremde" für eine Privataufführung zur Feier der Silberhochzeit seiner Eltern bestimmte[1], wurden Liederspiele nicht mehr am königlichen Opernhaus, sondern nur noch an einem Vorstadttheater, im Königstädtischen Theater am Alexanderplatz, aufgeführt. Dort waren um 1829 - wie gezeigt werden konnte - die vom Schauspiel her konzipierten Liederspiele Karl von Holteis und die Liederpossen von Louis Angely erfolgreich. Spiele, bei denen überwiegend eine Art von Parodieverfahren angewandt wurde[2]. Mendelssohns Zurückgreifen auf eine im zeitgenössischen Musiktheater bereits vergessene Gattung ist wahrscheinlich durch seinen Lehrer Ludwig Berger (1777-1839) angeregt worden. Von Berger erschienen um 1818 "Gesänge aus einem gesellschaftlichen Liederspiel 'Die schöne Müllerin'"[3]. Diese zehn Lieder sind bekanntlich das Ergebnis von Liederspiel-Aufführungen im Hause des Geheimrats von Staegemann, bei denen 1815/16 die Tochter des Hauses, Hedwig Staegemann, Luise Hensel und ein Kreis junger Künstler (u.a. der Dichter Wilhelm Müller und Wilhelm Hensel) beteiligt gewesen waren[4]. Über Wilhelm Hensel - dem späteren Hofmaler und Mann von Fanny Mendelssohn-Bartholdy - läßt sich eine direkte Verbindung zu Mendelssohns Liederspiel herstellen, denn er war bei der Aufführung am 26. Dezember

---

1 Am 26.12.1829 in Mendelssohns Elternhaus in der Leipzigerstraße in Berlin

2 s. Kap. IV

3 bei E. H. G. Christiani, Berlin o.J., ca. 1817/18

4 Max Friedländer, Einleitung zu "Die schöne Müllerin". Ein Zyklus von Liedern, gedichtet von Wilhelm Müller, in Musik gesetzt von Franz Schubert. Kritische Ausgabe. Anmerkungen und Textrevision von M. Friedländer, Leipzig (Peters) o.J. (1922), vgl. auch Ludwig Rellstab, Ludwig Berger, ein Denkmal, Berlin 1846, S. 110-112

1829 der Darsteller des Dorfschulzen[5].

Wilhelm Hensel war in dem "gesellschaftlichen Liederspiel" im Staegemannschen Hause der Dichter und Sänger des Jägers. Das geht aus Bergers Angaben zu den Liedern hervor, die neben den Titeln die Personenbezeichnungen im Liederspiel (Der Gärtnerknabe, Luise; Der Jäger an die Müllerin, Wilhelm Hensel; Rose, die Müllerin, Hedwig; Der Müller, Wilhelm Müller) vermerken. Die Handlung dieser "Urfassung" von Wilhelm Müllers und Franz Schuberts Liederzyklus "Die schöne Müllerin"[6] läßt sich aus den zehn Liedern - von denen nur fünf Vertonungen von Wilhelm Müller sind - in Bergers Sammlung nur in Umrissen erkennen. Das Liederspiel war vermutlich immer ohne Dialog, sonst hätte Ludwig Rellstab - der auch unter den Mitwirkenden war[7] - nicht schreiben können[8]:

> "Unter der Bezeichnung: 'Rose, die Müllerin', hatte man sich eine Art dramatischer, aber nur durch eine Verkettung von Liedern zu lösende, Aufgabe gestellt..."

Diese "Verkettung von Liedern" hat bei Berger zu einer Art "Zyklus" mit verteilten Rollen geführt, nachdem das "gesellschaftliche Liederspiel" verklungen war. Reichardts Liederspiel "Lieb' und Treue" wurde in Berlin noch bis 1816 aufge-

---

5 vgl. Brief von Fanny Hensel an Karl Klingemann vom 30.12.1829 in: Felix Mendelssohn-Bartholdy, Briefwechsel mit Legationsrath Karl Klingemann, Hrsg. von Karl Klingemann, Essen 1909, S. 67

6 Franz Valentin Damian, Franz Schuberts Liederkreis "Die schöne Müllerin", Leipzig 1928, S. 87f. und Arnold Feil, Franz Schubert, Die schöne Müllerin. Winterreise. Stuttgart 1975, S. 180

7 Friedländer, s. Anm. 4

8 Ludwig Rellstab, Ludwig Berger, ein Denkmal, Berlin 1846, S. 111

führt[9] und hatte vermutlich der Gesellschaft - auch wenn es sich hier um die Generation der Romantiker handelte - als Anregung gedient.

Von Bergers Liedern sind ungefähr 160 erhalten. Der überwiegende Teil - auch von den "Müller-Liedern" - sind Strophenlieder. Luise Leven hebt hervor, daß "die Bevorzugung der Deklamation, das Gestalten aus der Sprachmelodie heraus" Bergers Melodik bedinge. Dennoch habe er in den "reiferen Schöpfungen" durch eine fortschrittliche Harmonik den "Übergang zur Romantik gefunden und damit das Berliner Lied des 18. Jahrhunderts in das 19. hinübergerettet"[10]. Leven stellt fest, daß die frühen Lieder Mendelssohns - die bis heute unveröffentlicht sind[11] - deutlich einen Einfluß Bergers erkennen lassen, was sich "in melodischen Anklängen" und in "stilistischen Besonderheiten" aufzeigen ließe[12].

Über die Entstehung und Aufführung von Mendelssohns Liederspiel sind ausführliche Berichte in den Erinnerungen Edouard Devrients[13] - der als einziger professioneller Sänger in der Aufführung mitwirkte - und in den Briefen der Familie Mendelssohn an den Autor des Librettos, Legationsrat Karl Klingemann enthalten[14]. Klingemann war ein

---

9 Rolf Pröpper, Die Bühnenwerke Joh. Fr. Reichardts, Bonn 1965, S. 136

10 Luise Leven, Mendelssohn als Lyriker unter besonderer Berücksichtigung seiner Beziehungen zu Ludwig Berger, Bernhard Klein und Adolf Bernhard Marx, Diss. Frankfurt 1927, S. 17 u. 25

11 Wulf Konold, Felix Mendelssohn-Bartholdy und seine Zeit, Laaber 1984, S. 247

12 Leven, Mendelssohn, S. 148

13 Edouard Devrient, Meine Erinnerungen an Felix Mendelssohn-Bartholdy und seine Briefe an mich, Leipzig[2], 1872, S. 88f.

14 s. Anm. 5

enger Freund der Familie und begleitete Mendelssohn 1829 auf einer Reise durch Schottland, auf der sie gemeinsam die Idee eines Liederspiels entwickelt hatten[15]. Mendelssohn hat dessen Dichtungen außerordentlich geschätzt, und die Klingemann-Vertonungen nehmen unter seinen Liedern den größten Raum ein[16]. Noch zehn Jahre nach der gemeinsamen Arbeit am Liederspiel schreibt Mendelssohn 1839 an Klingemann[17]:

> "Wie hast Du mich mit diesen Liedern erfreut; ich kenne eben keinen, dessen Verse mir so aus der Seele geflossen schienen, und mir so gleich heimisch und warm machten, wie die Deinigen, ... sind's doch seit langer Zeit die ersten neuen Gedichte, die mich erfüllen und mein eigen geworden sind;..."

Warum er sich von Klingemanns Versen so angesprochen fühlte, wird bereits in einer Äußerung über das Liederspiel-Libretto deutlich[18]:

> "Es war nicht schwer es zu komponieren, die Worte sind schon Musik, und wenn ich dran denke, dass ich schlechtere mal bekommen soll, so weiss ich nicht, wie ich's machen werde. Deine Worte sagt' ich mir so lange vor bis ich sie sang; da ist's wohl leicht".

Es ist aufschlußreich für Mendelssohns Einschätzung der Gattung, daß er für die private Sphäre seines Elternhauses ein Liederspiel bestimmte, während er für eine öffentliche Aufführung - nachdem seine Oper "Die Hochzeit des Camacho"

---

15 Mendelssohn in einem Brief an Devrient vom 29.10.1829 (s. Anm. 13, S. 88)

16 Leven, Mendelssohn, S. 121 (s. Anm. 10)

17 Briefe an Klingemann (s. Anm. 5), vom 1.1.1839, S. 234. Gemeint ist u.a. das "Herbstlied", Op. 84. Nr. 2., Zit. nach Leven, S. 122

18 Briefe an Klingemann, vom 10.2.1830, S. 74f. (s. Anm. 5)

(1827) nur ein "Achtungserfolg" gewesen war - vergeblich nach einem geeigneten Libretto Ausschau gehalten hatte[19]. Mendelssohn nennt in einem Brief an Devrient das Liederspiel[20]:

> "nichts als ein kleines Idyll, spielt auf dem Lande im Sommer ... wir wollen diesen Spaß nebst andern Kleinigkeiten am Vorabend oder sonstwann aufführen, auf einem ordentlichen (Miniatur-) Theater, mit einem ordentlichen (Miniatur-) Orchester ..."

Mendelssohn will also von vornherein eine Beschränkung auf die "Idyllenwelt"[21], die er nicht wie Reichardt vor einem "großen Publikum"[22] präsentieren möchte, sondern wie bei Bergers "schöner Müllerin" als Spiel im Salon mit seinen Geschwistern und Freunden als Mitwirkenden. Dennoch verrät das ganze Liederspiel seine Herkunft vom Theater. Vor allem in den Ensembles zeigen sich Mendelssohns Kompositionserfahrungen mit dem Singspiel[23]. Mendelssohn hatte sich in seiner Jugend intensiv mit Singspiel-Kompositionen befaßt: Im Alter von elf bis vierzehn Jahren entstanden "Die Soldatenliebschaft" (1820), "Die beiden Pädagogen" (1921),

---

19 Konold, Mendelssohn, S. 225f. (s. Anm. 11)

20 Devrient, Erinnerungen, vom 29.10.1829, S. 88f. (s. Anm. 13)

21 Ignaz Franz von Mosel, Abhandl. "Vaudeville, Liederspiel, Singspiel, Oper" in: Wiener allg. mus. Zeitung vom 25.10.1820, Sp. 683

22 Reichardt, Etwas über das Liederspiel, in: AMZ, III, 1801, Sp. 712

23 dazu: Schünemann, Georg: Mendelssohns Jugendopern, in: ZfMw 5 (1922/23), S. 506-545 und Karl-Heinz Köhler: Das Jugendwerk Felix Mendelssohn-Bartholdys. Die vergessene Kindheitsentwicklung eines Genies, in: DJdMw 7 (1963), S. 18-35

"Die wandernden Komödianten" (1822/23), die aber teilweise Fragment geblieben sind. Die deutliche Orientierung an Mozart sieht Carl Dahlhaus "als unwillkürliche Anpassung des Anfängers an die musikalische Normalsprache der Zeitgenossen"[24]. Karl-Heinz Köhler betont, daß bei diesen Jugendwerken "eine abwechslungsreiche Vielfalt der musikalischen Gestaltung" zu beobachten sei[25]:

> "Dies wird im kontrastreichen Nebeneinandersetzen von Arien, Arietten und Ensembles, durch rhythmische Vielfalt und das geschickte Einführen kontrastierender Stimmlagen erreicht. Aber auch die gegensätzlichen psychologischen Einstellungen werden bereits musikalisch charakterisiert".

Diese Beobachtungen lassen sich auch auf "Heimkehr aus der Fremde" übertragen. Hier sind es - neben den lebendigen Ensembles - die im Charakter zum Teil sehr gegensätzlichen Lieder, die für "Vielfalt" sorgen. Mendelssohn versteht es, auch mit den eingeschränkten Möglichkeiten des Strophenliedes dramatische Wirkungen zu erzielen, indem er z.B. zwei stark kontrastierende Lieder miteinander kombiniert (vgl. Nr. 55). Im Gegensatz zur bisherigen Liederspiel-Praxis, bei der im Wesentlichen früher komponierte Lieder "eingebaut" worden sind, hat Mendelssohn alle Lieder eigens für das Stück komponiert. Auf diese Weise gelingt es, auch mit Liedern, einer primär lyrischen Gattung, dramatische Realität zu schaffen (besonders deutlich in Lied Nr. 8 (Nr. 55) und die charakteristischen Eigenschaften der Personen herauszuarbeiten wie z.B. in Lied Nr. 5 (Nr. 58).

---

24 Carl Dahlhaus, Mendelssohn und die musikalischen Gattungstraditionen, in: Das Problem Mendelssohn, Studien zur Musikgeschichte des 19. Jh., Bd. 41, hrsg. v. Carl Dahlhaus, S. 58, Regensburg 1974

25 Karl-Heinz Köhler, Das Jugendwerk Felix Mendelssohn-Bartholdys. Die vergessene Kindheitsentwicklung eines Genies, in: Felix Mendelssohn-Bartholdy, hrsg. v. Gerhard Schumacher, Wiss. Buchgesellsch. Darmstadt 1982, S. 21f. (s. auch Anm. 23)

"Heimkehr aus der Fremde" hat in der Mendelssohn-Literatur insgesamt wenig Beachtung gefunden. Eric Werner ist der Ansicht, daß "das Werkchen" die viele Arbeit kaum gelohnt habe, weil es nicht für die Öffentlichkeit bestimmt war. Es sei als "rührende Huldigung" an die Eltern zu verstehen[26]:

> "Wenn man das bedenkt, wird einem der musikalische Gartenlaubestil des Spiels, der, philiströs bis in die Knochen sich dennoch bemüht, 'schelmisch' oder 'sinnig' zu erscheinen, eher erträglich sein".

Indes sei die Ouvertüre "von hohem Rang" und die Nachtwächterszenen von besonderem Interesse[27]. Größere Beachtung findet das Liederspiel nur in der Mendelssohn-Biographie von August Reissmann. Reissmann sieht, im Gegensatz zu Werner, gerade in dem Umstand, daß es ein der Öffentlichkeit vorenthaltenes "Weihegeschenk" war, die Besonderheit der kompositorischen Leistung[28]:

> "So ist das Werk eins der bedeutsamsten für die Erkenntnis seiner Innerlichkeit geworden. Allgemeine höhere Bedeutung konnte es nicht gewinnen; aber innerhalb M e n d e l s s o h n ' s gesamter Entwicklung bildet es ... gewissermaßen einen Centralpunkt, in welchem das frühere wie das spätere Kunstwerk zusammentreffen".

Mendelssohn hat sein Werk selber hoch eingeschätzt, denn in einem Brief an Klingemann schreibt er[29]:

> "für Dich meine Partitur des Liederspiels. Ich halte es für das Beste, was ich bis jetzt komponiert habe... das Ganze musst Du Dir von ausgewählten Kammermusikern

---

26 Eric Werner, Felix Mendelssohn-Bartholdy. Leben und Werk in neuer Sicht, Zürich 1980, S. 187, engl. London 1963

27 E. Werner, Mendelssohn, S. 188 (s. Anm. 26)

28 August Reissmann, Felix Mendelssohn-Bartholdy, sein Leben und seine Werke, Leipzig 1893, S. 95

29 Briefe an Klingemann, vom 10.2.1830, S. 74 (s. Anm. 5)

im Orchester mit einem Feuer und einer Genauigkeit ausgeführt denken, wie ich sie noch nicht in meinen Kompositionen hier gehört hatte: ..."

Edouard Devrient - der Sänger des Kauz - berichtet von der Aufführung, die immerhin vor 120 Zuschauern[30] stattgefunden hat[31]:

"Die Aufführung machte in der Gesellschaft große Sensation, nicht nur durch den Reiz der Melodien und ihren innigen und sinnigen Ausdruck, sondern mehr noch durch den Humor und die Charakteristik der Gestalten und Situationen, durch den lebendig dramatischen Zug bei der frischesten musikalischen Schönheit. Der neue Erweis von Felix' vorragend dramatischen Talente frappierte allgemein".

Der Titel "Heimkehr aus der Fremde" sollte eine Anspielung auf Mendelssohns langerwartete, aber durch einen Kutschenunfall verzögerte Rückkehr aus England bedeuten[32]. Aber nicht nur im Titel, sondern auch im Dialog müsssen viele Anspielungen auf Familienmitglieder verborgen sein. Darauf deutet ein Satz in Fannys Dankesbrief an Klingemann hin[33]:

"O Freund Klingemann mit welcher Malice haben Sie die Rollen besetzt und geschrieben! Die Lisbeth, die niemals lügt, die Mutter, die fremde Leute nicht grüßen mag, - o weh, die sollten Ihnen eigentlich im Traum erscheinen".

Fanny und ihr Mann Wilhelm Hensel spielten und sangen das alte Dorfschulzenehepaar, Rebekka - die jüngere Schwester -

---

30 Briefe an Klingemann, Lea Mendelssohn an Klingemann vom 30.12.1829: "Felix hatte ein förmliches Theater und eine Erhöhung für die Zuschauer erbauen lassen: wir waren mehr als 120 Personen...", S. 70 (s. Anm. 5)

31 Devrient, Erinnerungen, S. 94 (s. Anm. 13)

32 Konold, Mendelssohn, S. 24

33 Briefe an Klingemann, vom 30.12.86, S. 72 (s. Anm. 5)

sang die recht anspruchsvolle Sopranpartie der Lisbeth, und Devrient die dankbare Bassbuffo-Partie des Kauz. Nur die Tenorpartie des Herrmann wurde von einem Außenstehenden, dem Studenten Mantius gesungen[34].

Devrient gibt Auskunft über die Motive von Mendelssohns Weigerung, das Werk öffentlich aufzuführen[35]:

> "Felix sträubte sich, zunächst aus Pietätsrücksichten ... Er hatte so Vieles in der Musik ganz persönlich gemeint. Als ich das Thema schön fand, mit dem die Ouvertüre beginnt, sagte er mir: das sei seine Widmung, seine Reverenz mit welcher er vor die Eltern hinträte, seine Arbeit zu überreichen. Die Innigkeit dieses Ausdruckes sollte, nach seinem Wunsche, nur dem vertrauten Kreise bleiben... sachlich hob er noch hervor, daß die Composition überhaupt nicht für den Raum eines Theaters geeignet sei, daß das nur auf den Salon berechnete Orchester insbesondere ganz umgearbeitet werden müsse..."

Der Bühnenpraktiker Devrient erkennt allerdings auch Mängel des Librettos, denn er meint, daß das "Gedicht in seiner losen Verknüpfung, mit seinem wenig Spannung bietenden Interesse" kein "verwöhntes Publikum" fesseln könne.

Die Handlung[36]

Die Handlung spielt am Vorabend eines Festes, in der Nacht und am darauffolgenden Tage. Der Schauplatz ist ein Dorfplatz, vorne zur Seite des Schulzen Haus.

---

34 Briefe an Klingemann: Brief das Familie Mendelssohn vom 28. und 30.12.1829, S. 67f. (s. Anm. 5)

35 Devrient, Erinnerungen, S. 94f. (s. Anm. 13)

36 Libretto im Kl.A. bei Breitkopf u. Härtel, Leipzig, o.J., (Angabe: "Clavierauszug vom Componisten") Auch als Einzelausgabe bei Br. & H., o.J. erschienen

Im Dorf werden Vorbereitungen zum fünfzigjährigen Amtsjubiläum des Dorfschulzen getroffen. Die Schulzenfrau beklagt das Schicksal ihres Sohnes Hermann, der vor sechs Jahren Soldat geworden und seit dem verschollen ist. Aber ihr Mündel Lisbeth glaubt fest an seine Rückkehr, denn Hermann hatte sie einmal "seine kleine Braut" genannt. Da mischt sich der Krämer Kauz in die Festvorbereitungen, macht Lisbeth den Hof und gibt sich ihr gegenüber als Werbeoffizier aus. Inzwischen ist aber der richtige Werbeoffizier Hermann, jedoch in der Verkleidung als Spielmann, hinzugetreten und will seine Dienste als Musikant anbieten. Lisbeth erkennt Hermann wieder, aber die Beiden geben ihr Geheimnis noch nicht preis. Hermann will Lisbeth in der Nacht ein Ständchen bringen, wird aber von dem als Nachtwächter verkleideten Kauz gestört. Als nun Kauz Lisbeth gleichfalls ein Ständchen bringen will, wird er von Hermann - nun auch er in der Maske des Nachtwächters - festgenommen, aber von dem dazwischentretenden Schulzen, der Hermann für den echten Nachwächter Martin hält, befreit. Am darauffolgenden Festtage gibt sich Kauz als der verschollen geglaubten Hermann aus, gerät aber ins Stottern, als er von Heldentaten erzählen soll. Da betritt Hermann in der Uniform des Werbeoffiziers die Szene und gibt sich endlich seinen Eltern zu erkennen. Das Spiel endet mit Glückwünschen für das Jubelpaar:

> "Ein süsses Leben soll hier walten
> Der Bund bestehn in Lieb' und Treu"[37]

Die etwas wirre und unwahrscheinliche Verwechslungskomödie[38] lebt von der Situationskomik, die sich aus der Konfrontation der drei Nachtwächter ergibt[39]. Hinzu kommt die bühnenwirksame Rolle des Krämers, die allerdings der Opera buffa entlehnt ist. Hier liegt im Grunde ein typisches Singspiel-Libretto vor, bei dem sich der Übergang vom Dialog in die

---

37 Vielleicht eine Anspielung auf Reichardt?

38 Reissmann, Mendelssohn, S. 94, gibt an der Stoff sei "nicht neu", ohne weitere Angaben zu machen (s. Anm. 28)

39 Lea Mendelssohn schrieb am 30.12.1829 an Klingemann: "Was ist diese Serenade mit Nachtwächter obligé aber für eine köstliche Klingemanniade! ach, wären Sie Felixens Scribe! es kämen ganz andere Dinge wie aus der Pariser Fabrik zustande", S. 71 (s. Anm. 5)

Musiknummern problemlos gestaltet. Vor allen in den zum Teil turbulenten Ensembles, in denen die Handlung vorangetrieben wird, ist die enge Zusammenarbeit zwischen Komponist und Librettist deutlich zu erkennen. Devrient hatte am Libretto die "lose Verknüpfung" kritisiert[40]. Bei der im Druck vorliegenden Fassung handelt es sich um eine "bühnengerechtere Fassung", in der dieser Mangel offenbar behoben worden ist[41].

Obwohl "Heimkehr aus der Fremde" von Klingemann und Mendelssohn ausdrücklich als "Liederspiel"[42] bezeichnet worden ist, wird behauptet, das Werk wäre "misleadingly entitled 'Liederspiel'"[43]. Allerdings entspricht das Werk nicht den von Reichardt gesetzten Gattungsnormen, weil es neben den Liedern mehrere Ensembles, einen Chorsatz und ein Finale enthält. Warum hat es Mendelssohn dennoch ein Liederspiel genannt? Bei der Durchsicht der Gesamtanlage (s. folgende Seite) wird deutlich, daß alle Solisten und auch der Chor - mit Ausnahme der Figur des Kauz, dessen 'Lied' im Grunde eine Buffoarie mit Coda ist - Lieder singen. So lautet jedenfalls Klingemanns - er hat die Melodie zu Nr. 12 "Die Blumenglocken im hellen Schein" beigetragen[44] - und Mendelssohns Bezeichnung. Doch das erscheint etwas fragwürdig, wenn man zum Vergleich Mendelssohns Klavierlieder heran-

40 Devrient, S. 95

41 Nach dem Vorwort im Kl.A. (s. Anm. 36) betrifft die Bearbeitung nur den Dialog

42 Mendelssohn an Klingemann vom 10.2.1830: "Für Dich meine Partitur des Liederspiels...", S. 74 (s. Anm. 5)

43 Grove, Art. Liederspiel

44 Lea Mendelssohn an Klingemann vom 30.12.1829: "Ein sehr zartes Blümlein im Liederspielkranz war Ihre Frühlingsmelodie "Seht um euch wie" - das Felix artig instrumentiert und eingelegt hat", S. 71 (s. Anm. 5)
Hierbei muß es sich um eine weitere, in das Liederspiel eingelegte Komposition Klingemanns handeln

zieht. Die Solonummern sind zwar alle (bis auf das "Lied" des Kauz) Strophen- oder variierte Strophenlieder, lassen aber kaum einen Einfluß der Berliner Liederschule erkennen. Keines dieser "Lieder" gehört - wie es bei einem Liederspiel zu erwarten wäre - zum Typus einer "romantischen Liedminiatur" wie etwa "Leise zieht durch mein Gemüt"[45].

In Klingemanns Libretto sind die Gedichtstrophen zum Teil bis zu zwölf Zeilen lang und bieten innerhalb einer Strophe - bedingt durch den Wechsel des Metrums - vielfach Möglichkeiten zu einer kontrastreichen Vertonung. Einige der Lieder erscheinen dadurch - ohne Kenntnis der Gedichtsstruktur - auf den ersten Blick überhaupt nicht als Strophenlieder, wie z.B. Hermanns Lied "Wenn die Abendglocken läuten" (vgl. Nr. 5) (Nr. 58). Dadurch entstehen auch bei Beibehaltung der strophischen Vertonung formal größere Anlagen, vgl. Nr. 5 und 8 (Nr. 55 u. 58), die wegen ihrer Instrumentierung durch ein volles Orchester (doppelte Holz- und Blechbläserbesetzung) noch weniger als "Lieder" in Erscheinung treten.

Die Gesamtanlage läßt erkennen, daß an dramaturgisch wichtigen Knotenpunkten - Kauzens Einmischung in die Festvorbereitungen und die Beleidigung und Bedrohung Hermanns - Ensembles unerläßlich sind, deshalb stehen die beiden Terzette - allerdings getrennt durch eine längere Dialogpartie - im Zentrum des Liederspiels. Die beiden Duette markieren die Exposition und die Peripetie,und das Finale den glücklichen Ausgang des Einakters, bei dem durch das Orchesterzwischenspiel (Nacht, Übergang zum Morgen) die Einheit des Ortes gewahrt bleibt.

---

45 Lars Ulrich Abraham und Carl Dahlhaus, Melodielehre, Köln 197 , S. 141

Felix Mendelssohn-Bartholdy:

"Heimkehr aus der Fremde" (1829)

G e s a m t a n l a g e

Ouvertüre

Nr.	1	Romanze	M	Andante con moto
Nr.	2	Duett	L+M	Allegro vivace
Nr.	3	Lied	L	Andante con moto
Nr.	4	Lied	K	Allegro vivace
Nr.	5	Lied	H	Andante/All.c.fuoco
Nr.	6	Terzett	L+H+K	Vivace/All.vivace
Nr.	7	Terzett	M+K+D	Allegro vivace
Nr.	8	Lied	H+K	Con moto/Più mosso
Nr.	9	Lied	K	Tempo giusto
Nr.	10	Duett	H+K	Vivace
Nr.	11	Zwischenmusik (Nacht, Übergang zum Morgen)		Adagio/Più mosso Andante/All.di molto
Nr.	12	Lied	L	Molto all.vivace
Nr.	13	Chor (Chorlied)		Allegro vivace
Nr.	14	Finale	Soli+Chor	Moderato/con moto

D Dorfschulz

M Mutter (Schulzin)

L Lisbeth

H Hermann

K Kauz

Schon die italienische Tempobezeichnung der Lieder, die normalerweise nicht üblich ist, kennzeichnet ihre Zugehörigkeit zu einem Bühnenwerk. Die Abfolge der Tempi in der Gesamtanlage zeigt, daß die Ensembles durchweg schnellere Tempi als die Lieder haben, weil dort die dramatische Aktion vorangetrieben wird. Die Lieder haben dennoch nicht alle eine die Handlung nur reflektierende Funktion. Aktion findet z.B. in Nr. 5 "Wenn die Abendglocken läuten" (Nr. 58) statt: denn hier will Hermann indirekt durch ein Lied seine Lebenssituation - daß er eigentlich Soldat ist - begreiflich machen und in Nr. 8 (Nr. 55) ergibt sich eine ausgesprochen komödiantische Situation: Hermann bringt Lisbeth ein in hastigen Tönen gesungenes Ständchen, und Kauz unterbricht ihn fortwährend mit seinem langgezogenen Wächterruf. Die Romanze zu Beginn hat auch eine handlungsbezogene Bedeutung, denn durch sie findet später die Anagnorisis - das Wiedererkennen des Paares statt (Nr. 54).

Da die Ensembles durchweg Singspielcharakter (stellenweise sogar in Opera-buffa-Technik[46]) haben, sollen sie hier, wo versucht werden soll, Liederspiel-Typisches herauszustellen, nicht behandelt werden. Auch die Ouvertüre widerspricht Mendelssohns Absicht, mit seinem Liederspiel ein "kleines Idyll" zu komponieren, denn sie ist eine vollwertige Opernouvertüre in dreiteiliger Anlage: Andante - Allegro di molto - Andante. Die Dreiteiligkeit ist allerdings unvollständig, weil zum Schluß das liedhafte Anfangsthema nur noch anklingt, Mendelssohns "Widmung" und "Reverenz" an die Eltern[47]:

---

46 Besonders auffallend in dem Duett zwischen Hermann und Kauz: "Heraus! zu Hülf! Verrath und Mord", dessen Parlando-Passagen an Rossini erinnern

47 Devrient, S. 94

Dieses nur von den Streichern vorgetragene Thema mit seiner weichen Terzenmelodik erklingt noch einmal am Ende des Orchesterzwischenspiels (Nacht, Übergang zum Morgen) als Lisbeth aus der Tür tritt um Blumen zu pflücken[48], kurz vor dem siebentaktigen melodramatischen Einschub vor Beginn von Nr. 12[49].

Das Liederspiel beginnt nach der umfangreichen Ouvertüre mit einer Romanze (Nr. 1 "Es saß vor langer, grauer Zeit" (Nr. 54)), in der die Schulzenfrau von der Königin erzählt, die - in Anlehnung an den Mythos von Achilles - ihrem Sohn eine Erziehung als Mädchen gab, damit er nicht in den Krieg ziehen konnte. Der Refrain "Doch wilde Jugend wer hüt't die!" könnte eine Anspielung auf Felix Mutter Lea bedeuten, die vielleicht den Sohn nicht gern in die Fremde - nach England - ziehen lassen wollte:

> Es saß vor langer, grauer Zeit
> Eine Königin auf hohem Throne!
> Sie liebt' von all' ihrer Herrlichkeit
> Nichts gleich ihrem einzigen Sohne,
> Sie greift zu List und Zauberei
> Damit er vor Schaden behütet sei, -
> Doch wilde Jugend wer Hüt't die!
>
> Damit er nimmer an Krieg und Streit
> Und Waffengeklirr sich weidet:
> Schickt' sie ihn auf eine Insel weit
> Und hat ihn als Mädchen verkleidet ....

48 Regieanweisung im Klavierauszug, S. 75 und Partitur, S. 110

49 Klingemanns Vertonung "Die Blumenglocken in hellem Schein" in der Instrumentierung von Mendelssohn (s. Anm. 44)

Romanzen waren in der romantischen Oper sehr verbreitet[50]. In Lindpaintners Oper "Die Macht des Liedes" (Stuttgart 1836) werden allein fünf Romanzen gesungen. In Romanzen werden häufig Stoffe aus Märchen und Fabeln auf balladenhafte Weise behandelt[51]. Balladen stand Mendelssohn allerdings skeptisch gegenüber[52]:

> "Nun scheint es mir überhaupt unmöglich, ein beschreibendes Gedicht zu componieren. Die Masse von Compositionen der Art beweisen nicht gegen, sondern für mich. Man steht in der Mitte zwischen einer dramatischen Auffassung oder blos erzählenden Weise: der Eine läßt im 'Erlkönig' die Weiden rauschen, der Andere denkt sich einen Balladensänger, der die schauerliche Geschichte ganz ruhig vorträgt, wie man eine Gespenstergeschichte erzählt. Das ist noch das Richtigste (Reichardt hat es fast immer so genommen); aber es sagt mir doch nicht zu; die Musik ist mir im Wege; es wird mir phantastischer zu Muth wenn ich ein solches Gedicht im Stillen für mich lese und mir das Übrige hinzudenke, als wenn ich es mir vormalen oder vorerzählen lasse".

Konold begründet das Fehlen von Balladen in Mendelssohns Liedschaffen mit dieser Briefpassage, in der Mendelssohns Abneigung gegen illustrative Momente deutlich zum Ausdruck kommt[53]. Die Romanze in seinem Liederspiel nimmt also eine Sonderstellung ein, denn hier wird gerade auf balladenhafte Weise - als variiertes Strophenlied - eine Geschichte vorgetragen, und Mendelssohn verwendet hier ausnahmsweise - vermutlich weil es sich um ein Bühnenwerk handelt - auch tonmalerische Effekte: Das Schnurren des Spinnrades, an dem die Mutter während ihrer Erzählung sitzt, bildet - in Form von immer wiederkehrenden Sechzehntelpassagen - den Hintergrund des Gesanges.

---

50 MGG, Art. Romanze

51 Siegfried Goslich, Die deutsche romantische Oper, Tutzing 1975, S. 252

52 F. Mendelssohn-Bartholdy, Briefe aus den Jahren 1830-1847, hrsg. v. Paul und Carl Mendelssohn-Bartholdy, Leipzig 1863, Bd. 1, Brief an die Gräfin Pereira nach Wien, S. 205f., zit. nach Konold, S. 249

53 Konold, S. 249

Die Spinnradfigur in den Streichern und Flöten verwandelt sich allerdings beim Refrain "Und wilde Jugend wer hüt't die" (T. 19 u. 35) in eine beinahe komisch anmutende drohende Gebärde, zumal sie noch durch Akzentsetzungen betont wird. Diese komische Wirkung entsteht hier außerdem durch die "widerborstige" Deklamation der Worte "wilde Jugend", bei der eine absichtlich zu kurze Betonung der ersten Silbe (bei Jugend) vorgenommen wird. Die Überbetonung der schwer zu hütenden Jugend (Takt 19-21 und 35-37) muß aus dem Munde von Fanny Hensel-Mendelssohn, die die Rolle der Mutter übernommen hatte, für besondere Heiterkeit gesorgt haben.

Musikalische Komik spielt im gesamten Liederspiel eine besondere Rolle. Lea Mendelssohn schrieb in ihrem Dankesbrief an Karl Klingemann[54]:

> "Vor allem freute mich, seine komische Laune und musikalischen Witz wieder recht in Flor gesehen zu haben".

Dieser musikalische Witz äußert sich auch in der beinahe ins Maßlose gesteigerten Übertreibung des Buffonesken in Lied Nr. 4 "Ich bin ein vielgereister Mann" des Kauz, das mit seinen endlosen Parlando-Partien vom Sänger einen Tonumfang vom tiefen "G" bis zum "fis'" verlangt, was von Devrient als "Privatneckerei"[55] aufgefaßt worden ist. Dieses "Lied" ist in Wirklichkeit eine Buffo-Arie und könnte vielleicht als Persiflage auf den von Rossini geprägten Arientyp (z.B. Arie des Basilio im "Barbier von Sevilla") gemeint sein.

---

54 Brief vom 30.12.1829, Briefe an Klingemann, S. 69

55 Devrient, Erinnerungen..., S. 95

Der Krämer Kauz hat im Libretto die Rolle eines Eindringlings. Mit seinem Buffo-Gestotter stört er vor allem in den Ensembles die musikalische Verständigung der übrigen Personen. Wenn er nicht plappern darf, so sind ihm Pfundnoten zugewiesen. So z.B. in der Nachtwächterszene Nr. 8 "Es steigt das Geisterreich herauf" (Nr. 55), das von besonders "drastischer Komik" ist[56]. Hermanns Ständchen, in dem er - ein etwas ungewöhnlicher Text für ein Ständchen - eine mitternächtliche Geisterschar heraufbeschwört, erhält durch die nachschlagenden Pizzicato-Achtel eine flirrende, rasch dahinhuschende Klangfarbe, die an die Musik zum "Sommernachtstraum" erinnert. Hermanns Zauberwelt wird durch die lapidaren Quart- und Quintsprünge des Nachtwächterrufes erheblich gestört, denn Kauz singt in B-Dur gegen seine g-moll-Serenade an (T. 26 und T. 47/48 B-Dur gegen g-moll), bis Hermann schließlich wütend abbricht, und Kauz, mit einem gesungenen "Tut" - die Imitation des Nachtwächterhornes - den Sieg davonträgt. August Reissmann sieht gerade in diesem "Lied" Mendelssohns Veranlagung für musikalischen Humor bestätigt[57]. Die dreimaligen, mit Vehemenz herauszustoßenden Sforzati bei Hermanns Geisterbeschwörung ("Herauf! Herauf! du verborgene Macht", Nr. 55 Takt 14-18), die durch Kauzens Dazwischensingen auf Hermanns Worte "hört, hört! (Takt 25-27) ins Komische unschlägt, erinnern an eine Passage in Mendelssohns "Hexenlied" (Hölty, Op. 8, Nr. 8, 1827[58], Notenteil Nr. 59). In beiden Liedern wird eine irreale, dem menschlichen Einfluß entzogene Welt vorgeführt. Hermann will jedoch "befreundete, liebe Gestalten" (2. Strophe), also den Liebenden wohlgesinnte Geister heraufbeschwören, während im "Hexenlied" zu einem infernalischen Tanz aufgerufen wird. Deshalb ist die Begleitung

---

56 A. Reissmann, Mendelssohn..., S. 98

57 ebenda

58 Datierung nach Leven, Mendelssohn, S. 111

bei ähnlicher Singstimmenführung sehr verschieden: im Liederspiel fehlen die Bässe, weil bei diesem Ständchen die leisen Gitarrenklänge imitiert werden. Im "Hexenlied" ist die Klavierbegleitung durch die tremolierenden Oktaven im Bass und die vollgriffigen Akkorde in der rechten Hand massiv ausgeführt.

In Nr. 9 trägt Kauz nun sein Lied "Hört, ihr Herrn, und laßt euch sagen" (Nr. 56) noch einmal mit einer neuen Melodie vor. Mendelssohn hat auch hier wieder nicht die bekannte Volksweise verwendet, sondern eine Melodie mit sehr großem Umfang - auch hier wohl wieder eine "Privatneckerei" für Devrient - erfunden, bei dem der Sänger vom tiefen "G" bis zum "f'" stark beansprucht wird. Von besonders komischer Wirkung ist hier, daß das Orchester - in dem fast unbegleiteten Lied - quasi mit falschem Pathos nur zur feierlichen Abkadenzierung von Kauzens Gesang herangezogen wird (Takt 14/15 und 32/33), denn in den Gesangspuasen erklingt nur das Nachtwächterhorn. Klingemann hat hier die Volksdichtung verändert und in ein Ständchen umgewandelt (vgl. Vers 2-4 und 8-10). Das hat Mendelssohn wieder auf originelle Weise umgesetzt: den hohlen Quinten des Nachtwächterrufes folgen weitausschwingende, in Sequenzen geführte Passagen - die Parodie auf einen nicht endenwollenden Opernsänger. Die musikalische Komik erreicht ihren Höhepunkt im Aufeinanderstoßen der beiden falschen Nachtwächter Kauz und Hermann: die jeweiligen Nachtwächterhörner haben verschiedene Stimmung (Hörner in E und B basso), und so treffen - für den Zuhörer völlig überraschend - "B" und "h" aufeinander.

Eine "Privatneckerei" anderer Art ist die Behandlung der Partie des Dorfschulzen, die von Fannys Mann, dem Maler Wilhelm Hensel, gesungen wurde. Mendelssohn läßt ihn während des ganzen Terzettes (Nr. 7) nur auf einem Ton singen, den er nach Devrients Bericht offenbar nur mit Mühe treffen konnte[59].

Wenn in den Ensembles und in der Partie des Kauz singspielhafte, teilweise sogar Opera-buffa-Einflüsse ("Lied" des Kauz) vorherrschen, so fehlen diese weitgehend in der Behandlung des liebenden Paares. Lisbeth äußert ihre Empfindungen für Hermann in Lied Nr. 3 "So mancher zog ins Weite", und Hermann möchte sich ihr durch ein Lied (Nr. 5 "Wenn die Abendglocken läuten") "verständlich" machen[60]. Als Hermann während des Dialoges den Refrain aus der Romanze der Mutter ("und wilde Jugend, wer hüt't die!") zitiert, erkennen sich die Liebenden wieder. Hier erfüllt das Zitat aus der Romanze eine dramaturigsch vergleichbare Funktion wie das Lied "Wenn ich ein Vöglein wäre" in Reichardts "Lieb' und Treue".

In dem Lied "So mancher zog in's Weite" (Nr. 57) greift Lisbeth die Gedanken der Mutter über den verschollenen Hermann auf. Das g-moll-Lied bildet somit ein Pendant zur e-moll-Romanze der Mutter zu Beginn des Liederspiels. Mendelssohn hat die vier vierzeiligen Strophen von Klingemann zu jeweils Zweien zusammengefaßt und dadurch zwei Achtzeiler gewonnen. Die erste Strophe lautet bei Mendelssohn jetzt:

So Mancher zieht in's Weite
Dem fernen Glücke nach.
Er sucht in dunkler Weite,
Was ihm so nahe lag
Und glänzt aus blauer Ferne
Durch Nacht ein mildes Licht -
Der Jugend holde Sterne
Ach! er erkennt sie nicht!

---

59 Devrient, Erinnerungen, S. 94 "Das war für Felix vielleicht das größte Plaisier des Abends..."

60 im Dialog sagt Hermann: "Gebt mir ein Lied auf, ich habe Mancherlei zu singen und zu sagen (für sich). Vielleicht mache ich mich ihr verständlich", S. 12, Einzelausgabe bei Breitkopf & Härtel,(s. Anm. 35)

Mendelssohn vermeidet ein nur skandierendes Deklamieren, in dem er in Vers 1 und 3 nur die erste Hebung und die klingende Kadenz hervorhebt: "Mancher - Weite" und "sucht - Weite". In Vers 2 und 4 hingegen betont er die vorher vernachlässigte zweite Hebung: "Glücke" und "nahe". Dadurch setzt er die für die Gedichtaussage maßgeblichen Worte in eine engere Beziehung zueinander. Dieses für die Verse 1-4 gewonnene Deklamationsschema wird nun nicht mehr konsequent fortgesetzt, denn in Vers 6 verlagert sich die Betonung hauptsächlich auf den Halteton bei "Licht"[61]. Dieses "milde Licht" leuchtet in der Singstimme weiter, während das Orchester schon den neuen Gedanken aufgreift (Takt 21/22): Der Jugend holde Sterne". Mit dem Oktavaufschwung zum "g''" in der Singstimme (Takt 24) - der bewußt mit dem noch zögernden zu Beginn des Liedes korrespondiert - ist der Höhepunkt des Liedes erreicht. Diesem Aufschwung kann nur noch ein resignierendes "Ach" folgen, denn die Wiederholung der beiden letzten Verse bringt nur noch ein kraftloses Kreisen um "d''", der Ton, auf dem zuvor (in Takt 26) das "ach!" erklungen ist. Bei der Wiederholung von Vers 8 verlagert sich die Betonung: nun ruht der Hauptakzent auf "er" (Takt 30). Am Ende der zweiten Strophe wird noch einmal Vers 1 wiederholt: Erklang die Melodie zu Beginn noch mit der in Terzen geführten Violinbegleitung, so verliert sich die Singstimme nun allein "ins Weite", endend mit der "schwebenden" Terz (b' über g-moll). Das Solocello - gespielt von Felix' Bruder Paul - unterstreicht den elegischen Charakter des Liedes und intensiviert den Gesang Lisbeths vor allem in der in Sextenparallelen geführten Passage (Takt 17-21) wenn sich der warme Ton des Instruments mit der Stimme vereint, und sich damit gleichsam eine Verdoppelung des Empfindens einstellt.

---

61 Leven weist auf die Häufigkeit von Haltetönen in Mendelssohns Liedern hin und zit. in diesem Zusammenhang Ernst Kurth, Romantische Harmonik und ihre Krise in Wagners "Tristan", Bern und Leipzig 1920, S. 491: "das lange Festhalten eines Tones in all seiner vibrierenden Intensität" sei spezifisch romantisch, Leven, S. 73 (s. Anm. 10)

Im Dialog des Liederspiels hat Lisbeth dem als Spielmann verkleideten Hermann eine Aufgabe gestellt: Er soll ein Lied über die gerade erklingenden Abendglocken erfinden. Hermann will seine Identität - er ist Werbeoffizier - noch nicht preisgeben, möchte sich aber dennoch durch ein Lied "verständlich"[62] machen. Klingemann hat diese dramaturgisch nicht einfache Situation gelöst, indem er im Charakter sehr gegensätzliche Themen - ländlicher Abendfrieden und ein Soldat auf Wache - in einer Strophe vereint (Nr. 58).

"Wenn die Abendglocken läuten
Und das Hirtenhorn erschallt,
Sammeln sich die weit Zerstreuten,
Ziehen heim aus Flur und Wald,
Und es flüstert in den Zweigen
Liebeswort und Abendwind,
Es begegnen sich auf Steigen
Liebesleut' und Nachbarskind
Doch der Soldat drauss' im weiten Feld.
Ist gen den Feind als Schildwach gestellt,
Steht dort allein auf scharfer Wacht,
Schaut ohne Ruh' in die stille Nacht.

Hier zeigt sich besonders deutlich, warum sich Mendelssohn gerade von Klingemanns Dichtungen so angesprochen fühlte: Diese einfachen Verse schwingen bereits ohne die Vertonung in einem wohltuenden Rhythmus und lassen vor dem Auge das Bild einer pastoralen Idylle entstehn, von der sich die Unruhe des Soldaten - angezeigt durch den Wechsel von Trochäen in Daktylen - abhebt. Der Wechsel des Metrums geht einher mit dem Wechsel des Reimes und der Verskadenzen: Waren es vorher Kreuzreime und abwechselnd klingende und stumpfe Kadenzen, so herrscht nun der viel härtere Paarreim im Verein mit einsilbig stumpfen Kadenzen.

---

62 s. Anm. 60

Mendelssohn gliedert die drei Strophen in eine sechsteilige Reihungsform: a b a b a' b'. Der a'-Teil wird jedoch in der Begleitung variiert: statt Pizzicato-Achtel erklingen nun in den Streichern Sechzehntel-Figuren und zu den Flöten kommen die Klarinetten und Oboen hinzu, also eine Verdichtung des Satzes gegenüber der ersten Strophe. Der b'-Teil ist hingegen stärker verändert, denn das musikalische Material von b wird nur teilweise verwendet, stattdessen wird bei der Wiederholung der Verse 11 und 12 eine Coda angehängt, die hier jedoch nicht eine Beschleunigung des Tempos bewirkt: Durch eine Zurücknahme der Dynamik (bei Beibehaltung des Tempos) entsteht bei der Deklamation des Verses "Denkt er an sie in einsamer Wacht" eher der Eindruck eines allmählichen Verklingens und Verlangsamens, so daß auf diese Weise eine Verbindung zum "Andante" des a-Teils hergestellt wird.

Der Übergang vom Dialog zum Beginn des Abendliedes wird durch ein kurzes, nur zwei Takte währendes Melodram hergestellt. Hermann ist von der Forderung, ein Lied über die Abendglocken zu erfinden völlig überrascht: "Element! so soll - Habt Nachsicht!" Durch zwei Pizzicato-Akkorde wird die dramatische Situation mit der Lyrischen verknüpft; währenddessen ist der Hörer unmittelbar am Prozeß der Erfindung eines Liedes beteiligt: Er kann miterleben, wie aus den zögernd einsetzenden Pizzicati der Streicher und den sanften Terzen der Flöten eine Pastorale aufgebaut wird, die aber erst vollständig wird, als sich ein Bordunklang - Hörner und Bässe in liegenden Quinten - gebildet hat (Takt 1-8). Der 6/8-Takt verstärkt den Eindruck einer Pastorale und kommt dem trochäischen Versfuß entgegen. Über dem Bordun g - d entfaltet sich eine naive Terzenmelodik, die an den Klangraum des Kanons "O wie wohl ist mir am Abend" erinnert. Erst in Vers 5 und 6 ändert sich diese schlichte Harmonik über der Dominantparallele h-moll bildet sich zwischen Singstimme und Begleitung das Intervall der großen Septe g-fis, die den Worten "sanft" und "Liebeswort" eine reizvolle Schärfung verleiht (Takt 13/14). Ein Trompetensignal - gewonnen aus dem daktylischen Metrum des Beginns von Vers 9 "Doch der Soldat" - kündigt den straffen Rhythmus des b- Teils, "Allegro con fuoco" an, und, begleitet von dem ganzen instrumentalen Aufgebot einer Militärmusik (Holz- und Blechbläser samt Pauken) werden die Verse 9-12 vorgetragen. Doch die skandierende Deklamation zu Beginn von Vers 9 wird nicht beibehalten, denn die Worte "weiten Feld" erhalten, wortausdeutend, doppeltes Gewicht. Im Unisono mit den Streichern werden im pp in federnder Diktion die Verse 11 und 12 deklamiert und bei der Wiederholung der Verse 9-12 übernimmt die Singstimme, unterstützt von den ff-Schlägen des vollen Orchesters die Rolle der Trompete, indem sie in den charakteristischen Duktus einer Militärmusik verfällt (Takt 36-38). Nach einer dreifachen Sequenzenfolge, intensiviert durch die Sechzehntel-Triolenbildung der Streicher endet diese äußerst dramatische Entwicklung, bei der der Sänger einen Umfang von "H" bis "g'" - innerhalb von sechs Takten! - durchmessen muß, auf einer Fermate. Natürlich ist das ein opernhafter Effekt und dieser wäre als Klavierlied weder darstellbar noch angemessen. Hier handelt es sich jedoch um ein Lied auf dem Theater, bei dem Mendelssohn die etwas ungewöhnliche Aufgabe gereizt haben mag, eine Pastorale mit einer Militärmusik zu verbinden. Der Effekt ist hier bedingt durch die dramatische Situation innerhalb der Handlung und die sich daraus ergebende Zweiteilung der Strophe. Der kurze Übergang vom Allegro in das Andante des a-Teils, wenn sich aus der verklingenden Terz der Bläser (Takt 53) die pastorale Anfangsmelodie herausschält, läßt den Hörer das wiedergewonnene liedhafte Melos umso wohltuender empfinden.

Bei Mendelssohns "Heimkehr aus der Fremde" ist es nicht möglich, Gattungsnormen anzulegen, denn woraus hätten diese gewonnen werden können, wenn es ein "romantisches Liederspiel" nie gegeben hat? Im Gegensatz zu Reichardts Liederspielen, bei denen das Vorbild häuslichen Liedmusizierens wirksam war, ist bei Mendelssohn der Einfluß des Singspiels - gewonnen durch seine Erfahrungen bei der Komposition der frühen Singspiele (vor allem bei "Die beiden Pädagogen", 1821) - stärker als der des romantischen Klavierliedes.

Bei der Beurteilung ist zu bedenken, daß die (posthum erschienene) Partitur nicht erkennen läßt, daß Mendelssohn ursprünglich nur ein "auf den Salon berechnetes Orchester" zur Verfügung gestanden hat[63]. Auch muß die Besetzung der Rollen durch Dilettanten (bis auf den von Eduard Devrient gesungenen "Kauz") eher den Eindruck einer Liebhaberdarbietung als den einer professionellen Theateraufführung vermittelt haben, was den Liederspiel-Charakter unterstrichen haben mag. Dennoch muß man sich fragen, was Mendelssohn und Klingemann bewogen haben mochte, dieses Werk als "Liederspiel" zu bezeichnen. Klingemann hat Mendelssohn ein typisches Singspiel-Libretto, also ein "echtes" Libretto, zur Verfügung gestellt, in dem die Lieder nicht als Fremdkörper mühsam in eine Handlung eingepaßt werden mußten. Aber das könnte gerade die Ursache dafür gewesen sein, daß sich Mendelssohn vom Liederspiel so weit entfernt hat: die Lieder erwachsen in "Heimkehr aus der Fremde" unmittelbar aus der szenischen Situation und deshalb ist keines davon aus diesem Kontext zu lösen und als "Klavierlied" aufzuführen, nicht einmal die Romanze "Es saß vor

63 Devrient, Erinnerungen..., S. 94

langer grauer Zeit", die zwar im schlichten Balladen-Ton beginnt, aber im Refrain das "Ausbrechen" der "wilden Jugend" dermaßen auskostet, daß dies nur im Rahmen der Handlung zu verstehen ist.

Es ist wahrscheinlich, daß Mendelssohn auf der gemeinsamen Reise mit Klingemann durch Schottland[64] an der Entstehung des Librettos maßgeblich beteiligt gewesen war. Vielleicht hat Mendelssohn Klingemann dazu veranlaßt, die Gedichte der Lieder so zu gestalten, daß sie "dankbar" zu vertonen waren: der häufige Wechsel des Metrums innerhalb einer Strophe (in Nr. 2, 4, 5, 6 und 12), der Gelegenheit zu rhythmischen Kontrasten bietet, oder die Kombination einer Serenade mit dem Wächterruf (Nr. 55) könnte darauf hindeuten.

Die "Lieder" in "Heimkehr in der Fremde" sind zudem mit einer vollständigen romantischen Orchesterbesetzung instrumentiert. Das verändert von vornherein den Charakter jedes Liedes, weil allein durch den Einsatz verschiedener orchestraler Klangfarben (in Nr. 5 (Nr. 58): sanfter Flöten- und Hörnerklang gegen scharfgestoßene Trompetentöne) eine im "Klavierlied" kaum zu erreichende musikdramatische Realität gewonnen werden kann.

Mendelssohn löst sich in den Solonummern - bis auf Kauzens "Lied" genannte Buffo-Arie - nicht von der Form des Strophen- oder variierten Strophenliedes, aber durch die Einbindung in das Szenische sind sie in ihrer Faktur so verändert, daß sie - eine konkretere Bezeichnung bietet sich nicht an -

---

64 Devrient, Erinnerungen..., S. 88. Brief von Mendelssohn an Devrient vom 29.10.1829

"Bühnengesänge" geworden sind[65]. Sein "Liederspiel" beweist, daß ein Bühnenwerk nur mit "Aktionsliedern" und nicht mit am häuslichen Musizieren orientierten Liedern "funktionieren" kann, was aber - und die "Heimkehr aus der Fremde" macht das deutlich - keinen Verzicht auf liedhaftes Melos bedeuten muß. Für die Ausprägung eines "romantischen Liederspiels" - ohne Bindung an Reichardts strenge Definition - hätte es einen Gewinn bedeutet, wenn das Werk an die Öffentlichkeit gelangt wäre.

---

65 Die Bezeichnung "Singspiellied" trifft hier nicht zu, weil sie nur einen ganz bestimmten Liedtypus bezeichnet, der vor allem in den "Operetten" Hillers ausgeprägt worden ist. Auch das "Opernlied" aus der ersten Hälfte des 19. Jh. (z.B. in Lortzings Opern) ist häufig von musikalisch einfacherer Faktur, meist auch wesentlich kürzer und aus dem szenischen Ablauf herausgehoben, und dient vielfach der Typendarstellung, wozu Mendelssohn hingegen eine Arie ("Lied" des Kauz) verwendet. Dazu: Siegfried Goslich, Die deutsche romantische Oper, Tutzing 1975, Kap. Opernlied, S. 233f.
Für die Zuordnung zur Arie oder Ariette wiederum ist in Mendelssohns "Liederspiel" die Bindung an die Strophenform zu stark ausgeprägt

VI Das Liederspiel, eine vergessene und "gescheiterte" Gattung

Als Reichardt sein erstes Liederspiel "Lieb' und Treue" kurzerhand als "neue Gattung" bezeichnet hat, wird dies weder unmittelbar nach Erscheinen seiner Abhandlung "Etwas über das Liederspiel"[1] noch in den folgenden Jahrzehnten je in Frage gestellt. Auch die wenigen Autoren, die sich theoretisch mit dem Liederspiel befaßt haben, nehmen die Konstituierung einer neuen Gattung widerspruchslos hin[2]. Bereits 1801 - wenige Monate nach Reichardts Abhandlung - wird das Liederspiel in eine Erörterung "Ueber Musik und Deklamation" einbezogen[3], und noch 1838 geht Gustav Schilling von der Annahme aus, daß das Liederspiel zwar[4]

> "eine untergeordnete Gattung des Schauspiels mit Gesang und Instrumentenspiel, oder minder höhere Art der theatralischen Tondichtung"

sei, bezweifelt aber nicht, daß es sich um eine eigenständige, von anderen Formen des Musiktheaters abzugrenzende Erscheinung handle.

Dennoch beweist die verhältnismäßig geringe Resonanz, die es bei Komponisten und Librettisten gefunden hat, daß das Liederspiel als eigenständige Gattung auf schwachen Füßen steht. Unter Reichardts Nachfolgern findet sich kein einziges Beispiel, in dem seine Konzeption - daß "Lied und

---

1 Reichardt, AMZ, III, 1801, Sp. 709-717

2 vgl. Kap. III,1

3 August Apel, Ueber Musik und Deklamation, in: AMZ, IV, 1801, Sp. 187 u. 212 (s. Einleitung)

4 Gustav Schilling, Versuch einer Philosophie des Schönen in der Musik oder Aesthetik der Tonkunst, Mainz 1838, S. 582

nichts als Lied den musikalischen Inhalt des Stücks" ausmachen solle[5] - konsequent befolgt worden ist, Alle hier untersuchten Liederspiele lassen die Tendenz erkennen, sich - mehr oder weniger stark ausgeprägt - benachbarten Gattungen anzunähern. Bereits das erste 1801 in der Nachfolge von "Lieb' und Treue" entstandene Spiel "Frohsinn und Schwärmerey" von Friedrich Heinrich Himmel enthält Formen des Singspiels und Lieder, die Himmel nach Reichardts Aussage "fast zu Arien" gemacht habe[6]. Auch in den Liederspielen von 1813, "Der Kosak und der Freiwillige" von Bernhard Anselm Weber und "Der blinde Gärtner, oder: Die blühende Aloe" von Johann Philipp Samuel Schmidt und Peter Joseph von Lindpaintner, werden Formen des Singspiels adaptiert.

Fast mag es so scheinen, als ob nur die Reduktion auf den Klavierauszug diesen beiden Stücken aus dem Jahr der Befreiungskriege 1813 den Charakter von Liederspielen geben könne. Erst in den Spielen von Karl von Holtei aus den zwanziger Jahren des 19. Jahrhunderts stehen wieder Lieder (überwiegend Volkslieder) im Vordergrund, die sich aber durch die Anwendung des Parodieverfahrens von Vaudeville-Couplets nicht mehr unterscheiden.

Hätte Reichardt - ein äußerst geschickter Publizist - die Aufführung von "Lieb' und Treue" ein Jahr später nicht auch theoretisch untermauert, wohl wissend, daß dieses Ereignis sonst in Vergessenheit geraten würde, wären vermutlich kaum Liederspiele von anderen Komponisten geschaffen worden. Die publizistische Wirkung dieser Veröffentlichung muß noch weit ins 19. Jahrhundert hinein nachgewirkt haben: noch der von Biedenfeld unternommene Apell zur

5 Reichardt, AMZ, III, 1801, Sp. 712

6 ebenda, Sp. 716

Wiederbelebung des Liederspiels könnte seinen Grund in der Faszination haben, die Reichardts radikale Konzeption ausgeübt hat[7]. Dennoch zeigt die im Hinblick auf Reichardts Intentionen so mangelhafte Realisation der neuen Gattung durch die nachfolgenden Komponisten, daß seine Konzeption per se kaum entwicklungsfähig war. Dazu können mehrere Punkte angeführt werden:

1. Die Übertragung einer ursprünglich für das häusliche Musizieren bestimmten Gattung[8] muß aus dramaturgischen Gründen auf der professionellen Bühne scheitern.

2. Reichardts "Theorie von der Empfindungseinheit"[9] ließ weder Kontraste in der Handlung, noch Abwechslung in Form und Inhalt der einzelnen Lieder zu.

3. Da Reichardts Versuch, mit seinem zweiten Liederspiel "Der Jubel" von dieser "Empfindungseinheit" abzuweichen, gescheitert ist, hat er mit seinem letzten Spiel "Kunst und Liebe" die Gattung definitiv auf idyllische Sujets festgelegt. Diese Beschränkung auf eine "Idyllenwelt"[10] ließ nur Stoffe mit Genrecharakter zu. Die von den Romantikern bevorzugten Sujets (Zaubermärchen, Ritterstücke, Abenteuer u.s.f.) waren deshalb ausgeschlossen und auch in Form eines Einakters, der lediglich eine Funktion als "Nachspiel" zu einem mehraktigen Schauspiel zu erfüllen hatte[11], nicht zu realisieren.

---

7 Biedenfeld, Die komische Oper..., S. 94f. Biedenfeld zitiert in seinem Abschnitt über das Liederspiel aus Schillings Universal-Lexikon, Artikel Liederspiel, in dem auf Reichardts Abhandlung hingewiesen wird.
Bei H. Chr. Koch, Musikalisches Lexikon, Offenbach 1802, ist Reichardts Abhandlung teilweise abgedruckt

8 Reichardt, AMZ, III, 1801, Sp. 711

9 Salmen, Reichardt, S. 273

10 Mosel, Vaudeville, Liederspiel..., Sp. 683

11 Reichardt, Vorrede zu "Liederspiele", Tübingen 1804, VII, vgl. auch Theaterzettel, Notenteil, Anhang; der zweisprachige Titel: "Kunst und Liebe" und L'art et l'amour" rührt von der Besetzung Berlins durch napoleonische Truppen (1807) her

4. Die ausschließliche Beschränkung auf Strophenlieder, das Fehlen von Ensembles und Chören (bis auf wenige Lieder in "Der Jubel") und die sparsame, fast nur kammermusikalische Instrumentierung bieten Komponisten keine dankbare Aufgabe und lassen, auch was Bühnenwirksamkeit betrifft, keinen größeren Publikumserfolg erwarten.

5. Bei den "Libretti"[12] stellte sich die Aufgabe, im Unterschied zu einem Singspiel oder einer Oper, mit bereits vorhandenen Liedern eine Handlung zu konstruieren. Abgesehen von der Schwierigkeit, diese Lieder mit dem Dialog zu verknüpfen, könnte die Heterogenität der Liedertexte (Dichtung und Volksdichtung) - die bereits von Ludwig Tieck als problematisch angesehen worden war[13] - dazu beigetragen haben, daß diese "Aftergattung"[14] von vielen Komponisten und Librettisten nicht akzeptiert worden ist.

6. Obwohl "die Kritik am Ideal der Popularität" in der mittleren Goethezeit "nur vereinzelt" geäußert wurde[15], entspricht die Übertragung von Liedern im "Volkston" auf ein Bühnenwerk nicht mehr einem Zeitempfinden, das Triest mit dem Wort "Gärung" charakterisiert hat[16].

Bei der Beurteilung von Reichardts Konzeption ist zu berücksichtigen, daß er seine Liederspiele nicht nur als "Vehicu-

---

12 s. Einleitung

13 s. Kap. I,4

14 Holtei, in "Das Liederspiel oder der schottische Mantel", in: Theater, Breslau 1845, S. 88

15 Schwab, Sangbarkeit..., S. 124f.

16 Triest, AMZ, III, 1801, Sp. 369: "Wenn man das lezte Fünftheil oder Zehntheil des vergangenen Jahrhunderts mit Einem Worte charakterisieren wollte, so ließe sich dazu vielleicht kein besseres finden, als das Wort "G ä h r u n g ". Fast alles menschliche Wissen und Thun ist davon und zwar in einem beständig zunehmenden Grade ergriffen..."

lum"[17] betrachtete, um seine, zum Teil zwanzig Jahre früher komponierten Lieder[18] durch das Medium Theater einem breiteren Publikum bekanntzumachen: Sie sind als Reaktion auf den "bunten Gesang"[19] des Theaters zu verstehen, wie er zu Beginn des 19. Jahrhunderts auf dem Nationaltheater in Berlin in den Opern Cherubinis, Méhuls, Grétrys und anderer zu hören war, und dessen "tobende Orchesterbegleitung den Sänger zum angestrengten Schreyen zwingt"[20]. Die Forderung nach einer "Gesangbildung des Publikums", also einer neuen Gesangskultur, füllen die ersten drei Spalten seiner Abhandlung über das Liederspiel, ein Anliegen, das er bereits 1779 in einer "An die Jugend" gerichteten Schrift vertreten hatte[21].

Es scheint auf den ersten Blick verwunderlich, daß die Gattung Liederspiel von der Romantik nicht angenommen worden ist: das Eindringen des Liedhaften ist ja zu einem Merkmal der romantischen Oper geworden. Aber ein Lied wie "Leise, leise fromme Weise" im Kontext von Agathes großer Scene ist von vollkommen anderer Wirkung als es eine Anhäufung von mehreren derartigen Liedern wäre. Es ist merkwürdig, daß Reichardt, der ja auch Opernkomponist gewesen war, nicht erkannte, daß ein Zuviel an einfachen Melodien den dramatischen Erfordernissen der Bühne - und sei es auch nur ein Liederspiel - nicht genügen kann.

Obgleich sich Reichardts Liederspiele an der Ästhetik der Berliner Liederschule orientiert haben, enthalten sie doch

---

17 Rez. über "Kunst und Liebe" in: AMZ, IX, 1807, Sp. 107 (s. Kap. I,4)

18 s. Pröpper, Werkverzeichnis, S. 115-129

19 Reichardt, An die Jugend. Aufmunterung zum reinen und richtigen Gesang, als Theil der guten Erziehung in unsern Zeiten, in: Ephemeriden der Menschheit, Bd. 4, Leipzig 1779, S. 145

20 Reichardt, AMZ, III, 1801, Sp. 710

21 s. Anm. 19

partiell "romantische" Elemente: so z.B. die Einbeziehung von "echten" Volksliedern, die zum Teil später in die Sammlung "Des Knaben Wunderhorn" ("Wenn ich ein Vöglein wär") aufgenommen worden sind. Auch die nur von zwei Waldhörnern begleiteten Lieder (u.a. "Jägers Nachtlied") - eine Praxis, die B. A. Weber in "Der Kosak und der Freiwillige" 1813 übernommen hatte - müssen romantischem Empfinden entsprochen haben. Walter Salmen bezeichnet im Zusammenhang mit Reichardts Singspiel "Jery und Bätely" (1790) die Verwendung von Volksliedern auf der Bühne als Novum: "Dieser stille, bürgerlich-kleine Tonfall war neu auf der großstädtischen Bühne des späten 18. Jahrhunderts"[22]. In den Liederspielen Reichardts war dieses "Neue" - abgesehen von den Volksliedern - jedoch in ein bereits seit der Mitte des 18. Jahrhunderts vorhandenes Gewand verpackt (bei Einbeziehung der sog. ersten Berliner Liederschule), sonst hätte Brentano 1808 nicht schreiben können[23]:

> "Er ist zwar im leichten Artigen, was die Liederspiele beweisen, nicht ohne Talent, im Romantischen aber ohne alles. Überhaupt fühle ich, daß schon aus seiner Ansicht der Poesie hervorgeht, daß seine Musik den neuen romantischen Schritt der Kunst nicht macht noch machen wird. Er hat ihn nur in einigen Melodien berührt, die er stets wiederholen wird".

Den "neuen romantischen Schritt der Kunst" hätte Reichardt, der schon 1752 geboren war, wohl kaum machen können, aber es ist auch keinem der nachfolgenden "Kleinmeister" - mit Ausnahme vielleicht Lindpaintner - gelungen, der Gattung ein zeitgemäßes musikalisches Gewand zu verleihen. Das lag entweder an der von Reichardt übernommenen Praxis, Lieder älteren Datums zu verwenden, oder an den teilweise zur

---

22 Salmen, Reichardt, S. 240

23 zit. nach Salmen, Reichardt, S. 103

Anakreontik oder zur Empfindsamkeit zu zählenden Dichtungen, die sich auf Grund ihrer Reimstruktur und Thematik einer "modernen" Vertonung widersetzten.

Reichardts erstes Liederspiel "Lieb' und Treue" (Berlin 1800) war ursprünglich nicht für die Bühne, sondern für ein "häusliches Fest" bestimmt[23]. Bei Reichardts Nachfolgern stammen zwei mehrfach vertonte Libretti von dem erfahrenen Theaterpraktiker August von Kotzebue[24], deshalb hat sich der ursprüngliche Hausmusik-Charakter zugunsten einer für die Bühne besser geeigneten Version des Liederspiels gewandelt. Hinzu kommt, daß keiner der Nachfolger völlig auf Singspiel-Elemente in der Musik verzichtete. Das zeigt sich bereits deutlich - wie Eingangs erwähnt - bei Friedrich Heinrich Himmel, Reichardts Nachfolger als Hofkapellmeister in Berlin, der in sein Liederspiel "Frohsinn und Schwärmerey" (Berlin 1801, das Libretto des Berliner Hofdichters Alexander Herklotz ist vermutlich verloren gegangen) zwei längere Arien und ein umfangreiches Finale einfügt, vermutlich um der Hauptdarstellerin eine ihrem Können angemessene Aufgabe zu geben. Himmels Lieder haben eher Ariettencharakter, was mit seiner musikalischen Vorbildung (er war ein Schüler Naumanns in Dresden) und seiner Vorliebe für den "galanten" Stil zu erklären ist. Hieran wird aber auch deutlich, daß die Verwendung von Berufssängern - auch Reichardt hatte die ersten Sänger von Ifflands Bühne zur Verfügung (Eunike, Unzelmann) - eine Abkehr vom "Idol der Simplicität"[25] nach sich ziehen kann. Carl Blum und Karl von Holtei verwendeten in den zwanziger Jahren des 19. Jahrhunderts für ihre Vaudevilles und Liederspiele ganz bewußt

---

23 Reichardt, AMZ, III, 1801, Sp. 711

24 Hierzu u.a. Doris Maurer, A. v. Kotzebue. Ursachen seines Erfolges. Konstante Elemente der unterhaltenden Dramatik, Bonn 1979

25 Salmen, Reichardt, S. 283

nur Schauspieler, weil sie wollten, daß die Lieder eher mehr gesprochen als gesungen würden, so wie es beim Vaudeville von jeher üblich gewesen war[26].

Reichardt hatte nicht bedacht, daß sich "Hausmusik" auf dem Theater - abgesehen von "Einlagen", wenn z.B. auf der Bühne innerhalb der Handlung Lieder "vorgetragen werden" - schlecht anbieten läßt. Die insgesamt gute Aufnahme von "Lieb' und Treue" ist vermutlich auch nur als ein Augenblickserfolg zu werten, der sich schnell erschöpft hatte als der Reiz des Neuen verbraucht war, und nur ein "Genrebild" auf die Bühne zu bringen, kann auf die Dauer nicht befriedigen, denn das Theater erfordert Dynamik und Kontraste. Reichardt muß diesen Mangel erkannt haben, wenn er in seiner Abhandlung über das Liederspiel schreibt, er habe mit seinem zweiten Spiel "Der Jubel" nach dem "Sentimentalen" das "Komische" versuchen wollen[27]. Reichardt wollte mit seinen Liederspielen in erster Linie ein volkserzieherisches Konzept verwirklichen, wie das auch 1800 von Triest[28] - allerdings in der Rückschau auf Hillers Singspiele - gesehen worden ist: Triest war der Ansicht, daß dem deutschen Volk "nur durch das Theater" der Geschmack an "natürlichem und dabey schönem Gesang" nahe gebracht werden könne.

Reichardt bietet in seinen Liederspielen - wie bereits erwähnt - drei Arten von Liedern an: "echte" Volkslieder, also Lieder a u s dem Volk, Lieder im "Volkston", d.h. Lieder f ü r das Volk und sogenannte "Gesänge" oder "Oden", also

---

26 Holtei, Flüchtige Betrachtungen..., S. 22 und H. Schneider, Zur Gattungsgeschichte der frühen Opéra comique, Kongreßbericht Bayreut 1981, in Mf 1/83, S. 109

27 Reichardt, AMZ, III, 1801, Sp. 715

28 Triest, AMZ, III, 1801, Sp. 326 (s. Einleitung)

"Kunstlieder" der Gebildeten, die er durch das Medium Theater einer breiteren Schicht zugänglich machen will. Damit das einfache Publikum nicht von vornherein abgeschreckt wird, wählt er bewußt diese "Stilvermischung", die sich auch auf die Texte der Lieder erstreckt: z.B. "innerster"[29] Goethe mit "Die ihr Felsen und Bäume bewohnt" und daneben der "Kuhreigen" in "Kunst und Liebe", was von Tieck auf das schärfste verurteilt wird. Hier ist zu fragen, ob Reichardt mit seiner Mischung überhaupt das Volk erreicht hat. Zu Ifflands Zeiten hatte das "Volk" nur bedingt - vor allem an Sonntagen, an denen sogar "derber" gespielt wurde[30] - Zugang zum Nationaltheater. Die Galerie stand zwar allen zahlenden Zuschauern offen - aber die Vorstellungen begannen häufig bereits um 18 oder 19 Uhr, und Handwerker oder Bedienstete konnten an Werktagen die ohnehin teuren Vorstellungen kaum besuchen. Dennoch hat sich Ifflands Auffassung, für den der Schauspieler ein "Volkslehrer"[31] sein sollte, mit derjenigen von Reichardt getroffen, aber unter Berücksichtigung der Schwierigkeiten, die das "Volk" bei einem Theaterbesuch zu überwinden hatte - abgesehen von der "Schwellenangst" -, muß davon ausgegangen werden, daß Reichardt nur wieder das Publikum erreicht hat, aus dem er selber stammte, nämlich das des Bildungsbürgertums, für das er auch den 1804 erschienenen Klavierauszug seiner drei Liederspiele bestimmt hatte. Erst mit den Vaudevilles und Liederspielen aus den zwanziger Jahren des 19. Jahrhunderts am Königstädtischen Theater ändert sich die Zusammensetzung des Publikums. Deshalb muß man,

---

29 s. Einleitung und Kap. I,4

30 R. Weil, Das Theaterpublikum unter der Direktion von Iffland, in: Schriften der Gesellschaft für Theatergeschichte, Bd. 44, Berlin 1932, S. 114

31 Weil, Das Theaterpublikum unter Iffland..., S. 83, Fußnote 94

was die Liederspiele betrifft, Reichardt nur bedingt eine volkserzieherische Leistung zubilligen. Eine wirksame Volkserziehung war mit einem Stück, das lediglich eine kammermusikalische Besetzung aufweisen konnte, überhaupt nicht zu bewerkstelligen. Das sollte erst Hans Georg Nägeli gelingen, der mit der Gründung seiner gemischten Chöre (Zürcher Singinstitut von 1805) und seiner 1810 erschienenen "Gesangbildungslehre nach Pestalozzischen Grundsätzen" eine Breitenwirkung erzielte[32].

Reichardts Auffassung von dem, was man bei den Liedern im "Volkston" dem Volke darbieten soll, entspricht derjenigen von Karl Spazier, der auch wie Schulz und andere der Ansicht war, man könne und müsse geeignete "Melodien für das Volk" erfinden[33]:

> "einfach, sehr einfach müssen die Lieder seyn, die das Volk sich aneignen soll"
>
> ..."Durch zweckmäßigen Rhythmus, durch wohlberechnete Zeitfälle, durch Symmetrie in den besonderen Takttheilen von Sätzen, die mit einander korrespondieren, oder verschiedenartig mit einander wechseln, kann man Wunder ausrichten, auf Armeen und auf die Volksmenge überhaupt....."
>
> ..."Was die Modulation betrifft, so begreift sich, ohne daß man es erst weitläufig auseinandersetze, daß sie sehr einfach und natürlich seyn, und schon in dem Gange der Melodie selber liegen müsse. Alles Gelehrte, Künstliche, Grammatisierende muß aus dem Volksliede durchaus verbannt seyn. Am besten, wenn es gar nicht aus dem Grundton und der Dominante herausgehet....."
>
> ..."Sehr vielen Effekt scheinen beym Volke Refrains zu machen"
>
> ..."Wie bringen wir aber am leichtesten und sichersten Lieder unter das Volk?"

---

32 Hans-Georg Nägeli, Gesangsbildungslehre nach Pestalozzischen Grundsätzen, Zürich 1810

33 Karl Spazier, Einige Worte über deutschen Volksgesang, in: AMZ, III, 1800, Sp. 73ff.
In diesen Zusammenhang gehört auch Johann Ludwig Gleims (1719-1803) Gedichtsammlung "Lieder für das Volk" (1772)

Die Antwort auf diese am Schluß seiner Abhandlung gestellte Frage bleibt der Autor seinen Lesern schuldig. Reichardt glaubte, durch seine unzähligen Liedpublikationen und durch die Veröffentlichung der Klavierauszüge seiner Sing- und Liederspiele den richtigen Weg gefunden zu haben. Inwieweit er seine verschiedenen Adressaten[34] wirklich erreicht hat, wäre allerdings erst noch zu untersuchen. Was seine Liederspiele betrifft, so ist festzustellen, daß er in den Liedern im "Volkston" die Anweisungen von Spazier-- seine Abhandlung erschien im selben Jahr wie "Lieb' und Treue"! - befolgt hatte bei der Komposition der schon lange vorher veröffentlichten Lieder. Das läßt aber eher vermuten, daß Spazier besonders Reichardts Lieder studiert hatte, denn stets sind bei Reichardt die Rhythmen "wohlberechnet", selten erscheint - abgesehen von den Goethe-Liedern - einmal mehr als Tonika und Dominante, und viele Lieder enthalten einen Refrain, in den alle Mitwirkenden einstimmen[35].

Diese rational herbeigeführte "Simplicität" vertritt Nägeli - auch wenn er ein so populäres Lied wie "Freut euch des Lebens" geschaffen hat - nicht mehr in dieser puristischen Weise: Nägeli, der im Unterschied zu Reichardt dem Gesangsvirtuosentum nicht ablehnend gegenüberstand[36], ist 1834 der

---

34 s. Kap. I,1

35 vgl. vor allem "Der Jubel", s. Kap. I,4

36 H. G. Nägeli, Vorlesungen über Musik mit Berücksichtigung der Dilettanten, Stuttgart und Tübingen 1826, Reprint Wiss. Buchgesellschaft Darmstadt 1983, S. 225:

"Er (der Opern-Componist) muß den Gesangvirtuosen - und Virtuose muß der Opernsänger seyn, dem eine Hauptrolle zugeteilt wird - durch die Composition in den Stand setzen, die ganze Summe und Fülle seiner Kunst, vom einfachsten Cantabile bis zur schmuckvollsten Melismatik, von der sprechensten Declamation bis zum glänzensten Bravour-Gesang zu entfalten..."

Auffassung, man solle auch dem Volk "chromatische Wendungen zubilligen[37]:

> "... Im Umfang einer None können alle, auch mittelmäßige Stimmen singen. Mithin wäre ... gerade die Vocal-Composition die volkstümlichere, und es käme nur darauf an, daß Viele aus dem Volk durch eine methodische Individual-Bildung, wozu ein bildender, chromatischer Singstoff gehört, auf diese Stufe gehoben würden..."

Wenn Goethe am Entstehen von Reichardts Liederspielen auch nicht direkt beteiligt war[38], so läßt sich doch feststellen, daß seine Liedästhetik - vor allem in Bezug auf die Ablehnung des durchkomponierten Liedes[39] - im Liederspiel noch weit in das 19. Jahrhundert hinein (zählt man die Liederspiele des Berliner Komponisten Ferdinand Gumbert hinzu) nachgewirkt hat. Auch der Weimarer Kapellmeister Karl Eberwein (1786-1868), der die Lieder zu Karl von Holteis "Lenore" (1828) zusammengestellt und arrangiert hatte, steht ganz unter Goethes Einfluß - Eberwein hatte häufig in Goethes Haus musiziert[40] -, denn eine Rezension über die "Lenore" stellt fest[41]:

---

37 H. G. Nägeli, Die Individual-Bildung. Sieben Aufsätze über Solo-Gesangbildung, Zürich 1834. Textkrit. Ed. v. Arnold Geering, hrsg. von der Stiftung Schnyder von Wartensee, Zürich 1978, S. 50. Nägeli fährt fort:

"Und wäre vollends dieser Bildungsstoff dazu geeignet, in die Tiefe der Individualität einzudringen, so würde gerade dadurch die falsche Affektation aus den Gemütern verlenkt, und die wahre Innigkeit, die schönste Eigenschaft einer edeln Seele, würde rein und lebendig erhalten, wodurch nicht nur die aesthetische, sondern auch die sittliche Gefühlsbildung, ja auch die religiöse nur gewinnen könnte"

38 s. Einleitung und Kap. I,3

39 dazu Schwab, Sangbarkeit..., S. 68f.

40 vgl. W. Bode, Die Tonkunst in Goethes Leben, Berlin 1912

41 Berliner Conversations-Blatt, Hrsg. v. Th. Häring und F. Förster, Berlin 1828, Rez. über K. v. Holteis "Lenore" v. 3. u. 5.7.1828, Nr. 129

"Die Musik, welche Hr Kapellmeister E b e r w e i n in Weimar componiert hat, ist dem Geiste des Stücks sehr angemessen, ausgezeichnet einfach sind die Lieder. Was aber besonders Anerkennung verdient, ist, daß der Dichter so wenig als möglich von der Musik Gebrauch gemacht hat; der Dialog ist niemals, wie wir es in den französischen Melodramen zum Überdruß hören müssen, mit musikalischem Qualm umnebelt, der Dichter hat immer das W o r t gegen den T o n geltend zu machen gewußt und der Componist hat sich zu bescheiden verstanden".

Im Liederspiel - so wie es Reichardt konzipiert hatte - bestand von jeher durch seine Nachbarschaft zum "Schauspiel mit Gesang"[42] nicht das Problem, ob nun der Ton oder das Wort Vorrang habe. Da Reichardt "durchkomponierte" Lieder und Ensembles ausgeschlossen hatte, war die Textverständlichkeit nie in Frage gestellt, und er hätte - schon aus seiner Verehrung dem Dichterwort gegenüber - kein Abweichen von der Strophenliedform zugelassen.

Darin liegt das Dilemma der ganzen Gattung: wenn sie weiterhin "seriös" und attraktiv für Komponisten bleiben sollte, wäre - bedingt durch den sich schon um 1800 abzeichnenden Wandel im Musikverständnis - eine Erweiterung der Liedformen notwendig gewesen. Aber das verbot ja die Konzeption, und alle Nachfolger Reichardts, die eine Erweiterung der Form in Richtung Singspiel unternommen hatten, taten das sozusagen mit "schlechtem Gewissen" und machten - mit Ausnahme von Himmel - jedenfalls in den Solonummern keine Versuche von der Strophenliedform abzuweichen. Vermutlich wäre die Entwicklung anders verlaufen, wenn die

---

42 Reichardt, AMZ, III, 1801, Sp. 709
(s. Einleitung)

Gattung nach Reichardts programmatischer Abhandlung - von der alle Nachfolger mehr oder weniger beeinflußt worden sind - erneut reflektiert worden wäre.

Als schon feststand, daß die Gattung gescheitert war, macht Biedenfeld 1848 in seiner "Operngeschichte" einen Vorschlag wie ein Liederspiel komponiert werden könnte[43]:

> ..."Unhaltbar, ja geradezu albern ist der Einwurf gegen die fernere Benutzung des Liederspiels: d a ß e s z u M o n o t o n i e f ü h r e u n d d a h e r l a n g w e i l i g w e r d e n m ü s s e . Denn nirgends schreibt eine vernünftige Regel vor, daß man nur s e n t i m e n t a l e Lieder anwenden dürfe, und die Gattungen des Liedes sind wohl mannigfach genug, um für jede Situation und jeden Karakter Passendes zu finden, Mannigfaltigkeit der Gesänge herbeizuführen. Und dann steht auch nirgends geschrieben, daß das Lied nur in seiner einfachsten Form stets erscheinen und jede Ausbildung vermieden werden müsse. Kann nicht ein Lied für 2, 3, 4 und mehr Stimmen verwendet, ja als Chor benutzt werden, ohne deßhalb sein ursprüngliches Unterscheidungsmerkmal einzubüßen? Würde nicht gerade eine solche Erweiterung wünschenswerth erscheinen, für sinnreiche und geistvolle Tonsetzer einen höheren Reiz gewären? Wäre nicht sogar eine Benutzung der Liedesform etwas Althergebrachtes und Bekanntes?

Biedenfeld hat diesen Vorschlag in einer Zeit gemacht, als die Gattung des klavierbegleiteten Sololiedes längst "mannigfaltig" ausgeprägt war. Als Reichardt das Liederspiel konzipiert hatte, stand das Kunstlied erst am Beginn seiner Entwicklung, dennoch ist bedauerlich, daß sich in den zwanziger und dreißiger Jahren des 19. Jahrhunderts kein Komponist gefunden hat, der diese Entwicklung für das Liederspiel nutzbar gemacht hat. Mendelssohns Liederspiel

---

43 Frh. v. Biedenfeld, Die Komische Oper der Italiener, der Franzosen und der Deutschen, Leipzig 1848, S. 96

"Heimkehr aus der Fremde" (1829) bildet eine Ausnahme und ist, da es nur im Familienkreis aufgeführt worden ist, im Verborgenen geblieben. Die Bindung der Gattung Liederspiel an den Norddeutschen Raum[44] hat auch verhindert, daß Schubert, der vielleicht ein geeigneter Liederspiel-Komponist gewesen wäre, überhaupt mit ihr in Berührung gekommen ist. Unter den unzähligen Zauberpossen und Singspielen von Wenzel Müller fand sich nur ein einziges Liederspiel "Die musikalische Schneidersfamilie"[45], was sich aber im Charakter nicht von den Wiener Possen zu Beginn des 19. Jahrhunderts unterscheidet.

Biedenfeld macht den Vorschlag auch mehrstimmige Lieder im Liederspiel zu verwenden. 1849 entstehen in Kreischa bei Dresden Schumanns zwei Liederspiele, "Spanisches Liederspiel" (Geibel) und "Minnespiel" (Rückert), und der Zyklus "Spanische Liebeslieder" (Geibel) für vier Solostimmen und Klavier (z.T. vierhändig).

Arnfried Edler betrachtet sie als "Gesellschaftsmusik", die auch zur "Bereicherung der musikalischen Laienbildung" intendiert war, glaubt aber nicht, daß sie "in der Form etwas Originelles" - wie Schumann behauptete[46] - darstellen[47]. Mir ist jedoch kein vergleichbares Werk wie das "Spanische Liederspiel" aus der Mitte des 19. Jahrhunderts bekannt, in dem in zyklischer Form mehrstimmige, solistisch zu besetzende Lieder zusammengestellt sind. Die Bezeichnung "Liederspiel" bedeutet bei Schumann keine Bindung an die Gattungstradition, sondern soll vermutlich nur die für

---

44 L. Kraus, Das Liederspiel in den Jahren 1800-1830, Diss. Halle 1921, S. 19

45 vgl. Kl.A. Favoritgesänge aus dem localen Liederspiel "Die musikalische Schneidersfamilie" von Adolf Bäuerle (Musik W. Müller, ÖNB,M.S.42.803)

46 R. Schumann, Briefe, Neue Folge, hrsg. von Gustav Jansen, Leipzig 1886. Brief an Carl Reinecke vom 1.5.1849, S. 259

47 Arnfried Edler, R. Schumann und seine Zeit, Laaber-Verlag 1982, S. 225

einen Zyklus ungewöhnliche Form erklären: das "Spiel" ergibt sich hier - ohne eine erkennbare Handlung - aus dem wechselseitigen und gemeinsamen Gesangsvortrag der vier Sänger (Vokalquartett: fünf verschieden besetzte Duette, zwei Quartette und je ein Lied für Sopran und Bass).
Im Zusammenhang mit Schumanns "Spanischem Liederspiel" werden auch unter der Bezeichnung "konzertmäßiges Liederspiel" Brahms "Liebeslieder-Walzer" und "Zigeunerlieder" sowie die Chorzyklen "Das deutsche Volksliederspiel" von Hermann Zilcher (1915) und "Das deutsche Liederspiel", dem mit Brahms befreundeten Heinrich von Herzogenberg (1870) genannt[48].

Der Titel "Gesänge aus einem gesellschaftlichen Liederspiele 'Die schöne Müllerin' von Ludwig Berger (ca. 1818)[49] weist darauf hin, daß die Gattung vom Theater wieder an den ursprünglichen Ort seiner Entstehung - bei Reichardt war der Anlaß ein "häusliches Fest" gewesen[50] - zurückgekehrt ist. Diese Tradition, Liederspiele im "Salon" aufzuführen muß durch Ludwig Berger - dem Lehrer Mendelssohns - auf Mendelssohn gekommen sein. Dieser "Salon" in Mendelssohns Elternhaus in Berlin bot jedoch über 120 Zuschauern Platz, und weil auch ein "förmliches Theater und eine Erhöhung für die Zuschauer"[51] erbaut worden war, konnte die Aufführung unter bühnenähnlichen Bedingungen stattfinden. Dennoch hielt Mendelssohn - nicht nur aus persönlichen Rücksichten[52] - die "Heimkehr aus der Fremde" für eine öffentliche Aufführung nicht geeignet. Seine gleichzeitigen Be-

---

48 Riemann Lexikon, Art. Liederspiel

49 Kap. V

50 Reichardt, AMZ, III, 1801, Sp. 711

51 Brief von Lea Mendelssohn-Bartholdy an Karl Klingemann vom 30.12.1829, vgl. Kap. V, Anm. 30

52 s. Kap. V

mühungen um ein Opernlibretto[53], lassen vermuten, daß ihm die Gattung Liederspiel für eine öffentliche Aufführung nicht repräsentativ genug erschien. Die "Heimkehr aus der Fremde" wurde von Mendelssohn und seinem Librettisten Karl Klingemann ausdrücklich "ein Liederspiel" genannt, aber die überwiegend am Singspiel orientierte Komposition zeigt, wie wenig in diesem Fall hier Gattungsnormen von Belang waren.

Ein Jahr vor Mendelssohns "Heimkehr aus der Fremde" hatten der Dichter Karl von Holtei und der Weimarer Komponist Karl Eberwein mit dem Liederspiel "Lenore" (Berlin 1828) - auch als Melodrama oder Schauspiel mit Musik bezeichnet - auf Grund seines "wahrhaft nationalen Gehaltes"[54] einen beachtlichen Erfolg errungen. Schon einmal stand ein Liederspiel im Dienste einer politischen Funktion: Das Liederspiel "Der Kosack und der Freiwillige" (Berlin 1813), wurde dem Publikum - wie erwähnt - anläßlich der Wiedereroberung der Festung Stettin (während der Befreiungskriege) als "Überraschung" angeboten, denn aus einer Rezension und aus dem erhalten gebliebenen Theaterzettel geht hervor, daß es vorher nicht angekündigt worden war[55]. Die Siegesmeldung wurde kurz vor der Schlußnummer, einer Vertonung von Karl Müchlers patriotischem Lied "Die Hörner und Trommeln erschallen", von der Bühne herab bekanntgegeben. Hier wird also erstmals auf die Darstellung einer "Idyllenwelt"[56] zugunsten einer aktuellen Thematik verzichtet. Dennoch wirkt diese patriotische Kundgebung am Schluß des Liederspiels aufgesetzt, denn die Handlung - die eher

---

53 Konold, Mendelssohn, S. 225f.

54 Berliner Conversations-Blatt, Rez. zu Holteis "Lenore" v. 3. u. 5.7.1828 (s. Anm. 41)

55 s. Kap. II,2

56 Mosel, Vaudeville, Liederspiel..., Sp. 683

komische Schilderung einer Freundschaft zwischen einem freiwilligen Jäger der preußischen Armee und einem Kosacken - weist durchaus genrehafte Züge auf. B. A. Weber verwendet ebenfalls wie Reichardt nur Strophenlieder, die teilweise auch aus früheren Veröffentlichungen stammen: z.B. Schillers "Mädchenklage" aus der Schauspielmusik zu "Die Piccolomini". Neu ist hingegen der Einsatz eines Chores. An diesem Liederspiel, ebenso wie 1828 an der "Lenore", ist zu beobachten, daß sich immer nur dann, wenn der genrehafte Bereich verlassen wird, ein wirklich durchschlagender Erfolg einstellt: Es scheint so, als bedürfe das Liederspiel außermusikalischer Bezüge, d.h. also Lieder, die eine - über den Handlungszusammenhang hinausgehende - "programmatische Bedeutung"[57] enthalten müssen.

Der Erfolg des Liederspiels "Der Kosack und der Freiwillige", der aber nur im Zusammenhang mit der euphorischen Stimmung nach einer Siegesmeldung während der Befreiungskriege zu werten ist, hat bis zu der 1828 entstandenen "Lenore" keinen Komponisten und Librettisten veranlaßt, ein weiteres "nationales" Liederspiel abzufassen. Auch "Der Kosack und der Freiwillige" war wie alle vorhergehenden Liederspiele ein Einakter gewesen und vielleicht auch in dieser, noch zur Rokokotradition gehörenden Form[58] wenig geeignet, "nationalen" Inhalten Raum zu geben. Das wäre nur durch eine Erweiterung der Konzeption der Gattung möglich gewesen, denn ein Theaterabend mit zwei oder drei Einaktern - oder ein Liederspiel in seiner Funktion als "Nachspiel"[59] - bedeutet in der Regel kaum einen so spektakulären Erfolg für den Komponisten, wie es die Aufführung einer abendfüllenden Oper bringen kann.

---

57 Wichmann, Gretry, S. 23f.

58 Sengle, Biedermeierzeit, II, S. 418

59 Reichardt, Vorwort zu "Liederspiele", Tübingen 1804, VII

Der Wunsch nach einem "nationalen" Liederspiel wurde von mehreren Autoren des 19. Jahrhunderts wiederholt geäußert[60]. Dabei wird von keinem dieser Autoren bedacht - eine Ausnahme bilden Biedenfelds Vorschläge[61] -, daß dieses "kleine Geschlecht" ohne grundlegende Änderung seiner Konzeption nicht entwicklungsfähig war. Ein "nationales" Liederspiel bedeutet nach Biedenfeld nicht, daß ausschließlich patriotische Themen verarbeitet werden sollten. Biedenfeld glaubt vielmehr, daß das deutsche Lied, das ja insgesamt zu den "karakteristischen Wahrzeichen alles Deutschen" gehöre, zu einer weiteren Pflege dieser Gattung hätte beitragen können[62]:

> "Erwägt man, daß alles wahrhaft Nationale stets und überall zum Beliebtesten leicht erhoben werden kann; daß Deutschland jährlich eine ungeheure Zahl neuer Lieder hervorbringt ... daß Deutschland Tausende von älteren Liedern aller Gattungen und Stimmungen in seinen verschiedenen Gauen und Idiomen besitzt: so ist es leicht zu erkennen, daß es der deutschen Bühne bei einiger Aufmerksamkeit leicht geworden wäre, einen mit der Zeit fortschreitenden Schatz von Liederspielen in das Leben zu rufen ... Erwägt man auch, daß das nationale Element des deutschen Liedes bei sinniger Benutzung und Pflege auf der Bühne wohl im Stande gewesen wäre, gegen die Ueberschwänglichkeiten, Ab- und Ausschweifungen der italienischen und französischen Musik eine eben so sichere Wehr zu bilden, wie gegen die scholastischen Verirrungen in der deutschen Oper selbst..."

Nach Biedenfeld sollte das Liederspiel dieselbe Funktion erfüllen, wie im letzten Drittel des 18. Jahrhunderts das Singspiel im Kampf gegen die Übermacht der Opera buffa. Diesmal ging der Kampf - vor allem auf dem Gebiet der "leichten Muse" - gegen den Import französischer Ware,

---

60 s. Kap. III,1

61 Biedenfeld, Komische Oper, S. 96 (s. oben)

62 ebenda, S. 95

also vor allem gegen das Vaudeville. Die Hinwendung zum französischen Geschmack, die bereits kurz nach den Befreiungskriegen eingesetzt hatte, wird von Liebstoeckl als "Phänomen" betrachtet, das eine eigene Untersuchung verdienen würde[63]. Sengle weist darauf hin, daß das Lustspiel des Biedermeier zu einem Drittel aus französischen Bearbeitungen bestanden hätte, die in den wenigsten Fällen einen Hinweis auf das Original enthielten[64]. Dazu zählen auch die von Karl Blum und Louis Angely ins Deutsche übertragene Vaudevilles. Im Unterschied zu den Vaudevilles werden in den Liederspielen von Blum, Holtei und Angely französische Stoffe und Lieder bewußt vermieden, wenn sie auch gelegentlich über Umwege - z.B. in "Der alte Feldherr" bei Karl von Holtei - wieder hineingelangen[65].

Da Liederspiel und Vaudeville von fast allen Autoren des 19. Jahrhunderts zueinander in Beziehung gesetzt werden, hat dieser Fragenkomplex in dieser Arbeit besonderes Gewicht erhalten. Dem Liederspiel haftete auf Grund von Reichardts volkserzieherischen Absichten zuviel Bildungsbeflissenheit an, und wegen der Überbetonung des Sentimentalen mußte selbst Schilling 1838 eingestehn[66]:

> "... so haben denn auch unsere Liederspiele mehr nur den Charakter des Sentimentalen und Naiven, als des wirklich Ergötzlichen und witzigen Spasses, welches die Elemente des französischen Vaudevilles sind..."

Die Vaudevilles brachten den Zuschauern einfach "witzigen Spass" und das Liederspiel konnte ihm deshalb außer "empfindsamen Liebesliedern"[67], Trink- und Soldatenliedern

---

63 Liebstoeckl, Vaudeville, S. 13

64 Sengle, Biedermeierzeit, II, S. 419

65 s. Kap. IV,3

66 Schilling, Aesthetik, S. 583

67 Reichardt, AMZ, III, 1801, Sp. 712

wenig entgegensetzen. Das haben Theaterpraktiker wie Carl Blum, Karl von Holtei und Louis Angely erkannt, und deshalb zeichnete sich in den zwanziger Jahren des 19. Jahrhunderts eine Tendenz ab, das Liederspiel mit Elementen des Vaudevilles zu durchsetzen. Diese Vermischung der Gattungen - Holtei spricht sogar von einer "dritten Gattung"[68] - bringt eine Vergröberung, ja Trivialisierung seiner ursprünglichen musikalischen und literarischen Substanz mit sich, die nur im Zusammenhang mit der ganzen Theaterepoche der zwanziger und dreißiger Jahren des 19. Jahrhunderts mit ihrem Übermaß an "Amüsierstücken" gesehen werden darf. So hat denn die vom Berliner Hof unterstützte Gründung des Königstädtischen Theaters 1824 die Trivialisierung des Liederspiels beschleunigt[69]:

> "Die Vorstadttheater, die Theater des niederen Stils sind ein offiziell geduldeter, ja klug geförderter Teil des patriarchalischen Absolutismus".

Das Königstädtische Theater sollte die Funktion eines echten Volkstheaters übernehmen, aber der Mangel an geeigneten Stücken und die "Kassarücksichten" ließen dieses Vorhaben scheitern[70]. Mit Willibald Alexis und Eduard Gans beginnt bereits in den dreißiger Jahren des 19. Jahrhunderts die Klage vom "Verfall des Theaters"[71]. Peter Hacks versucht den "Begriff des biedermeierlichen Theaterverfalls" zu revidieren, indem er daran erinnert, daß im 20. Jahrhundert Boulevardtheater und Film den Spielplan der heutigen Bühnen "vom minderen Genre entlasten"[72].

---

68 Holtei, Flüchtige Betrachtungen..., S. 40 (s. Kap. IV,2)

69 Sengle, Biedermeierzeit, II, S. 342

70 Holtei, Vorwort zu "Beiträge für das Königstädter Theater", Wiesbaden 1832

71 s. Kap. IV,4; und Eduard Gans, Ueber den Verfall des Theaters und namentlich des deutschen. In Briefen an einen Freund, in: Literarischer Zodiacus, Okt. 1835, Hrsg. v. Th. Mundt, Leipzig 1835

72 P. Hacks, Das Theaterstück des Biedermeier, Diss. München 1951, S. 146

Die Vermischung von Vaudeville und Liederspiel hat eine Übernahme des ursprünglich nur im Vaudeville üblichen Parodieverfahrens bewirkt, denn nach dem Eindringen des Pariser Couplets auf der Berliner Bühne - die ersten Anzeichen sind schon 1804 mit F. H. Himmels ungeheuer erfolgreichen "Fanchon" erkennbar[73] - war an eine Beschränkung auf Lieder im "Volkston" nicht mehr zu denken. Die Bildung einer "dritten Gattung" war nur eine konsequente Entwicklung, und ein Resultat der Bühnenpraxis am Königstädtischen Theater.

Für Karl von Holtei gestaltete sich der Übergang vom Liederspiel zur Liederposse - denn diese ist mit einer "dritten Gattung" gemeint[74] - ohne allzuviele Bedenken[75]:

> "Die Aufnahme f r e m d e r Lieder, mit ihrem ursprünglichen Texte, der bis auf unbedeutende für die Handlung nöthige Abänderungen b e i b e h a l t e n wird, bezeichnet vorherrschend den Charakter dessen, was wir L i e d e r s p i e l nennen müssen, welches sich bei derberen Grundzügen und kecker Ausführung natürlich zur L i e d e r p o s s e gestaltet".

"Derbere Grundzüge" hatte bereits Reichardts zweites Liederspiel "Der Jubel" (1801) aufzuweisen, bei dem er nach dem "Sentimentalen" (in "Liebe und Treue", 1800) auch das "Komische"[76] versuchen wollte. Dennoch hatte Reichardt damit keinen Erfolg[77], weil das Publikum noch einmal ein

---

73 s. Kap. II,1

74 s. Kap. IV,2

75 Holtei, Flüchtige Betrachtungen..., S. 35

76 Reichardt, AMZ, III, 1801, Sp. 715

77 Holtei, Flüchtige Betrachtungen..., S. 35, Fußnote: "Sollten vielleicht Reichardts Nachfolger ... dadurch abgeschreckt worden seyn (vor weiteren Liederspiel-Kompositionen), daß "Der Jubel" ausgepfiffen wurde?"

ähnlich idyllisches Spiel wie "Lieb' und Treue" erwartet hatte und vielleicht auch, weil es den teilweise sehr derben Wirtshausszenen völlig an "Esprit" mangelte. Esprit hatte dagegen Himmels "Fanchon" mit seinen Anklängen an Pariser Vaudeville-Melodien. Holtei nennt die "Fanchon" (Berlin 1804) ein "glückliches Gemisch aus Vaudeville und Liederspiel"[78], das seinen Erfolg sicher auch einigen Kotzebueschen Freizügigkeiten im Text verdankt[79]:

Eduard: Alla Polacca

"Womit sich andre täuschend schmücken,
vergebens buhlt die Kunst um sie;
Fanchon bedarf, um zu entzücken,
nur, was Natur ihr verlieh.
Auch bey des Mangels hartem Drucke
blieb ihre Seele rein wie Schnee.
Wie manche wünscht zu ihrem Schmucke
sich Fanchons Negligée".

Kotzebue hatte 1804, ebenso wie Reichardt 1794, in Paris Vaudevilles erlebt[80], aber in Bezug auf das Libretto zur "Fanchon" andere Konsequenzen daraus gezogen als Reichardt mit seinen "braven" Liederspielen.

Die Erwähnung der Bezeichnung Vaudeville in Reichardts Abhandlung über das Liederspiel[81] und bereits bei der Ankündigung von "Liebe und Treue" auf dem Theaterzettel[82]

---

78 Holtei, Flüchtige Betrachtungen..., S. 37 (s. Kap. II,1)

79 Kl.A. von "Fanchon, das Leyermädchen", Nr. 15

80 A. v. Kotzebue, Erinnerungen aus Paris im Jahre 1804, berichtet im Kapitel "Das Theater der Franzosen", S. 475f. allerdings negativ über das Vaudeville: "Das Theatre du Vaudeville kann bloß Franzosen interessieren, denn erstens gleichen diese Gassenhauermelodien sich alle auf ein Haar ... und zweitens treffen die epigrammatischen Spitzen ihrer Liederchen meistens Gegenstände, die nur in Paris bekannt, und auch da nur einige Tage in Mode sind", vgl. dazu auch Kotzebues Vorrede zu "Der blinde Gärtner", Leipzig 1810 (s. Kap.II,2)

81 Reichardt, AMZ, III, 1801, Sp. 712

82 s. Einleitung und Kap. III,1

hat dazu geführt, daß seine Idee vom Liederspiel bisweilen mißverstanden worden ist[83]. Reichardt wollte damit eine für ein deutsches Publikum geeignete Version des Vaudeville, und keine Imitation bieten, da er irrtümlicherweise der Ansicht war, die Deutschen hätten keinen Sinn für "witzige und satyrische Lieder"[84]. Die Rezeption des Vaudevilles in Berlin hat - wie am Erfolg von Blums "Schiffs-Capitain" 1817 zu sehen war - das Gegenteil bewiesen. Allerdings kommt bei Blum, bedingt durch die allen Bühnen auferlegten Zensureinschränkungen, die Satire des Pariser Vorbildes kaum zur Geltung. Seine Vaudevilles sind harmlose Boulevard-Stücke, die auch musikalisch - im Gegensatz zu den Quodlibets der Wiener Possen[85] - anspruchslose Bearbeitungen von Volks- und Opernmelodien enthalten.

Bei Blum ist jedoch zunächst noch nicht die Gattungsvermischung von Vaudeville, Liederspiel und Liederposse wie bei Karl von Holtei und Louis Angely zu beobachten. In seinem ersten Liederspiel "Fortunata" (1818) sind - soweit sich das feststellen läßt - nur Originalkompositionen enthalten. Symptomatisch für die Entwicklung -, oder nach Ludwig Kraus für den "Verfall"[86] - die das Liederspiel in den zwanziger Jahren des 19. Jahrhunderts durchgemacht hat, ist die Feststellung, daß Blums zweites und letztes Spiel "Die Rückkehr ins Dörfchen" (1829) nur von Melodien von Carl Maria von Weber bestritten wird, eine Art Hommage an den namentlich genannten Komponisten. In seiner 1826 verfaßten Definition des Liederspiels stellt Blum als Einziger

---

83 Friedrich Treitschke, Über Vaudeville..., Sp. 399

84 Reichardt, AMZ, III, 1801, Sp. 712

85 s. Kap. III,3

86 Kraus, Das Liederspiel..., S. 78f.

unter den hier besprochenen Komponisten eine Verbindung zwischen Romantik und Liederspiel her, wenn er empfiehlt, "Zeit und Ort im Gedichte etwas entfernt zu nehmen", damit "das Romantische des Liedes" besser zur Geltung komme[87]. In "Fortunata" hat er, was das Libretto betrifft, dazu die Voraussetzungen geschaffen. Leider fehlten ihm - wie die Rezension belegt[88] - für die musikalische Realisation die kompositorischen Fähigkeiten.

Der Dichter Karl von Holtei hat als erfahrener Bühnenpraktiker den Mangel an wirklich unterhaltenden Elementen im Liederspiel erkannt und daraus die Konsequenzen gezogen: Er kreiert zwei Typen von Liederspielen, ein "Ernstes" und ein "Heiteres", das er mitunter auch als Liederposse bezeichnet[89]. Das "Ernste" ("Lenore" 1828, "Der alte Feldherr" 1825,"Erinnerung", 1827) behält den von Reichardt geprägten Charakter mit seinen überwiegend "sentimentalen" Liedern bei, das "Heitere" ("Die Wiener in Berlin", 1824, "Die Berliner in Wien", 1824, "Staberl als Robinson", 1828, "Das Liederspiel, oder der schottische Mantel", 1829, und andere) vermischt sich mit dem Pariser Vaudeville - nicht mit Blums Version - und der Wiener Posse im Stil von Wenzel Müllers Possen, deren Melodien er häufig parodiert. Wiener Possen und Zaubersingspiele standen in Berlin häufig auf den Theaterzetteln[90] (z.B. Ferdinand Kauers "Donauweibchen") und die Gründung des Königstädtischen Theaters 1824 war u.a. eine Folge des starken Einflusses, den die Wiener

---

87 Blum, Vaudevilles..., Bd. 2, zit. in Kap. II,5

88 Berlinische Nachrichten (Haude u. Spener), Nr. 69, v. 9.6.1818, zit. in Kap. II,5

89 s. Kap. IV,2

90 vgl. Repertoirverzeichnis bei Eylitz, das Königstädtische Theater, Diss. Rostock 1940 und Theaterzettel 1800-1830 des Kgl. Theaters

Vorstadtbühnen (Theater an der Wien, in der Josephstadt und Leipolsstadt) auf Berlin ausgeübt hatten[91].

In Holteis Liederspielen und Possen fungiert der Komponist lediglich noch als Arrangeur (eine Ausnahme bilden Ouvertüre, Zwischenspiele und ein Melodrama in "Lenore", das allerdings kein reines Liederspiel ist). Die Melodien können Holtei nicht einfach genug sein. Die folgende Aussage über das Vaudeville betrifft auch seine Liederspiele, in denen er bei der Auswahl der Melodien - im Gegensatz zu Blum - keinen Unterschied macht[92]:

> "Aber, wie es mir nicht wünschenswert erscheint, das Vaudeville von Sängern gegeben zu sehen, so kann ich es auch nicht billigen, dass man erstens: das Orchester so vollstimmig und wichtig, wie in einer kleinen Oper - und zweitens: die Melodienwahl immer neu und auf stete Ueberraschung ausgehend einrichte... Vereinfachung ist also höchst wünschenswert ... (man sollte) so viel als möglich die alten schon gehörten Melodien (mit der einfachsten Begleitung) immer wiederbringen und ihnen durch geistreichen und pikanten Text neues Interesse geben... die Ansprüche des Publikums unvermerkt zu vereinfachen ... Nur auf diesem Wege dürften unsre Liederspiele einen bestimmten nationalen Anstrich bekommen..."

Holtei will also "die Ansprüche des Publikums vereinfachen". Das Resultat war - wie bei einigen seiner Liederspiele gezeigt werden konnte - eine eklatante Trivialisierung, wenn man zum Vergleich - da Holteis Spiele ein Vierteljahrhundert später entstanden sind, ist ein Vergleich nicht ganz korrekt - Reichardts schlichte, aber nie platte Melodien in seinen Liederspielen heranziehen will. Daß das

---

91 s. Kap. IV,1 und Triest, AMZ, III, 1801, Sp. 377: "die Ausgeburten der Wiener Vorstadttheater (fingen an) ganz Deutschland zu überschwemmen"

92 Holtei, Flüchtige Betrachtungen..., S. 54f.

Liederspiel nur auf dem Wege einer Vereinfachung einen "nationalen Anstrich" bekommen kann, haben Holtei und Eberwein in der "Lenore" unter Beweis gestellt. Die Primitivität einiger patriotischer Lieder in der Folgezeit war gleichfalls ein Ergebnis dieses Verfahrens.

Holtei setzt sich mit Engagement für das seiner Ansicht nach "vernachlässigte" Liederspiel ein. Damit mehr Liederspiele entstehen können, soll ein "Hülfsbuch" alle gängigen Melodien für den Dichter bereitstellen[93]. Weil eine solche Sammlung in Deutschland fehlt, benutzt Holtei P. Capelles "La Clef du Caveau", eine mehrfach aufgelegte französische Liedersammlung die auch von französischen Vaudeville-Schreibern benutzt wurde[94]. Holtei begründet die Auswahl einfacher Melodien aber auch damit, daß ihm als Dichter - im Gegensatz zum Komponisten Carl Blum - keine anderen Möglichkeiten offen stünden[95]:

> "So existieren ja geradezu Verbote, die Melodien gewisser vornehmer Komponisten (ohne spezielle Erlaubnis) in ein Vaudeville zu verweben".

Der Einsatz von Gesangsnummern in Holteis "ernsten" Liederspielen hatte - wie bereits erwähnt - seinen besonderen Grund in den Repertoireinschränkungen, die das Hoftheater dem neugegründeten Königstädtischen Theater auferlegt hatte: Trauerspiele waren nicht zugelassen, deshalb kam Holtei auf den Gedanken, sie in "Liederspiele", aber mit ernstem Inhalt, umzuwandeln[96]. Die nach Bürgers Ballade bearbeitete "Lenore" bietet dazu eine Art Musterexemplar[97]:

---

93 Holtei, Flüchtige Betrachtungen..., S. 34

94 P. Capelle, La Clef du Caveau, Paris 1811, Hinweis durch R. Fr. Arnold, Holtei und die deutsche Polenkultur, in: Festgabe für R. Heinzel, Weimar 1898, S. 490

95 Holtei, Flüchtige Betrachtungen..., S. 50f.

96 s. Kap. IV,2

97 Holtei, Beiträge für das Königstädter Theater, XIV

"Also, wir wollten auch ernsthaft seyn. Aber das geht nicht so. Auf der Königstädter Bühne muß der Ernst entweder singen, oder er muß sich vom Orchester accompagnieren lassen; sonst passiert er nicht die Censur. - Wir haben gesungen, und man hat uns oft gescholten. Mich vielleicht am Meisten, denn ich habe sehr oft Gelegenheit dazu gegeben".

Die letzte Äußerung bezieht sich darauf, daß Holtei öfters der Vorwurf gemacht worden ist, daß er "die Leute in tragischen Situationen singen lasse"[98]. Holteis Einsatz für das Liederspiel war also zunächst eine "Notlösung" die sich - als er damit erfolgreich war - als ein ideales Verfahren herausgestellt hatte[99].

Die Vaudevilles, Liederpossen und "komischen Liederspiele" - diese Bezeichnung sollte vermutlich den Unterschied zu Holteis "ernsten" Spielen betonen - des Schauspielers und Regisseurs am Königstädtischen Theater Louis Angely kennzeichnen nach der Ansicht mehrerer Autoren des 19. Jahrhunderts am deutlichsten die Periode des "Verfalls". Neuere literaturwissenschaftliche Untersuchungen haben sich jedoch vor allem mit Angelys Lokalposse "Das Fest der Handwerker" (1828) befaßt, einem "komischen Gemälde aus dem Volksleben ... als Vaudeville behandelt"[100]. Nach Friedrich Sengle hat das "komische Drama des Biedermeier seinen bezeichnensten und beglückensten Ausdruck in der Posse gefunden"[101] und Volker Klotz ist der Ansicht, daß gerade die Posse literaturgeschichtliche Beachtung verdiene, weil sie "Auskunft über den ästhetischen, weltanschaulichen und sozialgeschichtlichen Erfahrungsraum der Epoche" geben

---

98 Holtei, Beiträge für das Königstädter Theater, XIV

99 s. Kap. IV,3

100 s. Kap. IV,4

101 Friedrich Sengle, Biedermeierzeit, II, S. 439

könne[102]. Die musikalischen Einlagen dieser frühen Berliner Posse, die dann in der Mitte des 19. Jahrhunderts mit David Kalisch (1820-1872) und August Conrady (1821-1873) ihre typische Ausprägung bekommen sollte, lassen Einflüsse aller damals gebräuchlichen Gattungen des unterhaltenden Genres erkennen: des Vaudevilles, der Wiener Posse und des von Holtei geprägten Typus des heiteren Liederspiels wie z.B. "Die Wiener in Berlin" (1824). Interessant ist, daß trotz der offensichtlichen Gattungsvermischung von Angely die Bezeichnung "komisches Liederspiel" (u.a. "Das Abentheuer in der pohlnischen Schenke", 1825) zur Unterscheidung von den Vaudevilles und Liederpossen eingeführt wird. Der Grund ist vermutlich, weil in diesem Genre keine Übersetzungen aus dem Französischen vorliegen und auch keine Opernparodien verwendet werden, sondern polnische, jiddische und russische Lieder (in "Das Abentheuer in der pohlnischen Schenke") gesungen werden[103].

Reichardt hatte seine Liederspiele für ein Bildungsbürgertum konzipiert und daher mit seinen volkserzieherischen Bemühungen wenig ausrichten können. Angely stammte aus der Schicht der Kleinbürger und wußte daher eher, wie er diese Art Publikum erreichen konnte[104]. Im Berliner Conversations-Blatt von 1828 erscheint im gleichen Jahr wie Angelys "Fest der Handwerker" ein längerer Aufsatz über die Lokalposse, in dem der Verfasser eine Rechtfertigung dieses - auch wegen des Dialektes - angefeindeten Genres versucht[105]:

---

102 Volker Klotz, Bürgerliches Lachtheater. Komödie, Posse, Schwank, Operette. München 1980, S. 88

103 s. Kap. IV,4 und Notenteil Nr. 50 u. 51

104 L. Devrient, Geschichte der deutschen Schauspielkunst, II, S. 248

105 Berliner Conversations-Blatt 1828, "Ueber Localposse", S. 457-462, hier S. 462

> ..."Dies führt zu einer weit ernsteren Betrachtung ... - über eine Trennung des Theaters von der Literatur. Als sich neuerdings dieser Riss zuerst zeigte, verstärkte dies die Klage über die Abwege, den Verfall des Theaters. Melodramen, Vaudevilles sind die Stützen des realen Theaters, solche, die man kaum drucken lassen kann, die gedruckt erröthen als literarische Erscheinung zu rangieren. Wie aber, wenn dies gerade der rechte Weg wäre, das Theater wieder auf seinen wahren Standpunkt zurück zu führen, es wieder a u s dem Volke vorwachsen zu lassen, statt dem Volke schulmeisterlich von oben herab durch das Theater eine fremde Bildung aufdringen zu wollen? ..."

Reichardt war noch zu sehr der Epoche der Aufklärung verhaftet, denn er glaubte in bester Absicht zu handeln, wenn er in seinen Liederspielen Lieder f ü r das Volk bereitgestellt hatte. Den "neuen romantischen Schritt der Kunst"[106] konnten seine Liederspiele auf Grund ihrer Konzeption nicht mitmachen, deshalb ist das romantische Musiktheater über diese unscheinbare Gattung - sollte man überhaupt dieses Wort bemühen? - hinweggegangen. So muß man Friedrich Sengle zustimmen, für den das Liederspiel eine "typische Biedermeiergattung" ist[107], allerdings mit dem Zusatz "geworden ist".

Für die Zuordnung zum Biedermeier - der Begriff ist komplex und soll hier nicht diskutiert werden[108] - spricht die Beschränkung auf das "Genrehafte", Idyllische und auf die Biedermeierszenerie, die gerade bei Holteis Liederspielen ("Die Wiener in Berlin", 1824) deutlich zum Ausdruck kommt. Das "Biedermeierliche" war schon bei Reichardts idyllischen Sujets latent vorhanden und hat vermutlich mit verursacht,

---

106 Cl. v. Brentano 1808, zit. nach Salmen, Reichardt, S. 103

107 Sengle, Biedermeierzeit, II, S. 417

108 vgl. Diskussion um den Biedermeierbegriff und die neuere Biedermeierforschung bei Fr. Sengle

daß die Gattung von Komponisten der Romantik - sieht man einmal von Mendelssohn ab - nicht angenommen worden ist.

Reichardts Strophenlieder wurden von fast allen Komponisten übernommen - nie ist ein größer angelegtes durchkomponiertes Lied, z.B. eine "Arie in Liedform"[109] versucht worden, allenfalls Arietten, meist im Stil der Empfindsamkeit - und gerade die einseitige Ausrichtung auf diese einfache Liedform hat in den zwanziger Jahren des 19. Jahrhunderts ein "Abgleiten" in die Trivialität befördert: Couplets sind auch Strophenlieder und diese haben auf dem Gebiet der "leichten" Unterhaltung - geht man von der Produktion am Königstädtischen Theater in Berlin aus - die Lieder im "Volkston" abgelöst. Das Liederspiel in seiner Funktion als Unterhaltung bietende Gattung ist auch aus diesem Grund von der Liederposse und vom Vaudeville abgelöst worden.

Gustav Schillings Behauptung, daß das Liederspiel einen Einfluß auf eine "Operette" wie Lindpaintners "Gewalt des Liedes" (Stuttgart 1836) gehabt hätte[110], muß sehr vorsichtig - und kann erst nach eingehender Untersuchung dieses Werkes - beurteilt werden. Für Kompositionen dieses Genres - gibt es noch weitere "Liedopern"?[111] - könnte der Einfluß des ungeheuer großen Liedschaffens zu Beginn des 19. Jahrhunderts insgesamt in Betracht gezogen werden, und nicht allein das Liederspiel. Dennoch: Lied und Spiel in einen Zusammenhang zu bringen, allein mit Liedern und einem verbindenden Dialog ein Bühnenwerk zu schaffen, ist zwar vom Dramaturgischen her gesehen eine schwer zu lösende Auf-

---

109 R. R. Cunningham, Franz Schubert als Theaterkomponist, Diss. Freiburg 1974, S. 176

110 G. Schilling, Universal-Lexicon der Musik, Art. Liederspiel, vollst. Zitat, s. Kap. III,1

111 H. Chr. Wolff, Geschichte der komischen Oper, Wilhelmshaven 1981, S. 180

gabe, aber von der Idee her etwas Reizvolles, wenn auch Reichardts Liederspiel - vielleicht weil er nicht der richtige Komponist dafür war - als zwar liebenswertes, aber gescheitertes Experiment anzusehen ist.

Hellmuth Christian Wolff zieht in Betracht, daß die "Richtung der Liedoper oder des Lieder-Singspiels um die Mitte des 19. Jahrhunderts bei führenden Köpfen der Praxis noch lebendig war", und äußert dazu, dies sei "zur Kennzeichnung jenes Zeitalters vielleicht doch nicht unwichtig". Wolff erwähnt in diesem Zusammenhang auch Biedenfelds Operngeschichte, dessen Bedeutung "der Musikgeschichte ziemlich entgangen zu sein scheint", und Biedenfelds Bemühungen um das Liederspiel. Obwohl die "Oper des 19. Jahrhunderts einen anderen, entgegengesetzten Weg, der zum Musikdrama" geführt hat, gegangen ist[112], wäre es vielleicht lohnend, Lindpaintners Oper "Die Gewalt des Liedes" (anderer Titel "Die Macht des Liedes"[113]), die Wolff nicht erwähnt, oder ähnliche Werke von anderen, bisher von der Forschung wenig beachteten Komponisten[114], daraufhin zu untersuchen.

Einen wirksamen Einfluß könnte Reichardts Liederspiel jedoch ausgeübt haben: nämlich den auf überwiegend pädagogischen Zwecken dienende Musik. Betrachtet man den Weg, den das Liederspiel genommen hat: vom Haus ("häusliches Fest"[115]) auf die Bühne, von dort entweder wieder in den "Salon" zu-

---

112 Wolff, S. 179f.

113 s. Werkverzeichnis P. v. Lindpaintner in: R. Hänsler, Peter Lindpaintner als Opernkomponist, Diss. München 1928

114 vgl. den kurzen Art. Lindpaintner im Riemann-Personenteil 1961. Das Werkverzeichnis bei Hänsler enthält immerhin 21 Bühnenwerke des Stuttgarter Hofkapellmeisters von 1820-1856

115 Reichardt, AMZ, III, 1801, Sp. 711

rück (bei Ludwig Berger, Mendelssohn und Schumann), oder von der Bühne - über die Liederposse - teilweise auch zum Laientheater[116], so ist der Schritt zu einem Spiel mit pädagogischer Funktion nicht mehr weit. Sicher haben Schulopern und Märchen-Singspiele (z.B. von Cesar Bresgen) auch noch andere Wurzeln (u.a. die Kantate), aber das Singspiel der Aufklärung (Hiller und in der Nachfolge auch Reichardt), und vielleicht auch das Liederspiel, könnten einen Beitrag zu deren Entwicklung geleistet haben. Der Gedanke, Lieder in ein Spiel einzuflechten, das auch pädagogische Inhalte vermitteln soll, findet sich besonders in Hillers Singspiel für Kinder "Die kleine Ährenleserin" (Leipzig 1778, Libretto F. Chr. Weiße). Dasselbe Libretto hat Ferdinand Schubert (Wien, ca. 1830) auch für Kinder vertont. Sein kurzes Singspiel "Der kleine Schadenfroh" (Wien 1831) ist mit den, auch von kleinen Kindern leicht singbaren Strophenliedern, im Grunde auch ein Liederspiel, und trägt nur deshalb diese Bezeichnung nicht, weil sie in Wien nicht geläufig war. In diesem Zusammenhang gehört auch ein "Schauspiel mit Gesang", "Die kleine Lautenspielerin" von Friedrich Silcher genannt (ca. 1833), das mit seinen Liedern im "Volkston" gleichfalls für Kinder bestimmt ist.

Horst Braun erwähnt im Zusammenhang einer Untersuchung von Schul- und Jugendopern auch das Liederspiel, das in den zwanziger und dreißiger Jahren des 20. Jahrhunderts

---

116 In einer Verlagsankündigung der Schlesinger'schen Musikhandlung (Berlin, o.J., ca. 1855-1860) befinden sich unter der Überschrift "Singspiele, die sich zur Aufführung in Privatkreisen und Vereinen besonders eignen und sehr beliebt geworden sind" zwei Liederspiele des Berliners Ferdinand Gumbert (1818-1896), Komponist und Opernsänger (vgl. Werkverzeichnis bei Ledebur), u.a. "Die Kunst geliebt zu werden" (Berlin 1850) und "Bis der Rechte kommt" (Berlin 1856). Blums Vaudevilles waren gleichfalls auch für "Private Zirkel" bestimmt, vgl. Titel der beiden Bde. von 1824 und 1826

u.a. vor Jöde, Bresgen und Behrendt wiederbelebt worden ist[117]. Dennoch hat sich diese Bezeichnung auch in der "Schulmusik" nicht durchgesetzt, und heute erinnert nur noch Schumanns "Spanisches Liederspiel" (1849)[118] an das fast vergessene "kleine Geschlecht"[119].

---

117 H. Braun, Untersuchungen zur Typologie der zeitgenössischen Schul- und Jugendopern, Regensburg 1963, S. 63f.

118 Robert Schumann, Spanisches Liederspiel, op. 74, Edition Peters, Nr. 2394, Frankfurt, London, New York

119 Reichardt, AMZ, III, 1801, Sp. 715

Anhang:

A. Musikalische Quellen

B. Rezensionen

C. Quellenschriften und Literatur bis 1850

D. Literaturverzeichnis

E. Personenverzeichnis

F. Verzeichnis der Abkürzungen

A. Musikalische Quellen

Angely, Louis (1788 - 1835):

"Das Abentheuer in der pohlnischen Schenke"
(Berlin 1825)
Komisches Liederspiel in einem Aufzug

Klavierauszug:
Vollst. Kl. A. von C. H. Henning,
Berlin: Trautwein, o. J. (ca. 1825)

"Das Fest der Handwerker" (Berlin 1825)
Komisches Gemälde aus dem Volksleben
in einem Akt als Vaudeville behandelt
handschriftl. Partitur:
Mus. ms. 662 Staatsbibl. preuß. Kulturbesitz, Berlin
handschriftl. (unvollst.) Partitur:
Suppl. Mus. Nr. 25 375 ÖNB, Wien

Klavierauszug:
Vollst. Kl. A. von Bogumil Zepler,
Leipzig: Reclam, o. J. (ca. 1920)

Textbuch:
Leipzig: Reclam, o. J. (ca. 1920)

"Sieben Mädchen in Uniform" (Berlin 1825)
Vaudeville-Posse in einem Akt nach dem
Französischen von Théaulon
frey bearbeitet und mit bekannten Melodien
versehen von L. Angely

Klavierauszug:
Vollst. Kl. A. von H. A. Präger,
Leipzig: Breitkopf & Härtel, o. J. (ca. 1825)

Textbuch:
Leipzig: Reclam, o. J.

Blum, Carl (1786 - 1844):

"Fortunata" (Berlin 1818)
Liederspiel in einem Aufzuge
Nach der Erzählung Fortunata bearbeitet
und mit Melodien von Carl Blum,
handschriftl. Partitur mit Dialog:
Mus. ms. 1965 Staatsbibl. preuß. Kulturbesitz, Berlin

Textbuch (nur "Lieder und Gesänge"):
Mus. Tb 839 Staatsbibl. preuß. Kulturbesitz, Berlin

"Der Bär und der Bassa" (Berlin 1821)
Vaudeville-Burleske in einem Acte
nach dem Französischen des Scribe
handschriftl. Partitur:
Mus. ms. 1955 Staatsbibl. preuß. Kulturbesitz, Berlin

Textbuch in:
Blum, Carl: Vaudevilles für deutsche Bühnen und gesellige Zirkel nach dem Französischen bearbeitet von Carl Blum, Berlin: Duncker und Humblot, 1824
Mus. Tb. 829 Staatsbibl. preuß. Kulturbesitz, Berlin

"Der Schiffs-Capitain oder Die Unbefangenen" (Berlin 1817)
Vaudeville in einem Aufzuge frei nach dem Französischen des Théaulon bearbeitet und komponiert von Carl Blum
handschriftl. Partitur (Titel: "Die Unbefangenen"):
Mus. ms 1977 Staatsbibl. preuß. Kulturbesitz, Berlin

Klavierauszug:
Vollst. Kl. A., Berlin: Schlesinger, o. J. (ca. 1817)

Textbuch in:
Blum, Carl: Vaudevilles ..., s. o.
Mus. Tb. 829 Staatsbibl. preuß. Kulturbesitz, Berlin

Himmel, Friedrich Heinrich (1765 - 1814)

"Frohsinn und Schwärmerey" (Berlin 1801)
Ein Liederspiel in Einem Aufzuge von C. Herklots
Musik von F. H. Himmel
handschriftl. Partitur:
Mus. ms. 10 672 Staatsbibl. preuß. Kulturbesitz, Berlin

Textbuch (nur Arien und Gesänge"):
Mus. Th. 714 Staatsbibl. preuß. Kulturbesitz, Berlin

"Fanchon, das Leyermädchen" (Berlin 1804)
Singspiel in drey Aufzügen nach dem Französischen des Bouilly
handschriftl. Partitur:
Mus. ms. 10 673 Staatsbibl. preuß. Kulturbesitz, Berlin, Textbuch Mus. Th 713, Staatsbibl. preuß. Kulturbesitz

Klavierauszug:
Vollst. Kl. A. von G. B. Bierey
Leipzig: Breitkopf & Härtel, o. J. (ca. 1804)

Textbuch:
Kotzebue, August von, Fanchon, das Leyermädchen. Ein Vaudeville in drei Aufzügen nach dem Franz. des Bouilly von Hr. A. v. Kotzebue als Lustspiel mit Gesängen für die Bühne bearbeitet. Die Musik ist von Hr. Himmel, kgl. preuß. Kappellmeister für das K. k. privil. Theater an der Wien. Wien 1808 bey J. B. Wallishausen

Holtei, Karl von (1798 - 1880):

"Der alte Feldherr" (Berlin 1825)
Heroisches Liederspiel in einem Aufzuge

Klavierauszug:
Vollst. Kl. A. von C. W. Henning, Berlin:
Trautwein o. J. (ca. 1825)

Textbuch in:
Holtei, Karl von: "Theater", Breslau 1845,
S. 69 - 76

"Lenore" (Berlin 1828)
Vaterländisches Schauspiel mit Gesang in drey
Abtheilungen von Carl von Holtey,
Musik von Carl Eberwein
handschriftl. Partitur:
Mus. ms. 5513 Staatsbibl. preuß. Kulturbesitz,
Berlin

Klavierauszug:
"Lenore", Liederspiel in drey Abtheilungen,
Vollst. Kl. A. von C. Eberwein, Berlin: Trautwein
o. J. (ca. 1828)

Textbuch in:
Holtei, Karl von: "Theater", Breslau 1845,
S. 237 - 255

"Das Liederspiel oder: Der schottische Mantel"
(Wien 1834)
Ein Spiel mit Liedern in einem Akt

Lieder aus dem dramatischen Spiele "Das Liederspiel oder Der schottische Mantel. Mit Pfte.-Begleitung Wien: Trentsenky u. Vieweg, o. J. (ca. 1835)

Textbuch in:
Holtei, Karl von: "Theater", Breslau 1845, S. 86 - 94

"Die Wiener in Berlin" (Berlin 1824)
Posse mit Gesang in einem Aufzuge

handschriftl. Partitur:
"Die Wiener in Berlin, ... Musik von Blum (Carl Blum)
S. m. 6199 Österr. Nationalbibl., Wien

Klavierauszug:
vollst. Kl. A., Berlin: Christiani, o. J. (ca. 1824)

Textbuch in:
Holtei, Karl von, "Theater", Breslau 1845, S. 26 - 33

"Staberl als Robinson" (Berlin 1828)"
Melodramatisches Liederspiel in einem Akt

Textbuch in:
Holtei, Karl von: "Theater", Breslau 1845, S. 125 - 131

Lindpaintner, Peter Joseph von (1791 - 1856):

"Der blinde Gärtner"
oder Die blühende Aloe" (München 1813)

Liederspiel in einem Aufzuge
handschriftl. Partitur:

Operette in einem Akte
H. B. XVII Nr. 321 Württ. Landesbibl. Stuttgart

handschriftl. Partitur, Abschrift für das Kgl. Hoftheater Berlin:

Liederspiel in einem Akte

Mus. ms. 13 020 Staatsbibl. preuß. Kulturbesitz

Klavierauszug:

"Der blinde Gärtner ..., Liederspiel von A. v. Kotzebue in Musik gesetzt und seinem Freunde Wilhelm Häser, Kgl. Würt. Kammersänger gewidmet von Peter Lindpaintner, Kgl. Würt. Kpm, Kl. A., Leipzig: Breitkopf & Härtel, o. J. (ca. 1821)

Textbuch:

Kotzebue, August von, "Der blinde Gärtner..., Ein Liederspiel, Leipzig: Kummer, 1810

Lortzing, Albert (1801 - 1851):

"Der Pole und sein Kind" (Osnabrück 1832)

Vaudeville in einem Acte

handschriftl. Partitur:

Mus. ms. 13 135 Staatsbibl. preuß. Kulturbesitz, Berlin

Klavierauszug:

Vaudeville von Lortzing

Vollst. Kl. A. von C. Braun, Schwäbisch Hall: Haspel o. J. (ca. 1832)

Mendelssohn-Bartholdy, Felix (1809 - 1847):

"Heimkehr aus der Fremde" (Berlin, Privatauff. 1829)

Liederspiel in 1 Acte. Op. 89 (op. posth.)

Partitur:
Autograph: Ms. M. Deneke Mendelssohn C. 44 Bodleian Library, Oxford. Druck erschienen in: Mendelssohn-Bartholdy, Felix, Werke. Krit. durchges. Ausgabe von Julius Rietz, Leipzig 1874-77, Serie 15, Nr. 122, Op. 89 (op. posth.)

Klavierauszug: "Heimkehr aus der Fremde", Liederspiel in einem Akt, Op. 89 (op. posth.). Clavierauszug vom Componisten, Leipzig: Breitkopf & Härtel, o.J.

Libretto: "Heimkehr aus der Fremde". Ein Liederspiel in einem Akt. Musik von F. Mendelssohn-Bartholdy, Leipzig: Breitkopf & Härtel, o.J. und Angabe des Librettisten (Karl Klingemann)

Reichardt, Johann Friedrich (1752 - 1814):

"Lieb' und Treue" (Berlin 1800)
Ein Liederspiel in Einem Aufzuge
handschriftl. Partitur:
Mus. ms. 18 218 Staatsbibl. preuß. Kulturbesitz, Berlin

Klavierauszug in:
Musik zu Joh. Friedr. Reichardts Liederspielen, Straßburg: Fr. Reinhard, 1805, S. 2 - 15

Textbuch in:
Liederspiele von Johann Friedrich Reichardt, Tübingen: Cotta, 1804, S. 1 - 42

"Der Jubel" (ursprüngl. Titel "Juchhey", Berlin 1800)
Ein Liederspiel in Einem Aufzuge
Nach einer patriotischen Anekdote
handschriftl. Partitur:
Mus. ms. 18 219 Staatsbibl. preuß. Kulturbesitz, Berlin

Klavierauszug in: s. o., S. 16 - 37
Textbuch in: s. o., S. 43 - 108

"Kunst und Liebe" (Berlin 1807)
Ein Liederspiel in Einem Aufzuge
handschriftl. Partitur:
Mus. ms. 18 220 Staatsbibl. preuß. Kulturbesitz, Berlin

Klavierauszug in: s. o., S. 38 - 63
Textbuch in: s. o., S. 109 - 164

Schmidt, Johann Philipp Samuel (1779 - 1853)

"Der blinde Gärtner
oder Die blühende Aloe" (Berlin 1813)

Ein Liederspiel in Einem Aufzuge
handschriftl. Partitur:

Mus. ms. 19 947 Staatsbibl. preuß. Kulturbesitz, Berlin

Textbuch:
Kotzebue, August von, "Der blinde Gärtner...,
Ein Liederspiel, Leipzig: Kummer, 1810

Weber, Bernhard Anselm (1764 - 1821):

"Der Kosak und der Freiwillige" (Berlin 1813)

Ein Liederspiel in Einem Aufzuge
handschriftl. Partitur:

Mus. ms. 22 618 Staatsbibl. preuß. Kulturbesitz, Berlin

Klavierauszug:
Vollst. Kl. A., Berlin: Schlesinger, o. J. (ca. 1813)

Textbuch:
Kotzebue, August von, "Der Kosak und der Freiwillige" Ein Liederspiel in Einem Akt. Mit Melodien vom königl. preußischen Kapellmeister Herrn Bernhard Anselm Weber, in: Almanach dramatischer Spiele zur geselligen Unterhaltung auf dem Lande, 13. Jg., Leipzig, bei C. J. G. Hartmann, 1815

B. Rezensionen

Blum, Carl: "Fortunata", in: Berlinische Nachrichten (Haude und Spener), Nr. 69, vom 9.6.1818

Himmel, Friedrich Heinrich: "Fanchon, das Leyermädchen", in: Berlinische Nachrichten (Haude und Spener), Nr. 68, vom 7.6.1804

Holtei, Karl von: "Der alte Feldherr", in: Berlinische Nachrichten (Haude und Spener), Nr. 291 vom 13.12.1825

---: "Lenore", in: Berliner Conversations-Blatt für Poesie, Lit. u. Kritik, hrsg. v. Fr. Förster und W. Häring (Willibald Alexis), Nr. 129 u. 130, v. 3. u. 5.7.1828

---: "Das Liederspiel oder Der schottische Mantel" in: Wiener Zeitschrift für Kunst, Lit., Theater und Mode, Dez. 1834, S. 1175

---: "Die Wiener in Berlin", in: Wiener allgemeine Theazeitung, hrsg. v. A. Bäuerle, Nr. 78, vom 22.6.1828

---: "Staberl als Robinson", in: Berliner Conversatinos-Blatt, Nr. 15 vom 12.1.1828

Lindpainter, Peter Joseph von: "Der blinde Gärtner...", in: Gesellschaftsblatt für gebildete Stände, München, Nr. 63, vom 7.8.1813

Reichardt, Johann Friedrich: "Lieb' und Treue", in: Allgemeine Theaterzeitung, Berlin, Nr. XIII, April 1800, S. 219f.

---: "Kunst und Liebe", in: Leipziger Allgemeine Musikalische Zeitung (AMZ), X, Dez. 1807, Sp. 219f.

---: "Jery und Bätely", in: Leipziger Allgemeine Musikalische Zeitung (AMZ), IV, 1802, Sp. 257f.

Schmidt, Johann Philipp Samuel: "Der blinde Gärtner ...", in: Vossische Zeitung, Berlin, Nr. 85 vom 17.7.1813 und Berlinische Nachrichten (Haude und Spener), Nr. 85 vom 17.7.1813

Weber, Bernhard Anselm: "Der Kosak und der Freiwillige", in: Berlinische Nachrichten (Haude und Spener), Nr. 145, vom 4.12.1813 und Vossische Zeitung, Berlin, Nr. 143, vom 30.11.1813 und Rezension über den Klavierauszug von "Der Kosak und der Freiwillige" in Leipziger Allgemeine Musikalische Zeitung (AMZ), XVI, 1814, Sp. 410 - 412

C. Quellenschriften und Literatur bis 1850

Allgemeine deutsche Biographie, Hrsg. durch die historische Commission bei der Königl. Akademie der Wissenschaften, Leipzig 1875 - 1912

Apel, August: Über Musik und Deklamation, in: AMZ, IV, 1801, Sp. 129 - 216

Arnold, Ignaz Ernst Ferdinand: Gallerie der berühmtesten Tonkünstler des achtzehnten und neunzehnten Jahrhunderts, Erfurt 1810

Biedenfeld, Freiherr von: Die komischen Opern der Italiener, der Franzosen und der Deutschen, Leipzig 1848

Blum, Carl: Vaudevilles für die deutsche Bühne und gesellige Zirkel nach den Französischen bearbeitet, 2 Bde., Berlin: Duncker und Humblot 1824 und 1826

Brockhaus: Conversations-Lexicon der neuesten Zeit und Literatur, Leipzig 1832 - 34

Castelli, Ignaz Franz: Memoiren meines Lebens, 2 Bde, in: Denkwürdigkeiten aus Alt-Österreich, hrsg. Bd. 10, hrsg. von Gustav Gugitz, Wien 1913

Düringer, Ph. J. und Barthels, H.: Theater-Lexikon, Leipzig 1841

Gerber, Ernst Ludwig: Etwas über den sogenannten Musikalischen Styl, in: AMZ, I, 1799, Sp. 292 - 312

Gerber, Ernst Ludwig: Neues historisch-biographisches Lexicon der Tonkünstler, Leipzig^2, 1812 - 1814

Goethe, Johann Wolfgang von: Werke. Hamburger Ausgabe. Textkritisch durchgesehen und mit Anm. versehen von Erich Trunz, Bd. 1 - 14, 1948 - 1960, Bd. 1: Gedichte und Epen (1948), 2. Aufl. 1952

---: Italienische Reise, in: Goethes italienische Reise, I - III, hrsg. von Christoph Michel, Frankfurt 1976

---: Wilhelm Meisters Lehrjahre, Tempel-Ausgabe, Bd. 7 u. 8, Leipzig 1909 - 10

---: Singspiele, hrsg. von Hans-Albrecht Koch, Stuttgart 1974

Goethe, Johann Wolfgang von, u. Zelter, Carl Friedrich: Briefwechsel zwischen Goethe und Zelter, hrsg. von Wilhelm Riemer, Berlin 1833/34

Herloßson, Karl und Markgraf, Hermann (Hrsg.): Allgemeines Theater-Lexicon oder Encyklopädie für Bühnenkünstler, Altenburg und Leipzig 1846

Hoffmann, Ernst Theodor Amadeus: Schriften zur Musik, Nachlese, hrsg. von Friedrich Schnapp, München 1963

Holtei, Karl von: Flüchtige Betrachtungen über Vaudeville und Liederspiel, in: Monatliche Beiträge zur Geschichte dramatischer Kunst, hrsg. von Karl von Holtei, Berlin 1827, S. 32 - 58

---: Beiträge für das Königstädter Theater, Bd. 1, Wiesbaden 1832

---: Theater von Carl von Holtei. In einem Bande, Breslau 1845

Koch, Heinrich Christoph: Musikalisches Lexikon, welches die theoretische und praktische Tonkunst, encyclopädisch bearbeitet, alle alten und neuen Kunstwörter erklärt, und die alten und neuen Instrumente beschrieben enthält, Offenbach 1802

Mendelssohn-Bartholdy, Felix: Felix Mendelssohn-Bartholdy's Briefwechsel mit Karl Klingemann, hrsg. von Karl Klingemann, Essen 1909

Mosel, Ignaz Franz von: Vaudeville, Liederspiel, Singspiel, Oper, in: Allgemeine Musikalische Zeitung mit besonderer Rücksicht auf den Österreichischen Kaiserstaat, Wien, Nr. 86 - 88 vom 25. und 28. Okt. und 1. Nov. 1820, Sp. 681 - 685, Sp. 689 - 692 und Sp. 697 - 701

Nägeli, Hans Georg: Die Liederkunst, in: AMZ XIX, 1817, Sp. 761 - 782

Reichardt, Johann Friedrich: Über die Deutsche comische Oper nebst einem Anhange eines freundschaftlichen Briefes über die musikalische Poesie. Faksim. Nachdruck der Ausgabe Hamburg 1774. Mit einem Nachwort und Register von Walter Salmen, München 1974. Schriften zur Musik, Facsimilia, Bd. 2

---: An die Jugend. Aufmunterung zum reinen und richtigen Gesang, als Theil der guten Erziehung in unsern Zeiten, in: Ephemeriden der Menschheit, Bd. 4, Leipzig 1779, S. 143 - 151

---: Vorrede zu "Frohe Lieder für Deutsche Männer", Berlin 1781, zit. in: Max Friedländer, Das deutsche Lied im 18. Jh., I, 1, S. 196

---: An junge Künstler, in: Musikalisches Kunstmagazin, Bd. I, Berlin 1782, S. 1 - 7

---: Über das deutsche Singeschauspiel", in: Musikalisches Kunstmagazin, Bd. I, Berlin 1782, S. 161 - 164

---: Über Klopstocks komponierte Oden, in: Musikalisches Kunstmagazin, Bd. I, Berlin 1782, S. 62f.

---: Über die musikalische Idylle, in: Musikalisches Kunstmagazin, Bd. I, Berlin 1782, S. 167 - 169

---: Volklieder, in: Musikalisches Kunstmagazin, Bd. I, Berlin 1782, S. 99f.

---: Etwas über das Liederspiel, in: AMZ, III, 1801, Sp. 709 - 717

---: Vertraute Briefe aus Paris geschrieben in den Jahren 1802 und 1803, Hamburg 1804, 2. verbesserte Aufl. in 3 Teilen, Hamburg 1805

---: Liederspiele von Joh. Friedr. Reichardt, Tübingen: Cotta, 1804

---: Goethes Lieder, Oden, Balladen und Romanzen mit Musik, in: Das Erbe deutscher Musik, Bd. 58 und 59, hrsg. von Walter Salmen, München-Duisburg 1964 und 1970

Rellstab, Ludwig: Ludwig Berger, ein Denkmal, Berlin 1846

Schilling, Gustav: Encyclopädie der gesammelten musikalischen Wissenschaft, oder Universal-Lexicon der Tonkunst, Stuttgart 1835 - 1842

---: Versuch einer Philosophie des Schönen in der Musik oder Aesthetik der Tonkunst, Mainz 1838

Schulz, Johann Peter Abraham: Vorrede zu "Lieder im Volkston", Berlin[2] 1784, zit. in: Max Friedländer, Das deutsche Lied im 18. Jh., I, 1, S. 256f.

Spazier, Karl: Einige Worte über deutschen Volksgesang, in AMZ, III, 1800, Sp. 73 - 111

Treitschke, Friedrich: Über Vaudeville und Vaudevillespiele, in: Allgemeine Musikalische Zeitung, mit besonderer Rücksicht auf den österreichischen Kaiserstaat, Wien, Nr. 46 und 47 vom 13. und 20. November 1817, Sp. 389 - 393 und Sp. 397 - 401

Triest, Karl Friedrich: Bemerkungen über die Ausbildung der Tonkunst in Deutschland im achtzehnten Jahrhundert, in: AMZ, III, Jan. - März 1801, Sp. 225 - 445

Weber, Carl Maria von: Sämtliche Schriften von C. M. v. Weber, hrsg. von Georg Kaiser, Berlin und Leipzig 1908

D. Literaturverzeichnis

Albrecht von, Michael: Goethe und das Volkslied, Frankfurt/M.[2], Bern, New York, 1985

Alexis, Willibald: Erinnerungen, hrsg. von Max Ewert, Berlin 1900

Arnold, Robert Franz: Holtei und der deutsche Polenkultus, in: Festgabe für Richard Heinzel, Weimar 1898, S. 467 - 491

Boehn, Max von: Biedermaier. Deutschland von 1815 - 1847, Berlin 1911

Bötcher, Elmar: Goethes Singspiel "Erwin und Elmire" und "Claudine von Villa Bella" und die opera buffa, Diss. Marburg 1911

Dahlhaus, Carl: Mendelssohn und die musikalische Gattungstradition. In: Das Problem Mendelssohn, Studien zur Musikgeschichte des 19. Jahrhunderts, Bd. 41, hrsg. von Carl Dahlhaus, Regensburg 1974

Devrient, Edouard: Meine Erinnerungen an Felix Mendelssohn-Bartholdy und seine Briefe an mich, Leipzig [2], 1872

Devrient, Ludwig: Geschichte der deutschen Schauspielkunst, 2 Bde, hrsg. von R. Kabel und Chr. Trilse, München - Wien, 1967

Dürr, Walther: Das deutsche Sololied im 19. Jahrhundert. Untersuchungen zu Sprache und Musik, Wilhelmshaven 1984

Enzinger, Moriz: Die Entwicklung des Wiener Theaters vom 16. zum 19. Jahrhundert. Schriften der Gesellschaft für Theatergeschichte, Bd. 28 und 29, Berlin 1919

Erk, Ludwig und Böhme, Franz Magnus: Deutscher Liederhort, 3 Bde., Leipzig 1893/94

Eylitz, Willi: Das Königstädtische Theater in Berlin, Diss. Rostock 1940

Feil, Arnold: Franz Schubert. Die schöne Müllerin. Winterreise, Stuttgart 1975

Friedländer, Max: Gedichte von Goethe in Kompositionen seiner Zeitgenossen, in: Schriften der Goethe-Gesellschaft, Bd. 11 und 31, Weimar 1896 und 1916

---: Das deutsche Lied im 18. Jahrhundert. Quellen und Studien, Bd. I, 1; I, 2 u. II, Stuttgart und Berlin 1902 (Reprint Ohlms 1962)

Fischer, Hans: Bernhard Anselm Weber (1764 - 1821). Diss. Berlin 1923

Franzelin, Herbert: Geschichte des Münchner Vorstadt-Theaters zu Beginn des 19. Jahrhunderts und das königliche Theater am Isarthor, Diss. München 1928

Geiger, Ludwig: Berlin 1688 - 1840. Geschichte des geistigen Lebens der preußischen Hauptstadt, 2 Bde, Berlin 1895

Gelber, Lucy: Die Liederkomponisten August Harder, Friedrich Heinrich Himmel, Friedrich Franz Hurka, Carl Gottlieb Hering. Ein Beitrag zur Geschichte des musikalischen Liedes zu Anfang des 19. Jahrhunderts, Diss. Wien 1936

Glaser, Horst Albert: Das bürgerliche Rührstück, Stuttgart 1969

Goedeke, Karl: Grundriß zur Geschichte der deutschen Dichtung. Aus den Quellen von Karl Goedeke. 2. Aufl. Index von Hartmut Rambaldo (1975), Dresden 1884 - 1966

Grout, Donald J.: The Origin of the Opéra-Comique, 5 Bde, Diss. Harvard Univ. 1939

Goslich, Siegfried: Die deutsche romantische Oper, Tutzing 1975

Hacks, Peter: Das Theaterstück des Biedermeier, Diss. München 1951

Hänsler, Rolf: Peter Lindpaintner als Opernkomponist, sein Leben und sein Werk. Ein Beitrag zur Operngeschichte des 19. Jahrhunderts, Diss. München 1928

Hein, Jürgen: Das Wiener Volkstheater. Erträge der Forschung Bd. 100, Wiss. Buchgesellsch. Darmstadt 1978

Hinck, Walter: Das deutsche Lustspiel des 17. und 18. Jahrhunderts und die italienische Komödie. Commedia dell' arte und théatre italien, Stuttgart 1965

Kawada, Kyoko: Studien zu den Singspielen von Johann Adam Hiller (1728 - 1804), Diss. Marburg 1969

Klingenberg, Karl-Heinz: Iffland und Kotzebue als Dramatiker, Weimar 1962

Klotz, Volker: Bürgerliches Lachtheater. Komödie, Posse, Schwank, Operette. München 1980

Koch, Hans-Albrecht: Das deutsche Singspiel, Stuttgart 1974

Köhler, Karl-Heinz: Das Jugendwerk Felix Mendelssohns-Bartholdys. Die vergessene Kindheitsentwicklung eines Genies, in Deutsches Jahrbuch der Musikwiss. 1962 und in: Wege der Forschung, Wiss. Buchgesellsch. Darmstadt 1982

Konold, Wulf: Felix Mendelssohn-Bartholdy und seine Zeit, Laaber 1984

Kraus, Ludwig: Das Liederspiel in den Jahren 1800 bis 1830. Ein Beitrag zur Geschichte des deutschen Singspiels, Diss. Halle 1921

Kruse, Markus: Trivialdramatik, in: Deutsche Literatur, Eine Sozialgeschichte, hrsg. v. Albert Glaser, Bd. 5, S. 313 - 326

Lafite, Marion: Musikästhetik des frühen 19. Jahrhunderts. Dargestellt an Hand der musikästhetischen Abhandlungen der "Leipziger Allgemeinen Musikalischen Zeitung" unter der Redaktion von Friedrich Rochlitz (1798 - 1818), Diss. Wien 1974

Ledebur, Karl Freiherr von: Tonkünstler-Lexicon Berlins von den ältesten Zeiten bis auf die Gegenwart, Berlin 1860/61

Leven, Luise: Mendelsohn als Lyriker unter besonderer Berücksichtung seiner Beziehungen zu Ludwig Berger, Bernhard Klein und Adolf Bernhard Mrax, Diss. Frankfurt 1927

Liebstoekl, Friedrich: Das deutsche Vaudeville. Ein Beitrag zur Geschichte des deutschen Dramas und Theaters, Diss. Wien 1923

Mahling, Christoph-Hellmut: Singspiel und Opéra comique, in: Neues Handbuch der Musikwissenschaft. Hrsg. von Carl Dahlhaus, Bd. 5: Die Musik des 18. Jahrhunderts, Laaber 1985

Mauer, Doris: August von Kotzebue. Ursachen seines Erfolges. Konstante Elemente der unterhaltenden Dramatik, Bonn 1979

Mendel, Arthur u. Reissmann, August: Musikalisches Conversations-Lexikon. Eine Encyklopädie der gesamten musikalischen Wissenschaften für Gebildete aller Stände ... begründet von Hermann Mendel. Vollendet von Dr. August Reissmann. Zweite Ausgabe, Berlin 1880

Meyer, Curt (Hrsg.): Julius von Voß "Damenschuhe im Theater" und Louis Angely "Die Schneider-Mamsells". Theaterpossen aus dem alten Berlin, Berlin 1971

Moering, Renate: Johann Friedrich Reichardts Liederspiele, in: Das deutsche Singspiel im 18. Jahrhundert. Gesamthochschule Wuppertal. Universität Münster: Amorbach vom 2. bis 4. Okt. 1981, S. 191 - 211

Peake, Luise Eitel: The Antecedents of Beethoven's Liederkreis, in: Music & Letters LXIII, 1982, S. 242 - 260

Pröpper, Rolf: Die Bühnenwerke Johann Friedrich Reichardts (1752 - 1814), Bonn 1965

Reissmann, August: Felix Mendelssohn-Bartholdy, sein Leben und seine Werke, Leipzig 1893

Ruprecht, Hans-George: Eugène Scribes Theaterstücke auf den Bühnen von Wien, Leipzig, Weimar und Berlin. Diss. Saarbrücken 1965

Salmen, Walter: Johann Friedrich Reichardt. Komponist, Schriftsteller, Kapellmeister und Verwaltungsbeamter der Goethezeit. Freiburg im Br. und Zürich 1963

Sengle, Friedrich: Biedermeierzeit. Deutsche Literatur im Spannungsfeld zwischen Restauration und Revolution 1815 - 1848, 3 Bde., Stuttgart 1971 - 1980

Sieber, Paul: Johann Friedrich Reichardt als Musikästhetiker, Diss. Basel 1930

Söhngen, Siegfried: Französisches Theater in Berlin im 19. Jahrhundert. Schriften der Gesellschaft für Theatergeschichte, Bd. 49, Berlin 1937

Schäfer, C. und Hartmann, C.: Die Königlichen Theater in Berlin. Statistischer Rückblick, Berlin 1886

Schaer, Wolfgang: Die Gesellschaft im deutschen bürgerlichen Drama des 18. Jahrhunderts, Diss. Bonn 1963

Schirmag, Heinz: Albert Lortzing, ein Lebens- und Zeitbild, Berlin (Ost), 1982

Schletterer, Hans Michel: Das deutsche Singspiel von seinen Anfängen bis in die neueste Zeit, Augsburg 1863

Schneider, Herbert: Zur Gattungsgeschichte der frühen Opéra-comique, in: Kongreßbericht Bayreuth, hrsg. von Chr. H. Mahling und S. Wiesmann, Beilage zu "Die Musikforschung", 36. Jg. 1983, Heft 1

Schneider, Louis: Geschichte der Oper und des königlichen Opernhauses, Berlin 1852

Schünemann, Georg: Mendelssohns Jugendopern, in: ZfMw 5 (1922/23)

Schusky, Renate: Das deutsche Singspiel im 18. Jahrhundert. Quellen und Zeugnisse zu Ästhetik und Rezeption, Bonn 1980

Schwab, Heinrich W.: Sangbarkeit, Popularität und Kunstlied. Studien zu Lied und Liedästhetik der mittleren Goethezeit 1770 - 1814. Regensburg 1965

Stock, Frithjof: Kotzebue im literarischen Leben der Goethezeit. Diss. Bonn 1970

Wichmann, Heinz: Grétry und das musikalische Theater in Frankreich. Diss. Berlin 1929, als Buch Halle 1929

Weil, Rudolf: Das Berliner Theaterpublikum unter A. W. Ifflands Direktion (1796 - 1814). Ein Beitrag zur Methodogie der Theaterwissenschaft, in: Schriften der Gesellschaft für Theatergeschichte, Bd. 44, Berlin 1932

Weissmann, Adolf: Berlin als Musikstadt, Geschichte der Oper und des Konzerts von 1740 - 1911, Berlin und Leipzig 1911

Werner, Eric: Felix Mendelssohn-Bartholdy. Leben und Werk in neuer Sicht, Zürich 1980, englisch: London 1963

Wiese, Benno von: Einführung zu "August von Kotzebue, Schauspiele", Frankfurt a. M. 1972

Wiora, Walter: Das deutsche Lied, Wolfenbüttel und Zürich 1971

Wolff, Hellmuth Christian: Geschichte der komischen Oper, Wilhelmshaven 1981

Worbs, Hans Christoph: Albert Lortzing. Rowoldts Bildmonographien Nr. 680, Hamburg 1980

E. Personenregister:

A

B

G

H

L

M

N

P

Q

R

S

V

W

Z

F. Verzeichnis der Abkürzungen:

AMZ	Allgemeine Musikalische Zeitung, begründet von Friedrich Rochlitz, fortgeführt von G. W. Fink, Leipzig: Breitkopf & Härtel, 1798ff.
EdM	Das Erbe deutscher Musik
GA	Gesamtausgabe
Grove	The new Grove, Dictionary of Music and Musicians, London 1980
JbP	Jahrbuch der Musikbibliothek Peters
Kl. A	Klavierauszug
Mf	Die Musikforschung
MGG	Die Musik in Geschichte und Gegenwart, hrsg. von Friedrich Blume, Kassel und Basel, 1949 - 1986
M & L	Music & Letters
SIMG	Sammelbände der Internationalen Musikgesellschaft
ZfMw	Zeitschrift für Musikwissenschaft